서커스가 왔다!

한국 서커스의 삶과 이동 이야기

하야시 후미키(林史樹) 지음
장미선 옮김

제이앤씨
Publishing Corporation

이 책을 오토바이 곡예로 목숨을 잃은 벗,
원표에게 바칩니다.

들어가며

"서커스가 왔다!" 이 말에 끌려 천막으로 모여드는 사람들이 있다. 그들은 결코 특수한 사람들이 아니다. "서커스 따위 별 흥미 없어."라고 말하는 사람들도 마음 한 구석에는 이 말에 끌리는 부분이 남아 있을 것이다.

바람에 휘날리는 깃발에 '사상 최대의 쇼'라고 쓴 현수막이 눈에 크게 들어온다. 극장에서 내건 그림 간판에는 여성을 공중에 띄운 무시무시한 대마술사가 무서운 표정으로 웃고 있고, 화려한 퍼레이드에 빨간 코의 피에로가 춤추며 노래하고, 공중 그네, 오토바이 쇼가 박수갈채를 받고 있다. 그리고 그 옆에서는 귀여운 강아지가 뛰어다니고, 큰 코끼리가 코를 높이 치켜들고 있다.

빨강과 흰색으로 장식한 매표소 앞에서는 마이크를 잡은 호객꾼이 손짓 몸짓을 섞어가며, 지금부터 시작될 서커스 쇼를 우스꽝스럽게 소개하고 있다. "자, 지금부터 서커스가 시작됩니다. 스릴 만점의 공중 동물의 대 서커스 쇼의 시작이요. 자, 들어와 봐요. 귀여운 강아지들이 총출동해서 마중 나온다고요."

서커스 극장 밖에서는 손님을 끌기 위해서 묶어 둔 원숭이에게 과자를 던져 주고 있는 아이들이 있다. 그 옆에서 새끼 원숭이를 조롱하고 있는 남성은 한잔 하고 왔는지 원숭이보다 더 빨간 얼굴을 하고 있다. 말을 쓰다듬으려고 손을 뻗치고 있는 이는 이곳에 사는 고교생인 듯하다. 저멀리 제방에 앉아 있는 노부부는 아까부터 이쪽을 쳐다보고 있다. 학교는 다니고 있는지, 10대 후반으로 보이는 소년은 거의 매일 오토바이 쇼 간판 그림 앞을 떠나질 않는다. 서커스 천막을 둘러 싼 흔한 풍경에 싫증이 나 파란 하늘을 올려다 본 바로 그 순간, 그 소년이 입을 열었다. "오토바이 쇼는 오늘도 하나요? 나도 서커스를 해 보고 싶은데. 오토바이에 올라타서 저 그림처럼 할 수만 있다면 정말 멋질 텐데."

서커스에는 다양한 사람들이 모여든다. 곡예를 익히고 싶어서 입단하는 소년, 코끼리가 보고 싶어서 안달하는 초등학생, "좀 놀다 오시죠?"라고 집에서 내쫓기 듯 나온 농촌에 사는 노부부, 하굣길에 언제나 원숭이를 보러 오는 여고생, 뉴스를 건지기 위해 찾아오는 지방신문의 기자, 천막 밑에서 펼쳐지는 곡예에 홀린 것처럼 매일처럼 출근을 하는 사진작가, 마지막 공연이 되면 어김없이 공짜로 넣어달라고 찾아오는 술주정꾼, 이권을 요구하는 그 고장의 폭력배, 마땅히 갈 곳도 없어 되돌아 온 예전의 서커스 단원, 그리고 뭔가 흥미로운 것을 기대하고 찾아오는 연구자, 서커스를 둘러싼 사람들은 참으로 다양하다. 사람들로 넘쳐나고 장난감 상자를 뒤집어 놓은 듯 화려하고, 뭔가 나올 듯 말 듯한, 발길 닿는 대로 여행을 하며 돌아다니는 것 같은 서커스단!

서커스에는 이루 다 말로 표현할 수 없는 매력과 흡인력이 있다.

필자가 한국의 서커스단에 입단한 것은 1994년 2월이었다. 원래 한국의 〈유랑예인집단〉인 남사당에 관심을 갖고 있었지만 조사를 실행함에 망설임이 있었다. 그들은 이미 이동유랑 생활을 하지 않았기 때문이다. 그런데 1993년 텔레비전의 다큐멘터리 프로그램에서 한국의 서커스단이 방영되었다. 그것을 보고 관심을 갖고 있었던 차, 선배 연구자의 권유로 시작한 것이 바로 서커스단 조사였다. 불안한 생각도 있었지만 이렇게 고민만 해봤자 별 수 없다는 생각이 들어 서커스에 대한 조사를 하게 되었다. 결과적으로 그 덕분에 귀중한 경험을 많이 하게 되었다.

D서커스단에 입단하기로 마음먹고, 먼저 한국관광공사에 전화를 걸어 서커스가 보고 싶다고 하면서 연락처를 물었다. 그 후, 서커스단에 연락하고 현장으로 달려가 입단 약속을 받기까지는 그다지 오래 걸리지 않았다. "조사를 겸하고 있기 때문에 임금은 필요 없습니다. 반년 후에 올 테니 고용해 주십시오."라고 부탁하자 "언제든 오라."고 간단히 승낙해 주었다. 너무나도 쉽게 입단 허가를 받을 수 있어서 놀랐지만, 이것은 서커스단이 갖는 특질, 특히 이 책의 테마인 구성원의 유동성과 크게 관련이 있다는 것을 나중에 알았다. 어찌 되었건 약속을 한 후에는 타국의 서커스단에 입단하기 위해 도항에 필요한 수속만을 마치고, 무사히 반년 후의 포항공연 때부터 트렁크 하나만 달랑 들고 참가했다. D서커스단은 총인원 30~40명 정도의 집단으로 예전에 비해 규모가 큰 폭으로 줄어들어 있었다. 그렇다고는 해도 당시 한국 국내에서 활동하고 있던 4개의 서커스단 중에서는 최대 규모의 서커스단이었다. 그곳이 약 10개월간에 걸친 필자의 잠자리가 되었다.

그건 그렇고, 많은 서커스단은 '이동'하는 '집단'이다. 즉, 당연한 것이지만, 이동생활을 항상 반복하고 있고, 개인이 아닌 집단으로 생활하고 있다. 이것들에 주목함으로써 단순하게 매력이 넘치는 곡예를 보여 주는 것 이외의 서커스의 다른 측면을 볼 수 있다. 그리고 이 다른 측면들이야말로 일상적으로 우리들이 반복해서 행하고 있는 '이동'에 대한 힌트를 주고 있는 것이다.

예를 들면, 졸저인 『한국의 어느 약초상인의 일생』에서는 '이동'을 '반복되는 이동'과 '단발적인 이동'으로 나누어서 생각하였다. 그리고 '반복되는 이동'이야말로 패턴화되어 일상생활을 이루어 나가게 하지만, 때때로 사람들은 '단발적인 이동'을 도입하여 기분전환을 꾀하며 일상생활을 유지해 간다는 것을 지적했었다. 이것들은 '규칙적인 이동'과 '규칙성을 깨는 이동'으로 바꾸어 말할 수 있는데, 사람들은 이 2가지의 '이동'을 능숙하게 구분하여 이용함으로써 자칫 답답해지기 쉬운 일상생활을 견디어 온 것이다. 이러한 지적 자체를 경험적으로 익히 아는 것으로 치부해 버리는 것은 간단하겠지만, 실제 조사를 통해서 지적하는 것에 그 의미가 있다 할 것이다. 이 책에서는 여기서 한 발 더 나아가 '이동'과 '소유'의 관계에 대해서 생각해 보고 싶다.

원래 '이동'에 관해서는 필자가 혼자 여행하는 것을 좋아하는 탓에 막연하게 관심을 갖기 시작했던 것 같다. 우리들은 아무런 인연도 연고도 없는 땅을 방문하여 그 땅에 살고 있는 사람들과 대화를 주고받음으로써, 그 땅에서의 거처를 찾아내는 경험을 하고 있으며, 또한 반대로 이방인과 대화를 주고받음으로써 그들을 받아들이기도 한다. 그러나 이방인들은 반드시 환영 받는 존재가 아닐 때도 있다. 그 고장 사람들과 문제를 일으키는 원인이 되기도 하기 때문이다. 또한 그 고장 사람들定住者 입장에서 보면 이방인이 방문하여 처음 맛보는 경험이라 할지라도, 이방인移動者에게는 일상의 경험이다. 지금까지 정주자의 입장에서 본 관점은 많이 소개되었지만, 이동자의 입장에서 본 관점은 별로 소개되지 않았으며, 또한 이동자와 함께 생활하며 이동연구를 한 선구자도 그다지 없었던 것 같다. 특히 서커스단은 이러한 이동생활을 집단으로 행하고 있으며, 그들의 시점에서 보면 많은 것들이 새롭게 발견된다. 이 점이 서커스를 이동집단으로 파악하는 의의이자 이 책의 재미이기도 하다.

〈동춘: 집짓기(1994)〉

〈동춘: 공중 그네〉

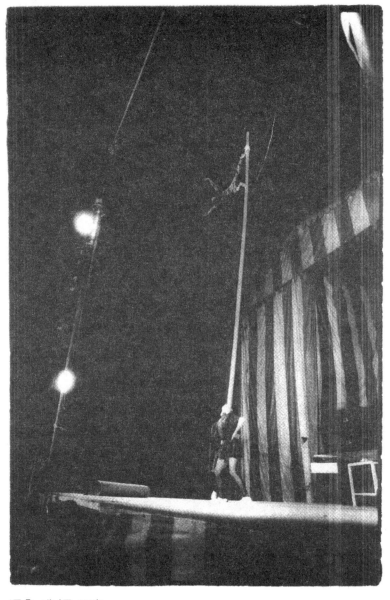

〈동춘: 대나무 묘기〉

〈한국곡예: 기계 체조〉

〈한국곡예: 공중 외줄 오토바이〉

〈한국곡예: 링 던지기〉

(p.11-15의 사진 제공: 전부순)

목차

한국에서의 서커스의 위치

1.1. 한국에서의 서커스와 서커스 연구

1.1.1. 첫머리

 본서에서는 한국에서[1] 오늘날에도 공연을 계속하고 있는 서커스단과 그 구성원의 행동양식을 소개하면서, '이동'이라는 것이 사람들에게 미치는 영향에 대해 생각해 보고자 한다. 후반부에서는 구성원의 '유동'이라는 부분에 주목하여, 그것이 집단에게 어떠한 작용을 미치며 이러한 구성원으로 이루어진 집단이 어떻게 집단으로서 이동을 계속해 왔는가에 초점을 둔다. 그리고 유동을 포함한 이동이 각 개인의 '소유' 의식과 관련이 있다는 점을 지적하고 싶다. 본서에서는 한국의 특정 서커스단을 다루면서도, 그 틀을 넘어 이동집단 전체, 혹은 '사람'의 이동에 대해서도 유효한

---

1) 본서에서는 편의상 대한민국을 한국으로 하고, 조선민주주의인민공화국을 북한으로 표기한다. 또한 조사는 한국에서 이루어졌기 때문에 거기에서 사용된 언어를 한국어로 표기했다.

틀을 제공하고자 한다. 이것은 필자가 앞으로도 계속해 갈 이동연구의 서장이 될 것이다.

1.1.2. 한국연구에 있어서의 서커스

근래에 들어 연구 경향은 전환기를 맞이하고 있지만, 지금까지 오랫동안 한국연구, 적어도 인류학적인 관점에서 행해져 온 한국연구는 농촌 사회를 대상으로, 공시적으로 비교할 수 있는 특징, 즉 간단히 변화하지 않고 지속되는 구조적 특징에 주로 관심을 두고 있었고[嶋 1998:7], 이동하는 사람들에 대해서는 관심을 두지 않았다. 이동생활자의 연구로는 남사당이나 보부상에 관한 역사적 혹은 문화사적 연구가 1945년 이후부터 오늘날에 이르기까지 다수 나오고 있기는 하지만, 모두 문헌 연구의 범위에 머무르고 있다. 인터뷰를 중심으로 한 문헌도 제대로 정리된 것은 뿌리깊은나무사[1977a, 1977b]의 듣고 쓴 기록밖에 보이지 않아, 한국에서는 '주변적'인 사람들에 대해서 많은 관심을 두지 않았음을 알 수 있다.

오늘날에 이르러서는 한국연구에 대한 시점이나 한국 사회에 대한 관심이 다양화되었기 때문에, 그 저변 영역은 확실히 넓어져서 이민이나 이주연구, 혹은 그 연장선으로 파악할 수 있는 한반도 내에서의 소수집단 연구 등도 볼 수 있게 되었다. 그렇지만 이동하는 것을 생업으로 연결시킨 사람들에 대한 인류학적 연구로는 해녀나 이동상인 정도밖에 볼 수 없는 것이 현재의 상황이라고 할 수 있다[이선애 2001, 林 2004].

예능에 주목을 해 봐도 한국에서는 가면극을 비롯해 문화재에 선정된 예능에 관한 연구는 활발했지만, 그렇지 않은 것에 대해서는 그다지 관심을 기울이지 않았다. 한국의 서커스도 일본에서 건너 온 것이긴 하지만,

근래에는 서양에서 건너 온 것이라는 인식이 앞서 '한국 고유'의 예능이 아니라는 이유로 관심을 받지 못했다. 특히, 뒷부분에서 기술하듯이, 사회적 평가가 낮았기 때문에 연구의 대상은커녕 출판물의 대상조차 되지 못했다. 서커스라는 소재를 다룬 것은 1980년대 후반에 나온 소설[한수산 1986] 외에, 근래에 간행된 사진수필집[오진령 2004] 정도이다.

참고가 될 만한 기록은 아나이 후미히코[阿奈井文彦가 글을 써 일본에서 간행된 사진집『서커스가 오는 날』[本橋 1989], 마찬가지로 아나이의 신문 연재기록[1990], 1993년 NHK에서 방영된 프로그램의 시나리오가 첨부된 한국 서커스의 약사[略史 정도이다[阿奈井 1994]. 또한 빨치산을 소재로 소설을 집필한 기리야마 카사네[桐山襲[1985]가 단편소설 '旅芸人[다비게이닌'에서 1960년대의 서커스 분위기를 묘사하고 있기는 하지만, 이 이외는 한국의 각 지방신문의 기사로부터 단편적으로 읽어낼 수밖에 없는 상황이다.

이처럼 한국 서커스는 본서의 주제인 이동연구뿐만 아니라, 예능적인 측면에서도 관심을 받지 못했다고 할 수 있다. 이 점은 본 조사를 끝내고 십 수 년이 지난 지금도 마찬가지다.

1.1.3. 서커스를 둘러싼 연구경향

이처럼 한국에서는 서커스에 관한 연구 자체를 해 오지 않았는데, 한국 이외의 지역에서도 마찬가지로 사진집이나 소설, 그림책 등의 출판물은 있어도, 연구 대상으로서는 널리 다루어지지 않았다. 연구서로서 유명한 것으로는 P・브이삭[Bouissac [1974(1976), 1976(1977)]이 서커스를 기호론적으로 해석하려고 한 연구 정도일 것이다. 일본에서도 몇몇 잡지에서 특집으로 다루거나 체험담이나 견문기는 많이 볼 수 있지만[N・Durova 1989,

石井 1996], 연구서로서는 몇 가지 검색을 해 봐도 별로 찾아낼 수 없었다.

한국의 서커스와 관련이 깊은 일본의 서커스에 대해서는 오자키 히로쓰구尾崎宏次[1958]의 간행물로 시작해, 미나미 히로시南博의 편집[1981]에 의한 논집, 아시하라 에이료蘆原英了[1984]의 서커스 간행물 등이 이어진다. 연구서로서는 아쿠네 이와오阿久根巌[1977, 1981, 1988, 1994]의 서커스의 역사적인 연구, 오시마 미키오大島幹雄[1990, 1993]의 러시아 서커스의 역사적인 연구, 미야나가 다카시宮永孝[1999]의 에도시대 말기의[2] 곡예단에 관한 연구를 들 수 있다. 구경거리 전반으로서는 구라타倉田[1994, 1999]나, 이 외에 국내외에서의 서커스 체험담 정도로 수필이 주류를 차지한다.

단, 서커스를 이동예능집단의 연구로 봤을 때 선행연구가 전혀 없는 것은 아니다. 특히 이동집단에 관한 문헌은 이토 기사쿠伊藤憙朔[1942, 1943]의 이동연극에 관한 문헌에서 비롯된다고 생각한다. 또한 동네연극 레벨에서 생각하면, 일본의 예능 연구자인 모리야 다케시守屋毅[1988]를 비롯해 많은 문화사적 연구가 있다.

이 외에 서커스와 유사한 집단을 다룬 연구로서는 사회학자인 우카이 마사키鵜飼正樹[1994]의 대중연극 연구가 있다. 그러나 우카이의 연구는 생활 세계를 기술하는 것에 중점을 두고 있으며 '이동'의 관점은 없다. 이 밖에 민속학 등에서는 고제ごぜ나[3] 미카와 만자이三河万歳[4] 등의 걸립乞粒꾼의 보고가 있지만, 모두 문화사적인 관점에서만 이러한 대상을 다루어 왔다. 매우 흥미로운 것으로는 민속학자인 박전열朴銓烈[1978, 1985, 1989]에

---

2) 역주: 에도(江戸)시대는 1603~1868년을 말하며, 말기에 대해서 엄밀한 구분은 없지만 대체적으로 1853년부터를 말한다.
3) 역주: 보통 4명의 여자 소경들이 팀을 이루어 다니면서, 주로 샤미센(三味線)을 켜고 노래하면서 걸립을 행하였다.
4) 역주: 미카와(三河)지방을 중심으로 내려온 신년 풍속. 정월에 집집마다 돌아다니며 신년을 축하하고 익살스런 노래를 주고받으며 춤을 춘다.

의한 걸립꾼의 연구 성과가 있지만, 주요한 관심은 마레비토まれびと의[5] 메커니즘이었다고 할 수 있다.

한편, 예능에서 벗어나 도시생활에서의 이동생활자에게 주목하면, 수필로서 산야山谷를[6] 무대로 박스 생활자를 쫓은 르포가 있다. 이것은 이동생활자의 시점에서 쓴 매우 흥미로운 르포이지만 역시 보고서 수준에 머무르고 있다. 이 밖에도 집시에 관한 연구[M・Block 1936(1978), J・Okely 1983(1986), 아이자와相沢 1989, 곤도近藤 1995, 오모리大森 1995, 1998] 근래에는 로마라고 칭해지는 경우가 많지만 선행연구의 표기와 관련해서 본서에서는 그대로 사용하고 있다 나 아일랜드 유랑민의 연구[G・Gmelch 1985(1993)], 노상 생활자에 관한 가와시마 아키오川島昭夫의 연구[1995] 등이 있다. 그러나 위의 연구들도 이동생활자를 다루고 있기는 하지만 이동 그 자체를 검토하는 논고는 아니다. 또한 도코로 이쿠야所呂郁哉[1998,1999]나 김병철金柄撤[2003]과 같은 에부네家船에[7] 관한 연구도 있지만, '월경越境'이라는 행위나 '기예'라는 신체 기법을 논의의 중심으로 두고 있다는 점에서 방향성이 다르다. 단순히 이동생활을 하는 사람들까지 그 범위를 넓히면 수렵채집민이나 유목민의 연구가 있고, 이들의 방법론은 본서의 비교대상이 된다.

또한 구성원에 유동성이 있는 집단의 연구로서는 J・라즈Raz의 야쿠자에 관한 연구[1992, 1996]가 있는데, 이것은 자기와 타자와의 경계나 정체성을 다루고 있다. 앞에서 언급한 우카이鵜飼의 연구[1994]도 이 범주에 들어간다.

본서에서는 이상과 같은 선행 연구들을 염두에 두면서 논의를 진행시켜

---

5) 역주: 신과 동일시되는 영적인 존재로 신의 사자라고 여겨졌다. 사람들에게 가끔 찾아와서 복을 빌어주고 갔다.
6) 역주: 노숙자들이 모이는 마을 이름(일본)
7) 역주: 주로 나가사키현(長崎県) 연안에서 일가족이 배에 살면서 어획물을 식량과 교환하며 수상생활을 하는 이동 어민들을 지칭한다.

가도록 하겠다.

1.2. '한국 서커스'란 무엇인가?

여기에서 '서커스'의 정의를 정식으로 정리하자 치면, 실은 지금까지 딱 맞는 정의가 없었음을 알 수 있다. 일본의 서커스에 관한 많은 저작을 갖고 있는 아쿠네 이와오阿久根巖도 주요 저작인『서커스의 역사』[1977]에서 '서양 곡마서커스'나 '서양의 구경거리단서커스'라고 하는 듯[1977:11, 31], 통일성 없는 기술을 하며 명확한 정의를 피하고 있다. 이것은 그만큼 서커스를 둘러싼 정의가 어렵다는 것을 의미한다 할 수 있다.

굳이 말하자면, 우선은 사람들이 애매모호하게 떠올리는 예능 집단이라고밖에 할 수 없다. 즉, 일본에 '서커스'가 들어 왔을 때, 거기서 펼쳐지는 곡예가 사실은 옛날부터 있었던 구경거리로서 헤이안平安시대[8] 이전까지 거슬러 올라가는 그것과 동일하거나[阿久根巖 1977:27], 또한 그러한 곡예들이 여러 이름으로 펼쳐지고 있었다 해도 우리들은 그것을 서커스라고 부르지 않는 경우가 있다. 이러한 이미지를 각각 정리해 가는 것에서부터 서커스의 정의를 내려야만 하는 것이 현 상황이다.

우선, 『고지엔広辞苑』(제5판)에 의하면, "원형 경기장이라는 뜻에서 ①곡마. 곡예. ②많은 동물을 사용하여 곡예・기예 등을 펼치면서 각지를 순회 공연하는 떠돌이 예능인의 단체. 곡마단. 곡예단"이라 하고 있다.

그러나 이것도 현 상황을 제대로 대변하고 있다고는 할 수 없다. 일본이나 한반도의 초기 서커스는 원형 극장에서 펼쳐진 것이 아니기 때문에

---

8) 역주: 일본의 헤이안(平安)시대는 794년~1192년을 말한다.

서커스라고 부를 수 없게 된다. 오늘날과 같은 다양한 '서커스'의 형태를 생각하면 귀납적인 정의를 내릴 수밖에 없다. 각 지역에서 행해지고 있는 '서커스'를 상정하여 대략적인 정의를 내려 보면, 서커스란 하나의 제도를 갖춘 조직집단이라고 할 수 있다. 우선은 '공연 프로그램을 갖고 있으며, 가설 혹은 상설의 극장에서 곡예를 보이며, 그 대가로서의 관람료를 취하는 조직집단'이 될 것이다. 따라서 곡예를 보이는 대가로서 관람료를 받는다 할지라도 길거리 예능인이나, 극장에서 실시하더라도 극장 안에서 판매하는 상품의 매상으로 이익을 얻는 한국의 약장사 등은 이것에 포함되지 않는다. 덧붙여 말하자면 '서양 이것도 이미지로서의 '서양 에서 탄생한 형태를 계승했다고 생각할 수 있는 구경거리 집단'이라는 부대조건이 따른다. 더 나아가 '이동집단'이라는 측면도 추가하고 싶지만, 평양 서커스 등을 생각해보면 이것이 꼭 필수 조건이라고는 할 수 없다. 중국의 잡기단도 서커스라고 간주하면, 이 또한 기본적으로 초대 공연 이외에는 이동을 하지 않는다.

다음으로 문제가 되는 것은 무엇을 '한국 서커스'라고 할 것인가이다. 우선, 한국이란 1948년 이후에 생긴 국가이기 때문에 엄밀하게 말하면 일제강점기 시절에 있었던 동종의 집단은 한국 서커스라고 할 수 없다. 조선 서커스라고 하면 북한의 서커스도 시야에 넣어야 한다. 현재 북한에서 행해지고 있는 서커스는 '평양 서커스'라 불리고 있고, 국가가 이를 관리하고 있다. 국영과 민간에서는 관리의 방법에 격차가 있다. 더구나 북한에서는 상설 극장을 갖고 있고, 단원은 기본적으로 이동생활을 하지 않는다. 더욱이 북한의 국가 체제 성립 이후에 관광 자원으로서 창설되었기 때문에 그 설립 과정이 크게 다르다.

따라서 '한국 서커스'를 간단하게 '한국에서 공연을 하고 있는 서커스

집단의 총칭으로, 옛날에는 한반도 전 국토에서 공연을 했던 서커스단에 그 기원을 갖는 것'이라고 해 둔다. 그러므로 조선시대로 거슬러 올라가 기술할 때에는 그때그때 용어를 구별하여 사용하게 될 것이다.

1.3. 한국 서커스로부터 무엇이 보이는가?

다음은 본서의 목적, 혹은 그 의의에 대해서 생각해 본다. 본서에서 목표로 하는 점은 모두 3가지이다.

① 1990년대 중반에 활동했었던 특정 한국 서커스에서 필자가 보고 들은 것을 생활 기록으로서 보존한다. 지금까지 한국 서커스는 연구의 대상으로서 회고된 적이 없었기 때문에 그 기록은 중요한 가치를 갖는다. 이와 동시에 한국 사회에서는 이동생활자에 관해서도 별로 알려지지 않았기에 면밀한 현지조사에 근거한 이동집단이나 이동생활에 관한 연구는 한국연구에 있어서 새로운 연구 분야를 제시할 수 있을 것이다.

② 이동집단에서 볼 수 있는 구성원의 유동성과 통합이 어떻게 이루어졌는지, 또한 그것들이 이동집단에게 어떠한 역할을 했었는지를 검토한다. 본서에서는 이동집단인 한국 서커스의 사례에서 특히 구성원의 유동과 통합에 주목한다. 그리고 서커스 이외의 이동집단의 사례도 참조하면서 이동집단에서 흔히 볼 수 있는 구성원의 유동과 이동생활과의 관계를 조명해 간다. 또한 동시에 구성원을 통합하는 장치에 대한 검토도 시야에 넣어 그것들이 어떻게 맞물려 가면서 이동집단을 존속시키고 있었는지에 대해 고찰한다.

③ 이동과 소유의 관계성에 대해 고찰하고, 이것이 어떻게 '사람'의 유

동성과 관련되어 있었는지에 대해 검토를 덧붙인다. ②가 집단 레벨에서의 유동과 통합을 둘러싸고 논의를 전개하는 것에 반해, ③은 '사람'이라는 레벨에서 검토를 하는 것이다. 그 논의의 한 가지 귀착점으로서 이동과 소유의 관계성이 이동집단의 각 구성원에게 영향을 미치고 있고, 그 결과로서 구성원의 유동이 발생했다는 견해를 도출해 낸다. 이러한 이동과 소유를 둘러싼 논의는 앞으로의 이동연구에 유효한 시점을 줄 것이라 생각한다.

1.4. 한국 서커스에 대한 견해 - 본서의 구성

본서는 총 6장으로 구성되어 있다.

2장에서는 한반도에서의 서커스의 과거부터 현재까지를 제한된 문헌과 조사 기록을 통해 재구축한다. 과거에 관한 기술은 일본 서커스와의 관계나, 일제강점기를 둘러싸고 한국 서커스의 형성 과정에서 떼려야 뗄 수 없는 '일본'과의 관계에 대해서 기술한다. 이 밖에 한반도에서의 서커스 이전의 이동예능집단인 남사당과의 관계를 기술하고, 한국 서커스의 역사적 위치에 대해 검토해 간다. 현재에[9] 관해서는 한국 서커스에 관한 기본적인 지식 제공을 목적으로, 오늘날의 한국 서커스가 어떠한 형태로 행해지고 있는지에 대해 기술한다. 또한 조사 당시의 구성원에 대해서도 익명성을 유지하는 형태로 가능한 한 소개한다. 그리고 이러한 한국 서커스가 어떠한 사이클로 그들의 일상생활인 이동생활을 계속하고 있는지, 사이클

---

9) 단, 여기에서 말하는 '현재'란 조사를 실시한 1994년부터 1995년 당시의 '현재'를 말하며, 반드시 2000년 이후의 상황을 나타내고 있는 것은 아니다. 조사 후의 서커스의 현황에 대해서는 필요에 따라 보충해 나간다.

에 관심을 두면서 기술해 간다.

3장 전반부에서는 서커스단이 사람들을 끌어들이는 존재였음에도 불구하고, 그들과 그 외부 사회인 지역사회나 그 밖의 집단과의 사이에서 일어나는 문제에 관해서 국가의 관리 체제와의 관계도 포함하여 기술한다. 또한 외부 사회와의 경계에 주목하여 그들이 어떻게 집단의 '안'과 '밖'을 구별하고 있는지에 대해서도 검토한다. 후반부에서는 항상 이동을 계속하는 집단으로서 서커스단의 조직에 대해 기술한다. 또한 집단 내부에 다양한 대립 구조가 존재하는 한편으로, 어떻게 통합을 이루고 있었는지에 대해서 집단 내에서의 규율이나 서커스단을 설명하는데 자주 사용되는 '가족'이라는 단어를 중심으로 검토한다.

4장 전반부에서는 서커스단의 구성원 개개인이 갖고 있는 의식과 그들이 취하는 행동 패턴에 초점을 둔다. 이것은 이동을 반복해 온 '서커스단'이라는 환경이 만들어 냈다고 볼 수도 있다. 그것은 생활양식으로부터 오는 의식 등을 보면 보다 명확하게 나타나는데, 이것들을 조사 데이터에 의거하여 분석해 간다. 후반부에서는 서커스단 내에서 볼 수 있는 구성원의 유동에 관해서 분석한다. 집단을 기준으로 해서 유입과 유출로 나누고 각각을 생활 기록과 관련시켜 간다. 그리고 그 결과로서 생각할 수 있는 구성원의 유동의 직접적인 요인을 유동의 특성이라는 관점에서 검토함과 동시에, 그들의 소속 기간과 비교해 보고, 구성원의 유동이 그들이나 서커스단 전체에게 주고 있는 영향에 대해서도 고찰해 간다.

5장 전반부에서는 구성원의 유동이 서커스단이라는 이동집단에서 어떠한 역할을 이루고 있었고, 구성원이 빈번하게 유동하는 집단이라는 것이 어떻게 성립되었는지에 대해서 살펴본다. 이때 사회적 긴장의 완화와 이미지나 언어에 의한 집단 통합이라는 관점에 유의하면서, 구성원의 유동이 활발한 다른 이동집단의 예를 참조하면서 검토한다. 후반부에서는 이들 구성원이 유동하는 배경으로서 이동과 소유의 사이에 관계성이 있다는 것을 기술한다. 더 나아가 이동집단과 소유물과의 관계성의 문제를 발전시켜, 몸 둘 곳이나 향수를 느끼는 장소 등의 이미지까지 영향을 주는 소유와 이동과의 관계에 대해서 하나의 가설을 제시한다. 마지막으로 본서에서 논의해 온 이동집단으로서의 한국 서커스의 구성원의 유동과 통합에 대해서, 이동과 소유라는 관점을 중심으로 다시 정리하고, 구성원의 유동이 이동집단과 밀접하게 관련되어 있는 점을 기술한다.

6장에서는 앞장에서 언급한 이동과 소유의 관계를 한국 서커스뿐만 아니라, 한국 사회 전반에 적용시킴으로써 새로운 시점을 제시한다. 특히 한국에서는 사람들의 이동을 자주 볼 수 있는데, 이것을 본서에서 제시한 이동과 소유의 관계로 설명해 본다. 더 나아가 본서의 논의 끝에 보이는 것으로서 이동에서 보이는 '변화'와 '지속'이라는 테마를 제기하고, 이동연구 자체가 앞으로 어떠한 방향으로 발전해 나갈 것인지를 전망해 보고 싶다.

한국 서커스의
과거와 현재

제 2장

2.1. 한국 서커스의 '성장 내력'

오늘날 한국 국내에서 활동하고 있는 서커스단은 그 존재를 모르는 사람도 많고 특별히 관심을 받고 있지도 못하다. 그 때문인지 한국에서는 뉴스 기사를 제외하고는 한국 서커스에 대해 활자화된 연구 성과는 전혀 찾아볼 수 없었다.

더구나 옛날을 기억하는 사람도 거의 없기 때문에 그 '성장 내력'에 대해서는 애매한 부분이 극히 많다. 한국의 대우大宇 서커스단에 대해서 인터뷰를 실시한 아나이阿奈井도 공식적인 기록은 없는 것 같다고 기술하고 있다[1990]. 그런 가운데에서도 한국곡예협회에[1] 관여하고 있는 사람이 한

---

1) 조사 당시 공연을 하고 있던 4개의 서커스단은 한국곡예협회라는 상부조직에 의해 통합되어, 그 명칭으로 한국의 문화체육부의 허가를 받고 있었다. 즉, 서커스단의 총 책임자 같은 일을 하고 있었다. 2007년 현재는 2개의 서커스단이 있다.
역주: 2012년 현재는 1개의 서커스단만이 남아 있다(조선일보 2012년 12월 11일 A11면 기사 참조)

국 서커스의 경위를 비교적 자세하게 알고는 있지만, 상세한 부분에 대해서는 의견이 나누어진다. 현시점에서 확실하게 말할 수 있는 것은 한국조선이 일제강점기 일본의 실질적 지배하에 있었던 시기에 일본의 서커스단이 한반도에 건너와서 공연을 시작했다고 하는 것뿐이다. 그리고 한국을 순회하던 일본의 서커스단이 점차 현지에서도 예능인을 모아 길러 가는 과정에서 한국조선인의 서커스단이 독립해 간 것이 현재에까지 이르고 있는 것이다. 여기에서는 필자의 조사로[2] 얻은 자료와 1987년 6월에 실시한 아나이阿奈井[1994]에 의한 한국곡예협회 전 회장님이신 김영배 씨에 대한 인터뷰 내용을 대조해 가면서 역사적 경위를 정리해 가도록 하겠다. 이때 한국 서커스의 역사를 말하는데 빼놓을 수 없는 일본 서커스와의 관계나, 지금까지 '전통적'이라고 여겨져 온 한국의 이동예능집단과의 비교를 통해 한국 서커스의 변천 과정을 파악해 가고자 한다.

2.1.1. 한국 서커스의 역사적 경위

한반도에 처음으로 들어온 서커스단은 일본의 서커스단이었다고 한다. 러시아나 중국에서 들어왔을 가능성도 있겠지만, 어느 서커스 관계자도 일본에서 들어왔다고 하고, 중국이나 러시아에서 들어왔을 가능성은 부정했다. 단, 일본의 서커스단이 언제 어디에 처음으로 들어왔는지에 대해서 확실하게 아는 것은 없다. 예를 들어, 아나이阿奈井[1990]가 들은 것에 의하면 조선에 처음으로 서커스가 들어온 것은 1930년경으로 당시 기노시타木下 서커스 산하의 2부 단체이었던[3] 야노矢野 서커스가 주로 일본 이외의

---

2) 조사는 1994년 9월 17일부터 1995년 6월 12일까지와, 1995년 8월 10일부터 9월 9일까지 실시했다. 조사할 때, 대한민국장학회로부터 조성금을 받았다.
3) 서커스단의 규모가 커지면 단체 조직을 2개 이상으로 나누는 일이 있었다. 이러한

지역에서 공연을 하였다고 한다. 그러나 이것과는 다르게, 한국곡예협회 전 회장님이신 차수향 씨는 1914년에 일본의 고자쿠라小櫻 서커스가 처음으로 한반도에 들어왔다고 한다. 또한 잡지사 기자인 오윤현[1994:58]은 단체명은 잘 모르지만 1911년 5월에 일본에서 처음으로 서커스단이 들어왔다고 기록하고 있다. 이처럼 연대는 모두 다르지만, 사실은 아쿠네阿久根[1977:270]나 나카타니中谷[1977:53]는 1890년에 일본의 아리타有田 양행회洋行會, 후일의 아리타 서커스가 조선을 순회공연 하였다고 기술하고 있어, 아무래도 이것이 한반도에서 공연을 했던 가장 오래 된 기록이라고 생각된다. 그러나 이러한 지적에 대해서도 아쿠네 본인으로부터 그 이전에 한반도에 서커스단이 건너갔을 가능성이 있다고 들었다.

역사적 경위가 불분명한 것은 한국朝鮮인에 의한 최초의 서커스단이 창설된 해에 대해서도 마찬가지다. 김영배 씨에 의하면 1920년경 한반도를 중심으로 공연을 하고 있던 일본의 미야코都 서커스에 김영배 씨의 형님인 김영대 씨가 입단해서 얼마 후 일본인 곡예사인 니시모토 하쓰에西本初枝初江와 결혼한다.[4] 그리고 1931년에 독립하여 만든 니시모토西本 서커스가 한국朝鮮인에 의한 첫 서커스단이었다고 한다. 1940년경이 되자 오노大野 서커스, 기무라木村 서커스, 가네다金田 서커스가 생긴다. 모두 일본인의 이름이 붙어 있는 이유는 일본이 식민지 통합 정책의 일환으로서 통치시대 말기에 실시한 창씨개명 때문이다. 이들 각 서커스단의 단장은 한국朝鮮

경우 각각을 1부, 2부라고 순서대로 부른다. 그 2부에 해당하는 것을 2부 단체라고 한다. 단, 1부 단체에 비해 2부 단체가 꼭 소규모이고 못해 보인다고는 말할 수 없다. 2007년 현재 동춘 서커스에서는 중국으로부터 곡예사를 불러와서 본래 있었던 한국인 곡예사를 중심으로 하는 단체와는 별도로, 또 다른 한 개의 단체를 만들어 1부 단체와 2부 단체로 나누어 공연하고 있다.

4) 선행 문헌에는 니시모토 하쓰에(西本初枝)라고 나와 있지만, 한국 서커스의 인터뷰에서는 한국어로 '초강'이라고 부르고 있었다. 이것을 '하쓰에'라는 소리에 맞추어 보면 '初江'이 된다.

사람으로 오노 서커스의 단장은 이만석 씨, 기무라 서커스후일의 동춘 서커스는 박동수 씨이다.

그러나 지금도 한국에서 공연을 계속하고 있는 동춘 서커스단은 조사 당시, 1926년에 창단되어 약 70년의 역사가 있다고 자랑했었다. 만약, 그 선전 문구를 그대로 받아들인다면 니시모토 서커스보다 더 빨리 한국조선인에 의한 서커스단이 탄생했다는 이야기가 된다. 한편, 전술한 차수향 씨에 의하면 한국조선인에 의한 첫 서커스단은 명칭은 불분명하지만 1935년에 만들어져 그 다음 해인 1936년에 동춘 서커스의 전신인 기무라 서커스가 탄생했다고 한다. 이처럼 동춘 서커스가 창단된 시기조차도 1926년, 1936년, 1940년경으로 제각각 다르다. 현재로서는 1930년 전후에 한국조선인의 손에 의해서 차례차례로 서커스단이 탄생했었다는 것만 확실하게 말할 수 있다.

그런데 이 서커스단들은 제2차 세계대전이 시작되면서 서커스단끼리 서로 합병을 하여, 당시 10개의 단체가 5개의 단체로 정리되었다. 이윽고 일본의 패전으로 창단이 자유로워졌지만, 5년 후인 1950년 한국전쟁으로 인해 모든 서커스단은 해산하게 된다. 그리고 1953년 한국전쟁이 휴전을 맞이하자 그 해에 신광 서커스가 창단된다. 또한 3년 후에는 자유 서커스를 시작으로 동춘·서울·제일·대양·대륙 등, 12개의 서커스단이 차례차례로 창단되어 한국 서커스는 전성기를 맞이한다. 단, 어느 단장에 의하면 1955~65년이 한국 서커스의 전성기로 11개의 서커스단이 있었다고 한다. 더구나 그 단장이 이야기 한 서커스단의 명칭에는 아나이가 조사한 것과 다른 명칭이 다수 포함되어 있는데,[5] 이는 매우 짧은 주기로 서커스단의 소유자가 바뀌었거나, 무슨 이유인지는 모르지만 개명이 자주 일어

---

5) 예를 들어, 단장이 열거한 것으로서는 국제·신세계·동양·평화 등이 있었다.

났다고도 생각할 수 있다. 또한 차수향 씨 등은 20개 정도의 서커스단이 있었다고도 하는데, 이는 나중에 언급할 '마술단' 등, 서커스와 매우 흡사한 공연 단체가 많이 존재했었음을 생각게 한다.

당시는 동방 서커스라고 하는 중국계 서커스단도 꽤 인기가 있었는데, 대륙으로 돌아갈 때 코끼리를 비롯해 많은 동물들을 정리할 수가 없었다. 그 덕분에 태백 서커스를 비롯한 한국의 많은 서커스단이 동물들을 들여왔다고 한다. 또한 이 태백 서커스단의 극장은 처음부터 4개의 기둥을 중심으로 한 둥근 극장을 사용하고 있어서, 한국 서커스에서 '태백고야'라고 하면 둥근 극장을 가리킬 만큼 이름이 알려진 서커스단이었다.

이 시대의 서커스는 곡예뿐만 아니라, 매일 매일 새로운 연극이나 코미디 등의 쇼까지 포함한 3시간 이상의 공연을 하였다. 또한 당시는 한 장소에서 약 3개월 동안 공연을 계속했다고 하는데, 오락이 별로 없었던 시기이어서인지 날마다 바뀌는 연극에 연일 관객이 밀려 들어 수익도 많았다. 현재의 공연 시간이 2시간이 채 못 되고, 공연 기간도 2~3주인 것과 비교하면, 당시의 서커스 인기가 어느 정도였는지를 추측할 수 있다. 또한 서커스의 무대에 나온 후, 배우로서 성공한 예능인도 적지 않다고 한다.

한편, 이러한 서커스단과 병행하여 1960년대 후반부터 '마술단'이라고 불리는 단체가 공연을 시작한다. 이것은 "형의 뒤를 이어 자유 서커스를 창단한 김영배 씨가 1970년에 들어서면서 고려 마술단을 만들었다."[阿奈井 1994:91]는 기술과 대체로 그 시기가 일치한다. 여기서 말하는 마술단은 마술사를 중심으로 한 집단이지만, 구경거리로서는 마술 이외에도 서커스의 곡예와 같은 것도 행하고 있었던 것 같다. 마술단에는 서커스단처럼 산하에 2부 단체를 소유하고 있었던 것 외에, 반대로 서커스단의 전신이 된 것도 있다. 이러한 마술단과 서커스단의 사이를 왔다갔다하는 예능인도 많아, 서커스단과의 관계는 긴밀했을 것이라고 생각된다.

이처럼 전성기를 자랑한 서커스도 1970년대 후반부터 고도경제성장의 영향으로 영화나 텔레비전이라는 새로운 오락의 보급과 함께 인기가 떨어지기 시작한다. 그래도 1980년대 초반까지는 여전히 공연 시간도 3시간이나 되며, 한 종목의 상연 시간도 길고 관객도 현재보다는 많았다고 한다. 이때가 좋았다고 회상하는 40대의 구성원들도 많다. 그 후, 오락의 다양화에 따라 서커스의 경영이 해마다 어려워지고 관객 동원수의 감소로 인해 1990년대에 들어서면서 서커스의 규모도 축소되었고 단체 수도 4~5개의 단체로 줄어들게 된다.

더구나 1990년대에 들어서 서커스 관객의 동원 수 감소를 더욱 확대시킨 사건이 발생한다. 1991년 10월 나이트클럽에서 일하던 소녀 심주희가 서커스단에서 일했을 때 학대를 받았다고 발언하여, 이것을 계기로 아동복지법[6] 위반의 혐의로 서커스단에 대해 일제히 수사가 들어갔던 것이다. 그리고 당시 15세도 안 된 어린 소년소녀들을 무대에 서게 했던 한국의 서커스단은 모두 단속을 받아, 단장 및 소년소녀를 서커스에 맡긴 부모, 이들을 맡았던 서커스 관계자들은 모두 검거, 또는 금고형을 받게 되었다.

일본의 서커스단은 이미 1948년에 아동복지법의 벽에 부딪힌 바 있다. 이 때문에 예전의 어린이 곡예를 중심으로 한 프로그램은 동물 곡예를 중심으로 변경하지 않으면 안 되었고, 동시에 후계자의 육성이라는 면에서도 큰 타격을 받았다.

한국에서도 아동복지법은 심주희 사건 이전부터 존재했었지만, 실제 적용은 쭉 미루어지고 있었다. 이 사건으로 서커스 전체의 이미지가 급격히

---

6) 예를 들어 제29조 9항의 '금지 행위로서는 '공중의 오락 또는 흥행을 목적으로 아동의 건강 또는 안전에 유해한 곡예를 시키는 행위'를 들 수 있다(조상원 2003 : 293). 또한 동법 제2조에 의하면 아동이란 18세 미만으로 되어 있다.

추락했고, 한때는 서커스의 존속마저도 위태로워졌지만, 그들의 구형이 3개월 내지 1년으로 끝났기 때문에, 각 서커스단은 다시 살아나 아동복지법의 적용을 빠져 나가면서 공연을 시작했다.

2.1.2. 한국의 서커스와 일본

이상과 같은 역사적 경위로부터도 알 수 있듯이 한국의 서커스는 일본의 서커스와 관계가 깊고, 한국의 서커스를 아는 사람들은 일본의 서커스와 연관 지어 파악하려고 하는 경향이 있다. 물론 이러한 분석 방법은 유효하고 거기에서 밝혀지는 것도 적지 않다. 따라서 여기에서는 일본 서커스와의 관련성부터 이야기를 진행시켜 나가기로 한다.

(1) 한국의 서커스와 일본어

단순하게 당시는 일본인도 많았고 일본의 영향이 컸다는 것만을 이야기하고자 하는 것이 아니다. 한국의 서커스가 일본을 경유한 흔적은 현재에도 서커스 극장을 세우는 방법이나, 곡예의 종류, 일본어에서 유래한 전문용어 등에서 많이 볼 수 있다.

예를 들면, 극장을 말할 때 한국의 서커스단에서는 '고야 : 小屋'라고 부르지만, 이것은 일본의 서커스단에서 극장을 '고야小屋'라고 부르던 것에 기인한다. '고야小屋'는 통나무를 짜 맞춰서 만드는 '마루타고야 : 丸太小屋'로서, 일본의 서커스가 한반도에서 공연을 하던 당시와 거의 같은 순서로 세워진다. 또한 세우는 방법에 따라서 '요코고야 : 橫小屋'와 '다테고야 : 縱小屋'라는 2가지 방법이 있다.[7] 보통은 서커스단별로 이 두 종류 가운데

---

7) 극장을 위에서부터 보면 장방형을 하고 있는데, 극장 입구를 짧은 변에 둔 것을 '다테고야', 긴 변에 둔 것을 '요코고야'라고 부른다. 일반적으로 '요코고야'가 극장 전체를

[📷 1] '기도': 서커스의 입구

정해진 방법으로 극장을 세웠는데, 서커스가 공연을 여는 장소의 입지 조건에 맞는 방법으로 세워진다.

실제로 서커스 극장을 세워 가는 과정인 '고야가케小屋がけ'에서도 많은 전문용어가 사용되는데, 이들 대부분이 일본어에서 유래한다. 오늘날에는 꽤 많이 변하였지만, 극장을 세우는 장소가 정해지면 전술한 '다테고야'로 할지, '요코고야'로 할지를 정하고, '마루타통나무'를 조립해 간다. 고야가케를 할 때에도 '다테지 : 建て地'·'하리 : 梁'·'아시바 : 足場'·'다테보 : 縱棒'·'오이가케 : 追い掛け'·'스스카이 : 筋交い' 등의 재료나 건축 부위의 용어, '쓰키다시 : 突きだし'·'기도 : 木戸'·'스지바 : 炊事場'·'고야스미 : 寢小屋' 등의 극장이나 생활공간의 용어도 이렇게 일본어에서 유래한 전문용어를 사용한다[📷 1]. 고야가케의 하루 작업은 '시마이 : 終い' 혹은 '야리키리 : やり切り'로 끝이 난다.

크게 보이게 하지만, '다테고야'에 비해 자재가 늘어난다고 들었다.

no.	'일본어'	日本語	no.	'일본어'	日本語
1	아우리	煽り幕、あほり幕	61	소데	袖
2	아게	あげ	62	소토마리	外まわり
3	아시바	足場	63	소로바시	ソロまわし
4	아쥬목,와쥬목	輪撞木	64	다이	*극장의 뼈대를 떠 받치는 것
5	아미	網	65	다카무대	高舞台
6	아와시	(大テントの)合わし	66	다치간판	立て看板
7	안카	アンカー	67	다테고야	縦小屋
8	안돈	行燈	68	다테지	建地
9	이치린	一輪車	69	다테보	縦棒
10	잇파이	いっぱい	70	다라마키	*파이프들을 감을때 사용
11	잇폰	一本竹	71	중하리	中梁
12	우치아게	打ち上げ	72	찌라시	チラシ
13	우와노리	上乗り	73	쓰키다시	突きだし
14	오이가케	追い掛け	74	데코	梃子
15	오이치린	大一輪車	75	태백고야	太白小屋
16	오잇초	大一丁	76	도탄바리	トタン張り
17	오간판	大看板	77	도도리	頭取、現場責任者
18	오텐토	大テント	78	도바	賭場
19	오사마리	収まり	79	도반	当番
20	오야지	団長、親父	80	도라막	*천막의 일종
21	오와리	終わり	81	나카다이	中台
22	가사	傘まわし	82	나라시	ならし
23	가엔	火炎	83	니닛초	*상연종목의 일종
24	가가미	鏡	84	니닛폰	*상연종목의 일종
25	가키다키	鈎竹	85	노가타	土方
26	가키모,가쿠모	*고야스미의 마루를 만드는 각목	86	노노	*극장 지붕의 일부
27	가타스케	片づけ	87	노보리	幟
28	가루키,다루키	垂木	88	노루코미	乗り込み
29	간스	カンス、高綱渡り	89	하치	八

no.	'일본어'	日本語	no.	'일본어'	日本語
30	간스구미	カンス組	90	하네다시	羽だし
31	간스다이	カンス台	91	바라시	バラシ
32	간스바카	カンスばか、カンス道化役	92	하리	梁
33	간판스리	看板吊り	93	하리가네	針金渡り
34	기도	木戸	94	한타이	反対
35	기마리	決定、決まり	95	히코	空中飛行術、空中ブランコ
36	경계막	境界幕	96	히코다이	飛行台
37	구다케	砕け梯子	97	핀	ピンハネ
38	구마이	旧米、古参	98	후돈삿쿠	布団サック
39	고잇초	小一丁	99	베니타	ベニヤ板
40	고추다마	小さな電球	100	혼부어머니	本部のお母さん
41	고야스미	寝小屋	101	혼부새끼	本部付き
42	고야마리	小屋まわり	102	마타마치	頭立ち
43	서커스	サーカス	103	마치바리,마치마리	町まわり
44	사카	逆(柱)	104	마루타	丸太
45	사카쓰나	逆綱渡り	105	마루무대	丸舞台
46	사시모노	さしもの	106	만탄	満タン
47	사라	皿まわし	107	만나카	真ん中
48	삼각	三角	108	만보	マンボ
49	산곤	*공중에서 거꾸로 걷는 곡예	109	미즈가미	水瓶
50	산단기리	三段切り	110	무대안돈	舞台行燈
51	산닛초	*상연종목의 하나	111	야나기다루	柳樽
52	시타바리	下まわり	112	야리키리	やりきり
53	시마이	終い	113	웃코	衣桁渡り
54	시루시	印	114	유리	揺り
55	신마이	新米	115	요코고야	横小屋
56	스지바	炊事場	116	요비다시	呼び込み
57	스스카이	筋交い	117	윤주이스,윤리쓰	四丁椅子

no.	'일본어'	日本語	no.	'일본어'	日本語
58	세미	せみ(滑車)	118	욘마루	*극장 지붕의 일부
59	세미고야	せみ(滑車式)小屋	119	와카시	若い衆
60	소안돈	小行燈	120	와리	割り当て

* 는 일본어이긴 하지만 불명확 것에 설명을 붙였다.

　또한 한국의 서커스단에서 공연하는 곡예의 대부분은 일본에서 들어왔으며, 오늘날 일본에서는 사라진 전통적인 곡예도 상당히 남아 있다. 예를 들면, 이른바 줄타기의 종류로 쳐진 밧줄 위에서 펼쳐지는 '밧줄 묘기, 건너기'라고 총칭되는 곡예나, 위를 보고 누워 위쪽으로 내민 양 발 위에서 여러 가지 물건을 돌리는 '발 묘기, 버티기'라고 불리는 곡예, 어깨 위에 올린 대나무나 장대 끝에 아이를 오르게 해 균형을 잡는 '어깨 묘기, 장대 묘기'라고 불리는 곡예 등이 오늘날에도 주류를 이루고 있다[□ 2].[8]

　이러한 곡예들은 현재도 구성원들 사이에서는 일본어에서 유래된 용어로 불리고 있다. 어깨 묘기의 일종인 '잇폰 : 一本竹'·'하네다시 : 羽だし'·'구다케 : 砕け梯子', 발 묘기의 일종인 '미즈가미 : 水瓶'·'야나기다루 : 柳樽', 건너기 묘기인 '사카쓰나 : 坂綱渡り'·'하리가네 : 針金渡り'·'간스 : 綱渡り'·'옷코 : 衣桁渡り', 이 밖에도 철로 된 막대기 그네에 양손을 놓고 타는 '오잇초 : 大一丁'나 '와쥬목 : 輪撞木'·'히코 : 空中ブランコ'·'가엔 : 火炎'·'욘주이스 : 四丁椅子' 등을 그 예로 들 수 있다. 이러한 용어들은 현재도 공연 손님들을 향한 안내와는 별도로, 무대 뒤에서는 그대로 사용되고 있다.

---

8) '발 묘기'는 곡예사가 받침대 위에서 천청을 보고 누워, 양 발로 나무통이나 사다리, 문짝이나 우산 등을 다루는 곡예 전반을 가리킨다. D서커스단의 상연 목록에서는 '야나기다루'나 '미즈가미'가 이것에 해당한다. '어깨 묘기'는 어깨에 굵은 대나무나 사다리를 세우고, 몸이 가벼운 곡예사가 그 위에 올라가 연기를 하는 곡예 전반을 가리킨다. D서커스단의 상연 목록에서는 '잇폰'이 이것에 해당한다.

[📷 2] '구다케'의 연기: 일본에서 유행했던 어깨 묘기에서 유래되다

일본어에서 유래된 용어는 도구나 극장의 각 부분, 극장을 씌우는 각 시트 외에, 일정한 역할을 가진 인물의 호칭에서도 사용된다. 예를 들면, 단장은 '오야지 : 親父'이며, 극장을 세우는 현장 책임자는 '도도리 : 頭取', 도구 담당자나 잡무 역할은 '시타바리 : 下まわり', 그리고 단장이 보살피고 있는 어린이 구성원은 원래 일본어인 '本部付き혼부쓰키'와 한국어의 속어로 아이를 깔보며 부르는 '새끼'를 합쳐 '혼부새끼 : 本部付き'라고 부른다. 극장에서 공연 손님을 호객하는 사람은 '요비다시 : 呼び込み'이고, 거리를 돌아다니며 선전하는 사람, 혹은 선전하는 일은 '마치바리 : 町まわり'이다.

조사에서 기록한 것만으로도 이와 같이 일본어에서 유래한 용어는 120단어를 넘는대[자료1].[9] 오늘날에는 이러한 용어가 일본어에서 유래한 것임을 모르고 사용하는 젊은 세대가 생겨나고 있다.

(2) 서커스의 구성원과 일본

한반도의 독립 해방 후에도 한국에 남은 일본인 곡예사가 있었던 연유로, 연령이 30대 후반 이상인 고참 곡예사 중에는 일본인으로부터 직접 배웠다고 하는 사람이 많다. 1970년대 중반부터 후반까지도 일본인이 곡예 지도자의 절반을 차지하고 있었다고 한다. 실제로, 오늘날의 상연 목록에도 일본의 곡예를 뚜렷하게 남긴 것을 많이 볼 수 있다. 또한 70대 전후의 구성원들은 일본의 서커스단에 본인이 소속해 있었다는 등, 한층 더 일본과의 관계가 깊다. 예를 들면, 한국에서 곡예를 가르치며 한국인과 결혼한 일본인 여성이 있다. 그녀는 75세가 된 지금도 '센세 : 先生'라고

---

9) 역주: 본 번역서에 있어서 일본어의 한국어 표기는 기본적으로 국립국어원의 외래어 표기법에 따른 것이다. 단 [자료1] 등, 서커스에서 사용되는 이른바 업계용어에 대해서는 현장에서 사용하는 발음 그대로를 표기하려고 노력하였다.

불리며, 각 서커스단을 돌아다니면서 동물 곡예를 하고 있다. 또한 후술할 71세의 한국인 마술사는 일본의 도야마富山에서 태어나 일본의 서커스단이나 대중연극 등에서 곡예나 연극을 했다고 한다. 이 밖에도 일본에 체재했던 적이 있었다는 이야기는 이 세대의 사람들로부터 자주 들었다.

곡예사들의 일본에 대한 감정은 세대에 따라 약간 차이가 있다. 세대는 대체적으로 4개의 그룹으로 나눌 수 있고, 남녀의 차이는 별로 없다. 이 세대 구분은 일반 한국 사회의 그것과도 거의 일치한다고 생각할 수 있다. 일제강점기를 경험한 1920~30년대 태생 이상의 제1 세대, 부모님으로부터 통치시대의 이야기를 듣고 자란 1940~50년대 태생의 제2 세대, 전쟁에 대해서는 학교교육 등에 의한 지식으로만 알고 있는 1960~70년대 태생의 제3 세대, 그리고 풍요로운 한국밖에 모르는 신세대로서의 1980년대 태생 이후의 제4 세대이다.

제1 세대에는 일본에 직접 도항한 경험이 있는 구성원이 많고 일본과의 관계가 매우 긴밀하다. 이 세대는 일제강점기 시절에 있었던 일본인들의 행위에 대해서는 비판적인 반면, 일본에 대해서는 일종의 그리움이나 향수를 느끼는 사람도 적지 않다. 기회가 있으면 일본에 한 번 더 가보고 싶다는 사람이나, 일본인에게는 일본어로 말을 걸어오는 사람도 많다. 이것은 일반 한국 사회에서도 동일한 경향을 보인다.

제2 세대와 제3 세대에서는 일반화된 '일본인' 대해서는 혐오감을 갖고 있지만, 일본의 전자제품 등에는 관심이 많다고 하는 점에서 기본적으로 동일하다.

단, 제2 세대는 일본인으로부터 가르침을 받았거나, 실제로 같은 서커스단 안에 일본인이 남아 있었기 때문에, 일본에 간 적은 없지만 일본인은 알고 있는 세대이기도 하다. 확고한 이미지도 없기 때문에 매스컴의 영향을 받기 쉽지만, 아주 사소한 접점인 일본인 선생님과 그 선생님으로부터 곡예를 철저하게 배웠을 때의 추억이 '일본'을 구축하고 있다. 특별히 일본에 가 보고 싶다는 감정은 없는 것 같지만, 일본에 대해서 그다지 부정적인 감정을 갖고 있지도 않다. 전술한 추억을 향수라고 느끼는 사람도 있다. 이것은 일반적으로 한국 사회에서 말하는 제2 세대가 부모님인 제1 세대로부터 전쟁 전이나 전쟁의 이야기를 듣고 자라서 일본에 대해서 꽤 강한 혐오감을 갖고 있는 것과는 크게 다르다.

이것과 비교해서 제3 세대는 선생님으로서 일본인을 본 적은 있지만, 특별히 강한 유대관계는 없고, 일반 한국 사회의 동세대와 동일하게 일본에 대해서는 하나같이 혐오감을 느끼고 있는 사람이 많다. 그러나 이들도 일본 제품에 대한 동경심이 강하고, 특히 오디오 기기나 광학 기계, 정밀 기계 등에 관심이 많다. 이러한 점에서도 일반적으로 말하는 한국 사회의 제3 세대와 크게 다르지 않다. 서커스에 있어서 이 세대의 절반 정도가 제2 세대와는 달리, 현재의 생활로부터의 도피를 겸해 일본에 가 보고 싶다고 한다.

제4 세대에서는 일본에 대한 편견도 거의 없고, 단지 하나의 외국으로서 혹은 경제 수준이 높은 국가라는 인식밖에 갖고 있지 않다. 조사 당시의 이 세대는 경제적으로도 독립하지 않았기 때문인지 특별히 일본 제품에 대한 애착을 보인 적도 없었다. 제3 세대와 비교해 일본에 가 보고 싶다는 사람도 특별히 없었다. 물론 현재는 일본 제품을 좋아하는 사람도 있지만, 한국 제품의 질이 향상되기도 해서 역시 하나의 외국으로서 일본을 보고 있는 것 같다. 이것은 일반 사회에서도 동일하다고 생각된다.

지금까지 기술한 것을 정리하면, 세대별로 본 일반 한국 사회와 서커스 구성원의 일본에 대한 의식에서는 특히 제2 세대가 차이를 보이고 있었다.

이것은 한국 서커스가 일본을 경유해 들어와 서커스 곡예사들이 오랫동안 '일본인'과 접촉해 왔던 점에서 그 원인을 찾을 수 있을 것이다. 물론, 그때에 그러한 일본인들이 그다지 부정적인 평가를 받지 않았던 것이 전제가 된다. 소수이긴 하지만 '일본인'과 접촉할 수 있었던 장소에 있었던 것이 일반 사회와 서커스에 소속되어 있는 사람들과의 사이에 차이를 가져온 것이다.

그러나 오늘날에는 한국 서커스의 중심이 조금이나마 일본인 선생님을 알고 있는 제3 세대로부터, 전혀 일본과 관계를 갖지 않는 제4 세대로 이행하고 있는 중이다. 더 나아가 세대가 젊어짐에 따라서 일본에 대한 관점이 일반 사회와 별 차이가 없게 될 것이라고 생각된다.

2.1.3. 한국의 서커스와 '전통적' 이동예능집단

한국에서는 1970년대 무렵부터 자국 문화에 대한 재평가의 목소리가 높아져, 이동하는 예능집단에 대해서는 '전통적'이라고 여겨지는 남사당에 대한 연구가 특히 활발하게 일어났다. 그러나 지금까지 민간 차원에서 예능을 지탱해 온 집단은 남사당만이 아니었다. 예능을 수단으로 생활하는 이동집단이 많이 존재했던 것이다. 그 중에서도 전쟁 전부터 도시나 농촌에서 귀중한 오락으로서 사랑 받고, 많은 예능인을 텔레비전으로 진출시킨 것이 서커스단이었다.

그러나 이러한 서커스가 한국에서 연구의 대상으로 공공 무대에 오르지 못했던 것은, 전술한 것처럼 서커스가 '전통적'이라는 평가를 받지 못하여 연구 대상으로서의 가치를 부여받지 못했었다는 점과, 한국의 서커스 전체가 폐쇄적이고 그 실체가 그다지 외부에 알려지지 않았다고 하는 점을 생각할 수 있다. 실제로 한국 서커스는 서양 서커스와 달리 사회적 지위도 낮고, 구성원들도 서커스라는 직업에 자부심을 갖고 있지 않기 때문에, 서커스에서의 생활을 숨겨야 한다고 생각하는 사람도 많다. 이러한 연유로 그들의 생활이나 그 역사적인 변천 과정이 정리된 기록으로서 남겨지지 않았다. 요즘도 한국의 지방 방송국에서 각 서커스단을 취재하여 간단하게나마 그 변천 과정과 함께 소개되는 경우가 있다. 그러나 그것들은 그때그때의 임기응변식으로 서커스의 변천 과정이 왜곡되어 소개되는 경우가 대부분이다.

그렇다면 오늘날의 한국에서 '전통적'이라고 여겨지는 이동예능집단과 현재에도 이동생활을 계속하는 서커스는 어떠한 위치 관계에 있었을까?

한반도에서 이동하는 집단 혹은 개인에 한정시켜 말해 보면, 남사당 등의 재주꾼이나, 전통적인 이야기를 노래하는 판소리의 소리꾼 등을 포함한 광대를 비롯하여, 행상인, 약장사, 거지, 풍수사風水師, 종이 뜨는 사람, 도공 등을 들 수가 있다. 각각의 역사적 변천 과정에 대해서는 제한된 문헌으로밖에 알 수가 없고, 더구나 주로 권력자의 입장에서 기술된 역사적 자료에는 사회의 피라미드 저변에 있던 그들의 기록이 남겨지는 일은 별로 없었다. 그 중에서도 비교적 자료를 입수하기 쉽고, 오늘날의 서커스와 같은 이동예능집단이 바로 남사당이라고 할 수 있다.

남사당男寺黨은 남자만으로 편성된 이동예능집단으로 男社堂이라고 쓰기도 하며, 이씨 조선시대1392~1897 후기부터 문헌에 등장한다. 유사한 집단으로서는 조선시대 중기부터 문헌에 나타나는 여성을 중심으로 편성된 이동예능집단인 사당寺黨, 社堂, 舍黨이 있다. 당시에 그들은 30~50명의 단위로 이동을 반복하고, 마을의 허가를 받고 나서야 비로소 하루 동안의 공연이 허용되어 당일의 숙소와 음식, 그리고 최소한의 여비를 벌었다고 한다.

이러한 하루살이의 이동생활을 반복하고 있었기 때문에 생활은 매우 궁핍했다. 따라서 공연의 허가를 거의 기대할 수 없는 겨울철에는 일시적으로 그룹을 해산하는 일도 드물지 않았고, 겨울을 넘기지 못하고 목숨을 잃은 사람도 적지 않았던 것 같다. 또한 낮에는 기예를 보이는 남사당이나 사당도 해가 지면 남사당은 어린 아이가 남색을, 사당은 여자가 매춘을 했다고 한다.

그들의 연기는 사당이 노래나 춤이 중심인 것에 비해[志村 1990:239], 남사당은 현재의 서커스에 가까운 곡예를 많이 하고 있었다. 남사당의 상연 목록에 관해서는 몇 개의 문헌으로 확인할 수 있다. 주로 공연했던 종목은 풍물놀이, 접시돌리기, 재주넘기, 줄타기, 가면극, 인형극으로 6가지이다.

이 중에서 기예와 관련된 접시돌리기, 재주넘기, 줄타기는 서커스에서

[📷 3] 즉흥적인 연기가 섞인 '광대': 연기를 할 수 있는 곡예사는 그다지 많지 않다

도 볼 수 있다. 그러나 그 내용면에서는 차이가 있어, '전통적'이라고 여겨지는 남사당의 곡예와 현재 한국에서 행해지고 있는 서커스의 곡예 사이에 직접적인 관계는 거의 찾아볼 수 없다.

예를 들어 남사당의 재주넘기는 전방 공중회전이나 후방 공중회전 등이 주류이고, 한국 서커스에서 하는 기계 체조나 단체 체조에 비해 간단한 것이다.

줄타기에 관해서 이야기하자면, 현재의 서커스에서는 '간스'라고 불리는 곡예로, 7~8m 높이에 금속제의 밧줄을 치고, 균형을 잡기 위해 가늘고 긴 파이프를 가지고 건너는 것과, '하리가네'라 불리는 곡예로, 약 2m 높이에 금속제 밧줄을 치고, 맨손 혹은 우산으로 균형을 잡으면서 건너는 것이 주로 행해지고 있다. 그러나 한국 서커스에서는 여기에 더하여 광대[回3]라 불리는 곡예로, 부채로 균형을 잡으면서 하는 줄타기가 존재한다. 이것이 남사당의 흔적을 유지하는 유일한 곡예라고 할 수 있다. 약 2m 높이에 굵은 새끼줄을 치고, 부채를 가지고 관객과 말을 주고받으면서 즉흥적으로 흉내 등을 섞어가며 밧줄 위를 달리거나 뛰어오르는 곡예이다. 이 공연에서는 반주로 한국민요를 사용하는 등, '한국적인 것'을 강조한다.

접시돌리기에 관해서 이야기하자면, 남사당에서는 밥그릇이나 나무로 만든 접시를 사용하는데 비해, 서커스에서는 플라스틱제, 혹은 도기로 만들어진 접시를 사용하고 있다. 또한 연기 자체에도 남사당에서는 한 개의 담뱃대 끝에 또 하나의 담뱃대를 세워서 그 끝에서 접시를 돌리거나 접시를 돌린 채로 높게 던져서 담뱃대 끝으로 받는 연기가 중심이 된다. 한편, 서커스에서는 접시돌리기의 막대로서 특별한 세공을 하지 않은 가늘고 긴 봉을 사용하여, 동시에 많은 접시를 돌리거나, 혹은 접시를 돌린 채로 접시돌리기 봉의 각도를 앞쪽으로 기울이거나 하는, 취하기 어려운 자세를 다양하게 보여주는 연기가 중심이 된다.

　이상과 같이 한국에서 '전통적'이라고 여겨지는 남사당의 곡예와 한국 서커스의 곡예는 직접적인 관계가 없다. 남사당과 관련된 곡예인 '광대' 조차도 D서커스단에서는 약 20종류의 프로그램 중 한 개에 지나지 않고, 다른 서커스단에서는 '광대'를 연기할 사람이 없기 때문에 상연 종목에서 제외되는 경우도 있다. 실제로 조사 당시 한국의 전체 서커스단에는 40~50명의 곡예사가 있었지만, 그 중에서 '광대'를 하는 곡예사는 2명밖에 없었다. 이러한 점에서도 한국의 서커스 곡예에 남사당이 미친 영향은 거의 없다고 할 수 있으며, 두 집단 간의 연결성도 별로 없다고 할 수 있다.

　이에 대해서는 당시 한반도에서의 일본의 통치 정책과 결부시켜 설명하기도 한다. 어찌 되었건 한국의 민속학자인 심우성沈雨晟[1989:44]은 1940년 이후부터 남사당의 흔적을 찾아볼 수 없게 되었다고 지적한다. 즉, 일본의 지배력이 한반도나 대륙으로 확대됨에 따라, 일본의 서커스단을 포함한 곡예사나 예능집단도 속속 진출해 왔는데, 남사당을 비롯하여 '전통적'이라 불리는 예능집단은 일제강점기 때의 정책 때문에 탄압을 받았고, 점차적으로 남사당이나 그 밖의 이동예능집단도 해산을 당했다는 것이다. 그리고 이것을 계기로 '한국朝鮮적'인 남사당이 소멸되어 끊어지고, '일본적'인 서커스만 남았다고 하는 도식이 한국에서 받아들여져 왔다.

　다만 떠돌이를 많이 포함하고 구성원의 정체를 다 파악할 수 없는 이동예능집단의 특성을 고려해 볼 때, 통치관리상 비밀결사나 그 연락망이 되는 존재를 경계하지 않을 수 없어, 일본인이 경영하는 서커스단은 이러한 점에서 신용할 수 있었을 것이다. 즉, '일본적'인 것이 받아들여지고, '한국적'인 것이 배제되었다고 하기보다는 식민지를 관리하는 측면에서 보다 합리적인 수단을 취했다고 보는 것이 타당할 것이다.

아무튼 이와 같은 사회적 풍조는 비록 남사당에서 길러진 숙련된 곡예를 보유한 사람이라 할지라도, '일본적'인 연기가 녹아 있는 곡예를 선택하지 않을 수 없는 상황을 만들어 냈다고 생각한다. 그래서 남사당의 곡예가 특별히 서커스에 도입된 적도 없고, '일본적'인 연기 색이 짙은 곡예가 서커스 안에서 재생산되게 되었다. 한국 서커스와 그때까지의 '한국조선적'인 이동예능집단과의 사이에 연관성이 없다고 하는 인식은 이러한 시대적 배경을 그 이유로 생각할 수 있다.

단, 두 집단 혹은 오늘날의 한국 서커스와 과거의 이동예능집단과의 연관성이 전혀 없는가 하면 꼭 그렇지만은 않다. 물론 일본 서커스와의 연결이 강조되는 반면, 한반도에서 '전통적'이라고 여겨지는 다른 이동예능집단과의 관련은 없는 것으로 파악된다. 그 연관성이 없다고 하는 인식은 서커스라는 용어가 한국에서 출판된 각종 민속학 사전의 항목은커녕, 다른 예능집단의 항목 설명에도 나오지 않는다는 것에서도 지적되어 왔다. 그러나 곡예의 전통은 끊어졌다하더라도 곡예를 담당했던 사람들이 그대로 사라져 버리는 일은 없다. 예를 들어 이동상인은 상인을 그만두어도 장사 경험을 살릴 수 있거나, 이동생활을 계속하는 다른 직업으로 옮겨가듯이[林 2004], 사람들은 두 말 할 것 없이 자신에게 이미 갖춰진 능력을 살리는 생계 수단을 선택하는 경우가 많다. 이처럼 탄압이 거세진 강점기 말기에 직업을 잃은 남사당의 구성원들이 일을 찾아 서커스에 들어와 서커스의 곡예를 계승해 왔다는 것은 쉽게 생각할 수 있다. 그렇게 생각하면, 이동예능집단을 담당하는 사람들 자체에는 변화가 별로 없었다는 말이 된다. 이것은 예전 같으면 남사당에 들어갔을 사람들에게도 마찬가지다. 이들에는 고아나 실업자, 도망자 등이 포함되는데, 이들도 남사당이 아니라, 보다 '돈을 벌 수 있는' 서커스에 들어간 것에 지나지 않는다. 즉,

이동예능집단 전체에 종사하는 사람들 중에서, 단지 서커스에 몸을 두는 사람의 점유율이 높아졌을 뿐이라고 생각할 수 있다.

더 나아가 1950년대 이후의 서커스의 발전을 보면, 종래의 이동예능집단에서 서커스로 이동하는 것이 '대중'에게 받아들여졌음을 알 수 있다. 왜냐하면, 서커스가 한국 사회에 갑자기 받아들여진 것이 아니고, 원래 남사당 등의 이동예능집단을 받아들이는 기반이 있던 차에 그 대용으로서 받아들여졌다고 생각할 수 있기 때문이다. 이리하여 한국 서커스도 옛날의 이동예능집단과 동일하게 혹은 그 이상의 지지를 얻을 수 있었던 것이다.

또한 이와 동시에 '대중'이 품는 이동예능집단에 대한 이미지도 연속성을 갖고, 큰 변화는 없었던 것으로 생각된다. 그래서 한국 서커스는 화려한 이미지를 주지 못하고, 후술하는 것처럼 '구슬프다', '뿌리 없는 풀_{浮草}'이라는 등, 지금까지 남사당 등이 가지고 있던 이미지를 그대로 계승해 버렸던 것이다.

이상과 같이 한국 서커스와 남사당 등의 '전통적' 이동예능집단 사이에 곡예 레벨에 있어 직접적인 연관성은 찾아볼 수 없고, 지금까지의 연구 동향을 보아도 분명하듯이 두 집단은 명확하게 다른 가치가 부여되고 있다. 그러나 한편으로, 곡예의 담당자로서 두 집단을 구성한 사람들, 혹은 구성하게 될 사람들에게서는 큰 차이를 찾아볼 수 없었고, 더 나아가 두 집단을 둘러싼 환경, 혹은 부여된 이미지에 대해서도 그다지 큰 차이는 찾아볼 수 없었다고 할 수 있다.

2.2. 한국 서커스의 현재

2.2.1. 서커스 단체 수와 규모

조사 당시 순회공연 형태로 공연하는 서커스단으로는 4개의 단체가 있었고,[10] 규모는 각각 구성원의 총수가 작은 단체는 20명 미만, 큰 단체가 30명 전후이었다. 단, 한국 서커스의 전성기에는 구성원이 각 단체에 100~200명이었고, 11개의 단체가 있었다고 하는 것을 보면, 큰 폭으로 규모가 축소되었음을 알 수 있다.

조사를 실시한 D서커스단은 현재의 단장이 3대째로, 1968년에 2대 단장으로부터 매입한 것으로, 당시에는 전통 있는 서커스단이었다. 조사 당시 D서커스단의 구성원의 총수는 대략 20명1995년 9월 초순에서 35명1995년 4월 초순 정도였다.[11] D서커스단은 한국에서 규모가 가장 큰 서커스단이다. 여기에서 말하는 구성원의 총수라는 것은 취사 담당, 매점의 조수, 그리고 구성원들이 데리고 있는 아이들까지를 포함한 서커스 텐트 안에서 생활하는 사람과, 현재는 없지만 반드시 돌아올 것을 약속하고 있거나, 혹은 다른 구성원들에게 같은 소속이라고 이해되고 있는 일시적 이탈자를 포함한 수이다. 여기에서 가령 구성원을 30명으로 했을 경우, 대체로 곡예사가 12명, 잡무 담당이 8명, 그리고 아이나 곡예사의 아내, 단장 등, 곡예에도 잡무에도 종사하지 않는 사람이 10명이라는 분포가 된다.

---

10) 1995년 당시, 한국에는 지방 순회의 형태로 공연하는 서커스단 이외에, 유원지와 계약을 하고 유원지 안에서 곡예를 하는 서커스단으로 1개의 단체가 있었다.
11) 이 '약'이라는 것은 단체에서의 구성원의 인원수가 항상 변동이 있는데다가, 명확한 형태로 소속되지 않는 전(前) 구성원 등이 자유롭게 단에 출입하여, 구성원으로서 간주해야 할지 어떨지 구별이 어려운 경우가 많기 때문이다. 반대로 말하면 그만큼 유동성이 있었다고 할 수 있다.

2.2.2. 한국 서커스의 경영

(1) 공연 장소

서커스의 공연 장소는 크게 두 곳으로 나눌 수 있다. 한 곳은 각 지방에서 행해지는 '향토행사'의 이벤트 회장이며, 다른 한 곳은 주로 지방도시의 개발 예정지나 빌딩 건설 예정지이다. 수익은 전자가 보다 많이 기대할 수 있기 때문에, 보통 공연지를 결정할 때는 각 향토행사장을 중심으로 예정을 짜고, 향토행사와 향토행사 사이에 지방도시에서의 공연 예정을 넣는다. 이때는 공연지 사이의 이동거리도 고려되지만, 요즘에는 교통 수송 수단이 발달했기 때문에 토지 대금이나 입지 조건을 보다 우선시 하는 경향이 보였다. 이것에 대해서는 [자료2]의 지도에 조사 중인 D서커스단이 실제로 공연하면서 돌아다닌 각 지방도시에 공연 순서를 기재하였다.[12] 이것을 참조하면, 예를 들어 광주시의 공연으로부터 향토행사가 열리는 정읍시로 이동하는 동안, 일정을 조정하기 위해서 구미시에 들른 것을 알 수 있다. 광주시에서 정읍시까지는 자동차로 1시간 남짓의 거리밖에 되지 않는데, 두 도시에서 4시간 정도 걸리는 구미시를 경유하고 있다. 이것은 참가 예정인 향토행사의 일정 사이에 우연히 구미시에서 장소를 쉽게 빌리게 된 것이 그 이유였다. 또한 향토행사장인 정읍시에서 다른 향토행사장인 강릉시로 이동하는 동안에 천안시에서 공연을 하고 있다. 당시, 천안시에서는 토지를 빌리는 것이 힘들어, 단장의 고교시절 친분이 있던 사람을 찾아가 부탁해 빌릴 만큼 허가가 어려웠던 장소였지만, 아무튼 천

---

12) 필자가 조사 중에 돌아다닌 공연지는 포항시, 경주시, 진주시, 순천시, 목포시, 광주시, 구미시, 정읍시, 천안시, 강릉시, 충주시이다. 각각의 도시에서의 체재 기간은 약 1개월 미만이며, 그 중 경주시, 진주시, 정읍시, 강릉시는 향토행사장에서의 공연이었다. 또한 보조 조사에서는 서울시, 울산시를 방문하였다.

[자료2] 지도

안시도 구미시처럼 이동 중계지中繼地라고 할 수 있다. 한반도 전체 지도에는 지형이나 고속도로망이 기재되어 있지 않아서 이해하기 어렵겠지만, 1995년 당시의 도로망으로 천안시에서 강릉시로 가는 데에는 약 5시간이 걸렸는데, 직선거리로 보는 이상으로 시간이 소요된다. 즉, 정읍시에서 강릉시로 가는 이동을 생각했을 때에 천안시는 이동 중계 공연지로서는 적당하지 않았다. 이러한 사례로 보아 공연지가 유기적으로 연결되어 있는 것이 아니라, 우선 향토행사장을 우선하고, 그 사이 사이를 지방도시 공연으로 채우고 있다는 것을 알 수 있다. 그것도 때로는 멀리 돌아가는 경우라 할지라도, 토지를 빌릴 수 있고 어느 정도의 관객을 기대할 수 있는 곳이 있으면, 그것을 우선시 하여 이동하는 것이다.

서커스에서는 공연 장소의 선정이 공연의 성공 여부를 결정한다고 한다. 다른 지역에서 허가를 받지 못했고, 단지 토지를 빌릴 수 있었기 때문에 공연을 하는 것은 아니다. 반대로, 어느 정도의 관객을 기대할 수 있는 장소를 상정했을 때는 토지를 빌리는 일이 잘 성사되지 않을 때가 많다. 공연지 선정을 위해서는 다른 서커스단이 어디서 언제 공연을 했는지, 자신의 서커스단이 이전에 어디서 공연을 했는지 등을 기억해 둘 필요가 있다. D서커스단에서는 공연지 선정은 단장이 하고 있었는데, 이것은 구성원에 의하면 단장이 공연지 선정에 능숙했기 때문으로, 공연지 선정을 하는 사람을 따로 두는 서커스단도 있다. D서커스단의 경우, 인구 규모가 주변의 마을을 포함해서 10만 명 이상을 대략적인 기준으로 삼고 있었다. 한편, 인구 규모가 100만 명 이상의 대도시에서는 서커스 공연의 선전도 전략적으로 지역을 한정해 실시하는 요령이 있었다. 또한 최근에는 자동차로 움직이는 사람들이 늘었기 때문에, 옛날처럼 역이나 버스 터미널 부근보다는 어느 정도의 주차장을 확보할 수 있는 곳이 적당하다고 한다.

(2) 서커스의 매상과 개인의 수입

서커스단의 수입은 입장료와 막간에 행해지는 카메라의 판매로[13] 얻은 수익이 전부이다. 이 수입 총액에서 구성원의 급여와 서커스단의 운영비, 시설비, 토지 대금을 공제한 액수가 단장의 몫이 된다. 이 외에 서커스 극장 안에서 얻을 수 있는 수입은 모두 개인의 수입이 된다. 이러한 수입에는 서커스 극장 안에서 빌리는 의자 요금이나,[14] 극장 안에 설치된 매점의 매상, 공연 중에 판매되는 깔개 요금[15] 등이 있다. 보통 이러한 수입은 그것을 관리하는 구성원의 수입이 되지만, 이 수입을 얻는 사람은 원칙적으로 급여 등 그 이외의 보수는 서커스단으로부터 받지 않는다. 이러한 급여 이외의 수입은 '와리 : 割り当て'라고 부르며, 주로 그 서커스단에 오랫동안 소속한 구성원이나 유능한 곡예사가 얻는다. 대부분의 경우 '와리'를 가지는 사람은 서커스단 내에 가족이 있었다. 이것은 일종의 특권이며, 급여 대신으로 주어지는 것을 보더라도 '와리'에서 얻을 수 있는 수익은 꽤 많다고 할 수 있다.

급여에 관해서는 일이나 작업에 구속되는 시간이 장시간임에 비해 거기에 걸맞은 액수가 아니라는 불만이 많다. 보통 급여는 월급과 공연 기간 중의 일당에 의해서 지불된다. 꽃값과 같은 특별 수입은 없다. 단, 구성원이 서커스단 내에서 생활하는 데에 주거비와 식비는 들지 않는다. 당연히 현재는 급여도 물가 상승과 더불어 훨씬 많아졌지만, 1995년 당시 20대 전반의 곡예사의 월급은 대충 70만 원이며, 거기에 일당이 1개월에 약 30

---

13) 카메라의 경우 사회자가 '와리'를 갖는 경우가 많다. 서커스단과의 배당은 매상에 따른 비율제로 정해진다. 예전에는 카메라 대신 브로마이드나 화장품을 판매하였다.
14) 극장 안 뒤쪽에 쌓여 있는 의자는 대출용이며, 그것이 관리를 맡은 단원의 수입이 되었다. 그러나 관객과 불화가 잦았기 때문에 2000년쯤부터 의자는 모두 무료로 사용하게 되었다.
15) 서커스단별로 곡예 장면을 사진으로 인쇄한 깔개를 판매하고 있었는데, 예전에는 무단으로 해외의 서커스단 사진을 이미지로 사용하기도 했다

만 원이었다. 한국에서 농업 이외의 전 산업의 평균 임금 총액은 1994년의 통계로 109만 9천 원이었다16)[한국경제연감 1995].

당시 20대 전반의 곡예사가 받았던 급여는 동년대의 회사원의 평균 급여보다는 많았지만, 시급으로 환산하면 별반 다르지 않다고 생각된다. 그리고 30대 전반의 곡예사가 되면 월급이 대충 90만 원이고 일당이 약 40만 원이 된다. 이것은 급여액만 보면 동년대의 회사원과 거의 같은 액수이거나 약간 적다. 30대 후반부터 40대가 되어 '와리'를 갖는 사람은 한 달에 약 200~300만 원이지만, 그 밖의 사람은 200만 원에 못 미치는 경우가 있어 회사원의 평균 급여에 미치지 못한다.

단, 이와 같은 급여액만 비교하는 단순 비교에는 보충설명이 필요하다. 예를 들면, 서커스에서는 제도화되어 있지 않은 복리후생이나 보험을 어떻게 환산할지, 또한 회사원에게 주어지는 보너스의 계산에 의해서도 약간의 차이가 난다. 서커스 구성원의 경우, 사고나 부상 등의 상해에 대해서도 정해진 보장 제도가 없고, 단장의 그때그때의 생각으로 보장 액수가 결정된다. 더구나 앞서 서커스 구성원의 급여액으로 언급한 것은 곡예사의 경우이며, 잡무 담당자는 이것의 약 50%~60%의 소득밖에 없다. 한편, 생활환경이나 설비 등의 내용에 불만을 가지는 사람이 많기는 하지만, 서커스 구성원의 경우 전술한 것처럼 주거비와 식비가 일체 필요하지 않다는 점은, 특히 셋집이나 물가가 비싼 수도권에 거주하는 회사원에 비해서는 훨씬 부담이 적다.

---

16) [한국경제연감]에 의한다. 이 자료로부터는 연령층에 따른 평균 임금은 산출할 수 없지만, 남성이 124만 9천 원, 여성이 72만 9천 원이고, 생산직이 91만 3천 원, 사무직이 117만 5천 원이다.

(3) 노동 시간과 노동 내용

우선, 노동 시간에 대해서 살펴보도록 하겠다. 노동 시간은 공연 장소의 이동 및 극장의 해체와 설치 등의 작업 기간 중과 공연 기간 중에 따라서 달라진다.

작업 기간 중의 노동 시간은 여름과 겨울에 또한 차이가 난다. 이러한 작업들이 기본적으로 옥외에서 이루어져 일조 시간에 크게 영향을 받기 때문이다. 작업 중에도 현장에서 숙박을 계속하기 때문에 여름에 약 13시간, 겨울에 약 8시간이 하루의 구속 시간이 되는데, 실제로는 중간에 휴식이 많이 들어가서 여름에 약 8시간, 겨울에 약 6시간 정도이다. 단, 실제 노동 시간과 구속 시간과의 차이는 육체노동을 수반하는 작업에서 일반적으로 볼 수 있고, 또한 작업 중 계속해서 능률적으로 작업을 하는 것도 아니며, 휴식 시간과 구별이 되지 않는 적도 자주 있었다. 이러한 작업을 하는데 있어서 곡예사와 잡무 담당자의 차이는 없지만, 여성 곡예사나 고령자들은 극장에서 떠나 있는 경우가 많고, 극장으로 돌아와서도 선전을 위한 광고지를 봉투에 넣거나 취사장의 일을 돕는 정도로, 노동 시간은 짧다.

한편, 공연 기간 중에는 곡예사와 잡무 담당자가 일하는 시간이 다르고, 더 나아가 공연 장소에 따라서도 차이가 보인다. 보통, 지방도시의 순회공연에서 구속되는 시간은 곡예사가 약 11시간, 잡무 담당자가 약 14시간이다. 그리고 향토행사장의 공연에서는 관객이 이른 아침부터 밤늦게까지 밀어닥치기 때문에 곡예사가 약 14시간, 잡무 담당자가 약 16시간이 된다. 단, 지방도시에서 공연할 경우, 평일에는 관객이 적기도 해서 상황에 따라 낮 공연을 1~2회 정도 중지시키고 쉬기도 한다. 악천후 시에도 관객이 오지 않기 때문에 공연이 중지된다. 단, 악천후가 태풍이나 폭우일 때는 텐트의 보수 등으로 갑자기 소집이 걸려 작업을 지시 받기도 하기 때문에 그 동안은 극장 근처에서 대기하고 있어야 한다.

이러한 공연과 이동 준비를 쉼 없이 반복하고 있기 때문에 기본적으로 휴일은 없다. 극장의 해체나 설치 중에 비가 내려 작업이 중지되었을 때나, 1년에 이틀 정도 수입이 좋았던 공연 뒤에 특별 휴가를 통고 받는 정도이다. 단, 그 휴일조차도 활용하지 못하고 극장을 떠나지 않는 구성원이 꽤 있었다. 그 이유는 대부분 그들의 가족 관계나 입단 경위와 관련이 깊다.

(4) 서커스의 시설

서커스 극장에 관해서 살펴보면, 유럽이나 미국, 오늘날 일본의 서커스단은 크레인 등을 이용해, 큰 마스트를 지주로 하여 원형으로 만들 수 있는 빅·톱big top이라 불리는 텐트를 사용하고 있다. 이에 비해 당시의 한국 서커스단에서는 1900년 전후에 일본 서커스단이 들여온 대로, 통나무를 맞배 지붕식의 집 형태로 조합하고 그 위를 시트로 씌워서 만든 '마루타고야 : 丸太小屋'라 불리는 텐트를 사용하고 있었다. 1990년대 후반 무렵부터 일부 서커스단이 크레인으로 극장의 마스트를 세우거나 파이프를 이어 맞춘 형태의 극장을 사용하고는 있지만, 형식으로서는 여전히 마루타고야이다.

각각의 극장 시설에 일장일단이 있지만, 마루타고야의 장점은 이동 시에 용량이 적은 점과 빅·톱과 비교해서 비용이 들지 않는다는 점, 그리고 너무 큰 공간을 필요로 하지 않고 장소의 상황에 따라 임기응변식으로 텐트를 세울 수 있어 장소의 제약을 덜 받는다는 점 등을 들 수 있다. 한편, 많은 관객을 수용할 수 없다는 점과 외관이 초라해 보인다는 점 등을 결점으로 들 수 있다.

또한 극장의 내구성을 생각했을 때에도 마루타고야는 빅 · 톱보다 훨씬 뒤떨어진다. 한국의 서커스 극장은 3주일 정도 지나면 극장 내에 삐걱거림이나 뒤틀림이 생기기 때문에 그 이상 장기간 체재하기에는 불안하다. 그러나 지금까지 한국 서커스는 보통 한 곳의 공연 장소에서 약 3주일에서 1개월의 공연을 반복해 왔기 때문에, 극장에 삐걱거림이 생기기 시작하면 공연의 마지막 날이 가까워지고 있다는 것을 의미한다. 따라서 극장은 3주일 정도 버티면 충분했고, 그 이상 버틸 필요는 없었다고 할 수 있다.

구성원의 숙박은 극장과 인접해서 만들어지는 '고야스미ㄱㅑㅈㅌ'라 불리는 숙박텐트에서 한다. '고야스미'는 1990년대 후반부터 서서히 컨테이너 식의 방을 사용하게 되었지만[📷 4, 5], 조사 당시에는 야영용 텐트를 한층 크게 만든 가옥 형태의 텐트를 사용하는 경우가 많았다. 파이프를 짜 맞춘 골격 위에 시트를 씌우고, 넓이는 7.3㎡에서 9.7㎡ 정도이다. 여기가 구성원의 개인 방이 되며 저마다 개인의 소지품으로 장식을 한다. 가족과 함께 입단한 사람은 가족이 하나의 '고야스미'를 가지지만, 혼자 입단한 사람은 개인 '고야스미'를 갖는 서커스 경험자를 제외하면, 두세 사람이 함께 하나의 '고야스미'를 이용하는 경우가 많았다. 기본적으로 '고야스미'는 개인이 구입하는데, 그 서커스단에 장기간에 걸쳐 소속하는 사람은 개인적으로 구입해서 사적인 공간을 갖지만, 장기간 동안 서커스단에 소속할지 어떨지 모르는 사람은 '고야스미'를 만드는 데에 시간도 비용도 들고 해서, 대부분은 공동으로 '고야스미'를 사용하였다. 어찌 되었건 이러한 텐트 식 '고야스미'는 2000년경부터 도입된 컨테이너 식 '고야스미'와는 달리, 공연 장소의 이동 때에도 부피를 많이 차지하지 않고, 이동의 비용을 경감시켜 왔다.

[📷 4] 고야스미 텐트의 해체: 바코시의 작업으로 뼈대가 보인다

[📷 5] 컨테이너: 최근에는 컨테이너를 사용함으로써 편리해진 반면, 짐이 늘어
났다

한국의 서커스단은 식당을 갖추고 있어 취사 담당자가 행동을 함께 한다. 그 식당도 1990년대 후반부터 컨테이너로 바뀌기 전까지는 조립식 텐트로 만들어졌다. 식당으로 사용되는 텐트도 파이프를 골격으로 해서 주위를 시트로 씌운 것인데, '고야스미'로 사용되는 것보다 2배 정도 커서 대략 13㎡에서 16㎡ 정도의 넓이가 된다. '고야스미'에는 마루가 만들어지는 데에 비해, 식당은 지면 그대로를 사용하고 매우 엉성한 구조이다. 당시 식당에 대해서는 구성원으로부터도 평판이 그다지 좋지 않았으며, 또 비위생적이었기 때문에 새로운 것으로 바꾸어 달라는 요구가 있었다.

화장실은 극장 안에 구멍을 파서 발판을 만들고 판자로 울타리를 친 간이식 화장실이 사용되었다. 판자로 만든 울타리와 구멍에 걸치는 발판은 가지고 다니면서 사용하였다. 구멍에는 비닐을 씌워 오물을 퍼내기 쉽게 하기도 하였다. 단, 퍼내는 식이었기 때문에 악취에 대한 불만이 있었고, 특히 관객이나 극장 주변 주민들로부터 불만이 많았다. 현재는 행사장 등에서 볼 수 있는 가설용 화장실로 바뀌었지만, 여전히 악취 문제는 미해결 상태이다.

이 밖에 도구나 극장의 설치에 사용되는 기재, 시트 등은 오랜 세월 동안 사용되고 있어서 이미 사용 기간이 지나 보이는 것도 많이 볼 수 있었다. 구성원들은 관객에게 주는 이미지나 안전성 등에서 그러한 것들에 관한 불만을 갖고 있었는데, 비용 문제도 있고 해서 좀처럼 새 것으로 바꿀수 없는 실정이었다.

2.2.3. 한국에 있어서 서커스의 사회적 지위

여기에서는 한국에서의 서커스에 대한 사회적 인식을 살펴보기로 한다.

구체적으로는 많은 사람들의 이미지를 결정하기 쉬운 매스컴, 그리고 그 이전에 부여된 서커스의 이미지, 그들 자신이 이러한 이미지와 관련해 자기 자신을 어떻게 파악하고 있는지에 대해서 살펴본다.

(1) 미디어의 보도 자세

조사 당시에도 지방신문을 비롯하여 방송국, 잡지 등에서 서커스를 다루는 일이 자주 있었다. 그러나 그때도 미디어가 서커스를 파악하는 시점은 한정되어 있었던 것처럼 보였다. 예를 들면, 한국의 MBC 방송국의 전국방송에서 '피에로의 연말'이라는 제목으로 서커스가 소개된 일이 있었는데, '그 옛날 사람들을 모았던 서커스가 아직까지도 남아 있어 지방에서 공연을 계속하고 있다'라는 내용으로 방송되었다. 또한 같은 MBC 방송국의 지방방송에서는 '추억의 서커스'라는 제목으로 방송되었다. 이 밖에도 향수를 느끼게 하는 대상으로서 서커스가 취재되는 일이 드물지 않았다.

이처럼 사라져 가는 존재로서의 서커스, 아직도 남아 있는 추억의 서커스라고 하는 견해는 각 지방신문이나 잡지 등, 그 밖의 미디어에 있어서도 동일하다. 이러한 보도는 서커스에서 현재도 일하고 있는 구성원의 이미지를 고정화하는데 한몫 하고 있어, 서커스에 대한 편견을 조장하는 것임은 부정할 수 없다.

(2) 서커스의 이미지

서커스에 대한 이미지의 하나로서 '애수'를 들 수 있다. 이것은 한국의 서커스와 연관성을 갖는 일본에서도, 서커스를 소재로 한 미디어에서는 반드시 언급되고 있다.

앞서 기술한 것처럼, 이러한 한국 서커스에 대한 이미지는 남사당을 비롯한 조선시대의 이동예능집단의 이미지를 그대로 이어받아 온 것이라고도 생각할 수 있다. 일본에서 들어온 서커스가 한국조선에 들어와 어느 정도의 성공을 거둔 것은 당시 한반도에서도 지방을 순회하던 예능집단이 서커스를 받아들이는 기반으로서 존재했기 때문이라고 할 수 있다. 그러나 서커스가 남사당 등의 집단을 대신해서 받아들여졌을 때 새로운 이미지로 받아들여진 것이 아니고, '애수'나 '편견'이라는 예전의 이동예능집단이 가지고 있던 이미지를 그대로 계승하여 받아들여졌다고 생각할 수 있다. 그리고 그 이미지가 오늘날까지 늘 따라다니고 있는 것이다.

일본에서도 옛날부터 유랑극단이 각 지방을 순회하면서 공연을 계속해 왔다. 그러나 이동예능인도 수입이 좋을 때는 마음 내키는 대로 생활을 할 수 있지만, 생활이 어려운 경우가 많아서 그 때문에 이미지는 결코 좋지 않았다고 한다(守屋 1988). '도사 순회 ドサ廻り'로부터[17] 연상되는 이미지일 것이다. 동일한 이미지가 1800년대 전반에 일본에 들어온 서커스에도 그대로 이어진 것이다. 그것은 또한 가와하라河原거지라고[18] 불린 예능인에 대한 경멸의 별칭이나, 걸립꾼이나 고제라고[19] 부르던 이동예능인에 대한 이미지와도 연결된다. 예를 들어 서커스를 노래한 전쟁 전의 히트곡인 '서커스의 노래' 가사는 다음과 같다.

1) 여행하는 제비여, 외롭지 않은가. 나도 외로운 서커스 생활
   재주넘기로 올해도 저물어가고, 낯선 타국의 꽃을 보았네
2) 어제 시장에서 잠깐 본 아가씨, 하얀 피부에 늘씬한 허리
   채찍 휘두르면 사자조차도 복종하는데, 그 귀여운 아가씨와는 옅은
   인연이여

---

17) 역주: '도사 순회'란 각 지방을 돌아다니며 공연하는 극단의 총칭이다.
18) 역주: 가와하라(河原)는 '강'과 '들판'이라는 뜻이다.
19) 역주: '고제'에 대해서는 전술한 제1장의 각주3)을 참조하기 바란다.

3) 그 아가씨 사는 마을, 그리운 마을을 멀리 떠난 텐트 생활

    달이 쌀쌀해지네, 마음도 쌀쌀해지네. 말이 잠자는 숨소리로 잠들 수

    가 없네

4) 아침은 아침 안개, 저녁은 저녁 안개. 울면 안 된다네, 클라리넷

    흘러 흘러가는 부조浮藻의 꽃이여, 내일도 피우자꾸나 저 마을에서

('서커스의 노래': 사이조 야소西条八十 작사, 고가 마사오古賀政男 작곡,

    1933년)

이 노래는 지방 순회를 계속해야만 하는 외로움을 연상시키고, 마음에
든 마을에서도 금방 멀리 떠나가야 되는 심정을, 마음에 든 곳과의 만남의
기회가 아닌 이별을 강조하는 쓸쓸함으로서 파악하고 있다. 텐트에서 살
며 부초와 같은 생활을 계속하는 서커스라고 하는 표현에서는 밝은 이미
지는 느낄 수 없다.

이와 같은 이미지는 한국에서도 동일한 모습으로 파악되고 있는 것 같
다. MBC 방송국의 1989년 강변 가요제의 수상 곡 '부초浮草'의 가사는 다음
과 같다.

1) 화려한 불빛 그늘에 숨어 사랑을 잊고 살지만

    울고 싶은 밤이면 당신 생각 합니다

    진정 나 하나만 사랑한 당신, 강물 같은 세월에

    나는 꽃잎이 되어, 떠다니는 사랑이 되어

    차가운 거리를 떠돌다 가지만 당신 모습 따라 오네요

2) 바람이 불어 쓸쓸한 거리, 어둠을 먹고 살지만

    외로워진 밤이면 당신 생각 합니다

    진정 소중했던 나만의 당신, 눈물 같은 세월에

    나는 꽃잎이 되어, 떠다니는 슬픔이 되어

차가운 거리를 떠돌다 가지만 당신 모습 따라 오네요

('부초': 김순곤 작사, 임종수 작곡, 1988년)

'부초'에는 슬픔, 고독, 차가운 거리를 헤맨다는 구절이 반복된다. 이 곡의 배경이 된 것이 소설가 한수산韓水山 씨가 1976년에 『부초』라는 제목으로 서커스의 천막생활을 그린 소설이었다. 이 소설로 한수산 씨는 '오늘의 작가상'을 받았고, '70년대의 작가'로 손꼽히는 등, 사회적으로도 적지 않은 반향을 불러일으켰다. 그 후, 1978년에는 이것이 영화로까지 만들어져, 서커스 = '부초'라는 이미지가 정착해간다. 여기서 주목해야 할 것은 이런 일들이 1970년대 후반부터 1980년대 후반에 걸친 일이며, 최근에도 이러한 이미지가 중복해서 받아들여지고 있다는 사실이다.

한수산 씨는 3년 정도 서커스단에 들어가서 일을 한 후에 이 소설을 썼다고 하지만, '부초'의 이미지와 소설에서 그리고 있는 이미지가 서커스의 이미지를 나쁘게 했다고 간주되어, 서커스단 내부에서는 긍정적으로 보지 않는다. 서커스의 생활을 뿌리 없는 풀처럼 파악해, 일반 사회에 외로움만을 인상적으로 심어줄 수 있다는 것에 대한 반발이었다. 또한 영화화할 때 여성 곡예사를 폭행하는 장면이 나온 것에도 반발하고 있다.

한국 서커스의 관객 중에서도 중심이 되는 50대 후반 이상의 세대는 서커스에 대해서 애수를 느낀다고 대답하는 사람이 많은 듯하다. 이 세대는 어릴 적에 근처에 찾아온 서커스를 관람한 경험이 있는 사람들이다. 이들은 마침 한국전쟁이 휴전을 하고, 국민 모두가 궁핍했던 시대를 살아온 세대와 겹치고, 그 무렵에 오락으로서 즐긴 서커스가 이미지로 남아있는 것 같다. 그것은 때로는 자유롭게 전국을 돌아다닐 수 있었던 선망의 대상이었을지도 모르지만, 대부분은 '서커스의 노래'에 나오는 것처럼 일정하게 정착할 곳도 없이 텐트생활로 돌아다니는 이방인이며, 동시에 그

시대의 경험을 '애수'의 단계까지 승화시켜 주는 동반자로서 비친다.

한편, 서커스단에 있는 어린이들은 조금 다른 이미지로 비춰지고 있다. 일본에서 예전에 아주 그럴싸하게 전해진 이야기 중에 "나쁜 아이는 서커스에 팔려가 식초를 먹어서 몸을 부드럽게 만들고, 곡예에 실패하면 저녁도 먹지 못하는 생활을 해야 한다."라는 것이 있다.

이와 똑같은 이야기가 한국에도 존재하고 있어, 서커스에서 곡예를 하는 아이들에게는 '가련함'이라는 이미지가 부여된다. 텔레비전 방송에서는 아이들의 연기를 보고 눈물을 흘리는 여성의 모습을 비추고, "아이의 연기가 눈물을 자아낸다."라는 식으로 영상이 소개된다. 또한 실제로 서커스를 보러 온 관객 중에는 아이들에게 직접 금품을 건네는 사람도 있다.

서커스단 측에서도 공연 중에 서커스에서 만든 깔개의 판매를 어린이 곡예사에게 시켜, 그들이 객석을 돌 때 "깔개 수익은 서커스 아이들의 교육비로 씁니다."라는 설명을 하는 등, 관객들의 동정심을 잘 이용하여 매상을 늘리고 있다. 그들은 앞서 언급한 이미지에 반발하면서도, 어떤 의미에서는 전략적으로 받아들이고 있다고 할 수 있다. 어린이 곡예사들에 의한 깔개 판매 이외에, 공연 때 사용하는 음악도 전술한 '부초'나 '타향살이' 등, 애수를 불러일으키는 노래를 사용하는 경우가 많다. 이것들은 외부 사회와의 '어쩔 수 없는 영합'이라고도 해석되지만, 그들이 그것을 적극적으로 이용하여 손님들을 불러 모으고 있다는 측면도 간과할 수 없다.

(3) 서커스에 대한 편견과 구성원의 열등감

일본의 예능인이 초기에는 가와하라(河原)거지라고 업신여겨져 온 것처럼, 한국에서도 예능이 높게 평가된 것은 그리 오래되지 않았다. 전술한 것처럼 1970년대부터의 고도경제성장에 의해서 국력을 향상시킨 한국에서는 자국의 '고유' 예능을 재평가하려는 기운이 높아진다. 앞서 언급한 남사당이나 판소리를 비롯하여, '한국적'이라고 여겨진 예능은 중요문화재라는 지위가 주어져 크게 인기를 끌게 되었다. 그 한편으로 '한국적'인 요소를 지니지 않고, 여전히 예전의 인식대로 파악되고 있었던 것이 한국 내에서의 서커스였다.

서커스에 대한 편견은 다양한 모습으로 서커스 구성원들 앞에 나타난다. 예를 들면, D서커스의 단장이 서커스단을 계승할 때 부모님이나 친족으로부터 강한 반대가 있었다고 한다. 유서 깊은 집안의 장남이 서커스 같은 신분이 낮은 직업에 종사하는 것은 허락할 수 없다는 이유에서였다. 또한 어느 곡예사에게는 약혼까지 한 여성이 있었지만, 여성의 부친께서 직업을 물어 '서커스'라고 대답했더니 서서히 멀어져 파혼까지 당했다고 한다. 이 밖에도 곡예사와 결혼한 여성이 친가로부터 허가를 받지 못해 사랑의 도피를 했고, 아이가 태어나자 조금씩 부모님도 만나 주었지만, 그때까지는 집안의 문턱을 넘는 일도 허락되지 않았다고 한다.

서커스단 내부에서도 편견은 존재한다. 학력이 있는 구성원들로부터는 서커스에 있는 사람은 못 배우고 교양이 없다는 식의 발언을 들었다. 또한 쓰레기 처리에 관해서도 밑에 있는 애들이 하면 된다는 이야기도 들었다. 이러한 발언은 특히 서커스 생활이 길지 않은 구성원들로부터 듣게 되는 경향이 있었다.

서커스의 구성원 중에는 이와 같은 경험이나 대우를 받은 사람이 적지 않다. 그리고 이러한 경험들은 동시에 서커스에서 생활하는 사람들끼리 공유되어 간다. 그리하여 서커스에 대한 편견이나, 그것을 기본으로 한 경험은 서커스 구성원의 의식에 열등감이라는 형태로 남게 된다.

어느 곡예사는 어릴 때 부모님의 이혼으로 생이별을 해, 쭉 만날 수 없었던 어머니와 몇 년 만엔가 재회를 한 적이 있었다. 그러나 그때 서커스단에서 일하고 있다는 것을 어머니에게 말할 수 없었다고 한다. 어머니를 슬프게 하는 것이 싫었기 때문이었다. 또한 우연한 기회에 서커스에서 일하고 있다는 것이 지인들에게 알려지는 것을 피하기 위해, 사진에 찍히는 것을 거절하는 사람이 많았다. 주거를 따로 가지고 있는 구성원들 중에는 이웃들에게 직업이 알려지지 않게 신경을 쓰는 사람도 있다. 서커스라는 직업에 자부심을 갖지 못하고, 가능하다면 다른 직업에 종사하고 싶어 하는 사람이 적지 않다. 이러한 부정적인 의식은 세상 풍조로부터 많은 영향을 받는다고 생각된다. 또한 좀 더 배웠으면 '서커스 같은 일'은 하지 않았을 것이라며 배우지 못한 것에 대한 열등감을 갖는 사람도 많다.

이러한 열등감은 외부에 대해 폐쇄성을 만들어 낸다. 때때로 서커스에는 사진가가 찾아올 때가 있는데, 이때 촬영을 거절하는 경우도 자주 본다. 서커스의 시설에 불만을 가지고 있는 구성원들은 그것들을 사진전 등에서 공표하는 것이 부끄럽다고 한다. 이러한 이유에서도 미디어에 의한 취재 같은 것은 선전 효과를 기대하는 단장 이외에는 싫어하는 경향이 있고, 구성원들에게 환영 받을 만한 대상은 아니다.

2.3. D서커스단의 구성원

이상과 같은 서커스단은 어떠한 구성원으로 이루어져 있을까? D서커스단을 예를 들어 설명해보기로 한다. 물론 이것이 반드시 대표성을 가지고 있는 것은 아니지만 하나의 예로서 보기로 하자. 또한 여기에 열거한 구성원들은 조사 중인 D서커스단에 일시적으로나마 체재 경험이 있는 사람들이지만, 단, 5일 이내에 탈퇴한 사람은 제외한다. 또한 구성원이 입단한 시기 등을 '~개월 전', '~년 전'과 같이 표기했지만, 병기 한 연령도 포함하여 그 기준은 대체로 필자가 입단한 1994년 9월경으로 하고 있다. 그리고 여기에서 사용하고 있는 번호는 각각의 구성원을 가리키며, 후술할 [자료4]~[자료8]의 도표를 통해 내용을 보완한다.

⟨01⟩ [남]은 단장으로 51세이다. 고등학교 졸업 후에 서울로 상경했다. 거기서 우연히 접한 서커스에 관심을 갖고 입단했다. 연극이나 코미디를 담당한 후, 명사회자로서 두각을 나타냈다. 그 후, 결혼해서 서커스를 한동안 떠났지만, 서커스단에서 불러서 되돌아왔다. 그 사이에 방송국의 사회를 담당했던 시기도 있었다. 이윽고, 경영이 하강선을 그리기 시작한 D서커스단을 당시의 단장으로부터 매입해 현재에 이르고 있다. 집안의 장남이었기 때문에 서커스단을 계승할 때에 주위로부터 심한 반대가 있었다. 서커스단의 경영은 잘 되었지만, 아내와 이혼하고 나서 D서커스단은 한 번 위기를 맞는다. 현재는 다른 여성과 재혼해서 서커스의 경영도 안정을 찾아가고 있다. 고교 동창생 중에는 유력자가 된 사람이 많아 그들로부터 지원을 받고 있다.

⟨02⟩ [여]는 단장 부인으로 41세이다. 티켓 판매소에서 수익의 관리를 맡고 있다. 대학졸업 후 일반 회사에 근무했지만, 지인의 소개로 단장과 알게 되었다. 결혼해서 서커스에 온 것이 4개월 전이다. 한동안 출산을 위해서 단을 떠나 있었다. 유아 ⟨03⟩ [남]을 데리고 복귀했지만, 서커스가 체질에 맞지 않는 것인지, 이전처럼 티켓 판매소의 일을 오래 돕지는 않았다. 그 후, 구성원과도 충돌하게 되며, 몇 년 후에는 단장과 이혼한다

⟨04⟩ [남은 총무로 61세이다. 단장의 백부에 해당한다. 이전에는 백화점에 근무했지만, 퇴사 후에 조카인 단장이 불러 입단했다. 조사 후, 일본과의 무역상을 하고 싶다며 탈퇴했다. 부인은 재일한국인으로 일본의 대학원에 다니는 딸이랑 아들과 함께 일본에서 살고 있다. 탈퇴 시에는 단장과 의견이 맞지 않았다는 것을 그 이유로 들고 있다.

⟨05⟩ [남은 전기 관리를 담당하는 것 외에, 극장에서 손님들을 불러 모으는 일을 하는 고참으로 42세이다. '와리'를 받고 있다. 근처에 찾아온 서커스단에 늘 관심이 많아 14세 때에 가출해서 입단했다. 그후, 여기저기 각 서커스단을 떠돌아다닌다. 곡예는 하지 않고, 극장에서 손님들을 불러 모으거나 조명, 기술사, 사회 등을 보면서 각 서커스단에서 책임자를 역임했다. D서커스단에는 3년 전에 다른 서커스단으로부터 옮겨 왔는데, 예전에 건설 현장에서 2년 정도 일한 경험도 있다. D서커스단 내에서 상당한 결정권을 갖고 있었다.

⟨06⟩ [예는 발 묘기가 특기인 곡예사로 36세이다. ⟨05⟩의 아내이다. 15~16세 때 서커스를 보고 관심을 갖게 되어 입단했다. 그 후, 같은 서커스단에 있던 ⟨05⟩와 결혼했다. 아들은 서울 근교에 있는 자택에서 중학교에 다니고 있다.

⟨07⟩ [예는 곡예사로 17세이다. 실제 연령은 다르다고도 들었다. 친아버지인 ⟨58⟩이 이전 서커스 단원이었기 때문에 어릴 적부터 서커스에서 생활하고 있다. 여동생, 남동생과 함께 ⟨05⟩ 부부에게 맡겨져 그들과 같은 텐트에서 생활하고 있다. 자매 중에서 무대에 올라가는 횟수가 제일 많다. 서커스를 싫어하지만, 서커스를 떠나도 마땅히 할 일이 없기 때문에 그냥 머물고 있다.

〈08〉 [예]는 곡예사로 15세이다. 〈07〉의 여동생이다. 실제의 연령은 다르다고도 들었다. 〈07〉처럼 어릴 적부터 서커스에서 생활하고 있다. 장래는 청소부나 꽃집을 하고 싶어 한다.

〈09〉 [남]은 곡예사로 13세이다. 〈07〉의 남동생이다. 실제의 연령은 다르다고도 들었다. 〈07〉처럼 어릴 적부터 서커스에서 생활하고 있다. 서커스 내에서 가장 막내이므로 심부름을 자주 시켰지만, '고야가케'의 일을 돕게 하는 일은 없었다.

〈10〉 [예]는 간판 곡예사로 40대 중반이다. 7세 때 서커스에 입단했는데, 소질이 있어서 유명 곡예사가 되었다. 대부분의 곡예를 할 줄 알고, 동물의 조련까지 한다. 이전에는 다른 서커스단의 단장과 결혼을 했었다고 하는데 그 후에 이혼하고, 한때는 서커스를 떠나 포장마차 등을 경영하고 있었다. 6년 정도 전에 현재의 남편과 재혼했고, D서커스단에는 3~4년 전에 들어왔다.

〈11〉 [남]은 잡무 담당으로 36세이다. 〈10〉의 남편이다. 의자의 '와리'를 받고 그 관리를 하고 있다. 20대 무렵에는 4개월 정도 일본에서 토목 작업원을 했던 경험도 있다. 현재, 네 살 아들인 〈12〉[남]이 있으며 D서커스단에는 그 아들이 태어난 것과 동시에 입단했다. 서커스에서는 발전성을 느낄 수 없다며, 지금은 서커스단에서 벌 수 있을 만큼 버는 것만을 생각하고 있다.

〈13〉 [남]은 간판 곡예사로 29세이다. 신분증의 연령과는 두 살 차이가 있다. 부모님은 계시지 않고, 9세 때 서커스에서 거두어 주어 입단한 이래, 계속 D서커스단에 소속하고 있다. 대부분의 곡예를 해낼 수 있다. 서커스에 들어와서 밥을 배불리 먹을 수 있었던 것이 인상

깊었다고 한다. 서류상으로는 단장인 〈01〉의 양자로 되어 있다. 단, 실제로는 다른 서커스단에 3개월 정도 소속한 적도 있었고, 보충 조사 때에도 급여에 대한 불만으로 3주일 정도 D서커스단을 떠난 적도 있다.

〈14〉 [예는 매점 담당으로 21세이다. 〈13〉의 아내이다. 매점은 〈13〉에게 주어진 '와리'로, 그 운영을 맡고 있다. 고등학교 졸업 후 그 지방의 회사에 근무했다. 그러나 여러 지방을 돌아다니는 서커스에 매력을 느껴, 의자 관리 등을 돕다가 서커스를 따라오게 되었다. 곡예는 하지 않는다. 〈13〉과는 서커스에서 알게 되어 결혼했다. 그 결혼에 부모님이 반대했기 때문에 가출했지만, 한 살 아이인 〈15〉 [남이 태어나면서 간신히 친가 출입이 허락되었다. 그러나 나중에 아이가 죽고, 서커스를 떠난다.

〈16〉 [남은 오르간 반주와 사회 담당으로 41세이다. 서커스에서의 생활 이 길고, 몇 군데의 서커스나 나이트클럽에서도 반주를 하고 있었 다. D서커스단의 반주 사회자가 갑자기 그만두었기 때문에, 그 대 신으로서 〈05〉의 소개로 3개월 정도 전에 입단했다. 아내와 자녀는 지방도시에 있는 자택에서 생활하고 있다. 카메라의 '와리'를 갖고 있다. 야마하 오르간에 관심을 나타내고 있었다. 그 후, 자동차 판 매 중개업을 한다.

〈17〉 [남은 곡예사이며, '고야가케'의 책임자로 30세이다. 실제 연령은 다르다고도 한다. 어릴 적에 부모님을 잃고 서커스에서 거두어 주 어 입단했다. 여동생이 한 명 있고, 전에는 다른 서커스단에서 곡예 를 하였다. D서커스단에는 서커스단의 합병으로 6년 정도 전에 입 단했다. 그 동안, 다른 서커스단으로 옮기기 위해 몇 번인가 D서커스단을 떠났다. 아내와 자녀는 지방도시에 있는 자택에서 생활하고 있지만, 2개월에 한 번 정도 아내가 방문한다.

〈18〉 [남]은 곡예사로 32세이다. 정확한 나이는 알 수 없고, 본인 자신도 생일을 모른다. 부모님의 이혼으로 네 살 때 서커스에서 거두어 주었다. 한동안은 서커스를 떠나 그룹을 만들어 나이트클럽의 무대에 서기도 하였다. 〈27〉, 〈60〉 등과 함께 팀을 만든 적도 있는 것 같다. D서커스단에는 〈60〉이 입원했기 때문에 그 대역으로 불러서 2개월 전에 입단했다. 서커스나 나이트클럽의 일에는 자부심을 갖지 못하고, 다른 일에 종사하고 싶어 한다. 나중에 서커스를 떠나 이벤트 사업을 모색한다.

〈19〉 [남]은 잡무 담당으로 26세이다. 중학교를 졸업하고 회사에 근무했지만, 인간관계가 나빠져서 퇴사했다. 무직으로 있던 참에 서커스단 사람의 권유로 1년 반 전에 입단했다. 급료가 낮을뿐더러 작업시간이 길고, 남이 하기 싫어하는 일을 모두 맡게 되어 불만을 갖고 있다. 대우가 좋아지지 않으면 서커스를 떠나 형이 근무하는 회사로 간다고 한다. 단에서는 동물의 관리 등도 맡고 있다.

〈20〉 [남]은 곡예사로 20세이다. 7세 무렵부터 서커스단에 있었다. 다른 구성원에 의하면 고아이지만 따로 양부가 있다고 한다. 여러 서커스단을 전전하였고 나이트클럽에서 일한 적도 있다. D서커스단에는 3~4년 전에 입단했다. 단장의 마음에 들어 보수도 다른 구성원에 비해 나쁘지 않지만, 급료 인상을 강하게 요구하며 공연을 쉬었던 적이 있다. 다른 구성원과 별로 친하게 지내지 않고, 늘 고독하다고 말하곤 했다.

〈21〉 [남]은 색소폰 연주자로 58세이다. 이전에는 고등학교 교사이었지만, 23세에 결혼한 후에 친구를 돕다가 폭력 사건에 휘말려 금고형을 받았다. 출소한 후에는 장사를 시작하지만, 얼마 안 있어 아내가 자살했다. 그 후, 이것저것 장사를 바꾸어 하다가 30세 전후에 서커스단에 입단했다. D서커스단에 들어온 지 6~7년이 된다. 조사 중에 보수가 맞지 않는다는 이유로 탈퇴했다. 그 후, 친구의 권유로 거리 장사를 시작했지만, 잘 되지 않아 다시 D서커스단으로 되돌아오는 것을 생각하고 있다.

〈22〉 [남]은 마술사로 71세이다. 일본에서 태어났다. 초등학교를 졸업한 후에 집에 있는 것이 싫어 가출했다. 일본의 '시바타柴田'·'오타케大竹'·'하라다原田' 등의 서커스단이나, 유랑극단 등을 전전했다. 21세 때에 전쟁이 끝나고 귀국해서 철도원이 되었다. 퇴직 후에는 특별히 할 일도 없고, 그리움도 있고 해서 서커스단에 입단했다. D서커스단에 들어온 지 6~7년이 된다. 보수에 대해 불만을 가지고 있고, 인간관계가 나빠져서 일시적으로 D서커스단을 떠났다. 탈퇴 후에는 약장사를 할 예정이었지만, 결국은 잘 되지 않아서 D서커스단으로 되돌아왔다. 그러나 인건비가 드는데다 단 내의 분위기가 흐트러진다는 이유로 탈퇴 당했다.

〈23〉 [여]는 마술의 보조로 69세이다. 이벤트 행사장의 포장마차에서 일했는데, 우연히 본 서커스에 출연한 〈22〉에 끌려 입단했다. 자세한 것은 모르지만 입단 시기는 조사 개시 전후의 시기로 3개월이 채 지나지 않았다고 생각된다. 조사를 시작할 무렵부터 〈22〉와 살게 되었다. 그 후부터 부부처럼 행동을 함께 하고 있다.

〈24〉 [예는 취사 담당으로 60세이다. 이전에는 지방도시의 대중식당에서 일했다. D서커스단이 근처에서 공연했을 때, 그 식당에 다녔던 구성원들의 권유로 1년 전에 입단했다. 독신이었기 때문에 입단할 때 가족들과의 알력 다툼도 없었다. 단 내에서는 자주 사람들과 부딪혔기 때문에 그 이유로 몇 번인가 서커스단을 떠난 일이 있었다. 서커스를 떠났지만 되돌아오는 것은 갈 곳이 없기 때문이라고 한다. 불화를 일으켜도 서커스단 측이 붙잡는 것은 대신할 취사 담당을 구하지 못했기 때문이라고 한다.

〈25〉 [남은 잡무 담당으로 26세이다. 부모님은 계시지 않다. 입단의 상세한 경위는 모르지만 갈 곳이 없어서 3년 정도 전에 D서커스단에 입단한 것 같다. 단 내에서의 대우 차별을 견디지 못하고 서커스를 떠났다. 토목 작업원 등의 직장을 전전했지만 지속되지 않았고, 7개월 후에는 생활이 곤란해져서 다시 D서커스단으로 되돌아왔다. 다시 입단할 때는 그 동안에 결혼한 여성인 〈26〉 [예를 데리고 왔다. 그러나 전혀 대우는 좋아지지 않았고 며칠 후에 서커스단을 떠났다.

〈27〉 [남은 곡예사로 25세이다. 신분증에는 27세로 되어 있다. 부모님도 곡예사로 어릴 적부터 서커스에서 생활하고 있다. 한동안은 〈18〉이랑 형인 〈60〉과 팀을 만들어 나이트클럽에서 일했다. D서커스단에는 〈60〉과 함께 입단했다. 대우 자체는 나쁘지 않지만, 〈60〉의 입원 후에 줄어든 급여에 대해서 불만을 갖고 있다. 또한 단장이 〈20〉을 편애하는 것에 대해서도 불만이 있어 잠시 D서커스단을 떠난 적이 있다. 서커스는 발전하지 않기 때문에 기술을 익혀 서커스의 생활로부터 벗어나고 싶다고 했는데, 조사 후에는 2명의 남동생인 〈39〉, 〈47〉과 함께 서커스를 떠났다.

〈28〉 [남]은 잡무 담당으로 34세이다. 이전에는 공중 그네의 곡예사였다. 조사 개시 당시는 매점의 '와리'를 갖고 있었지만, D서커스단을 떠났기 때문에 〈13〉에게 매점의 '와리'가 넘어갔다. 아내인 〈29〉 [예]와는 재혼으로, 아이는 세 살짜리를 필두로 3명 있다고 하는데 단 내에서 본 것은 여아 2명으로 〈30〉 [예]와 〈31〉 [예]이다. 공동 작업의 방법에 불만을 가지고 있어 단 내에서 고립되어 있었다. 보통은 술로 마음을 달래고 있었지만, 단 내에서의 인간관계가 악화되고, 단장과의 관계도 뒤틀어져서 서커스를 떠났다.

〈32〉 [남]은 잡무 담당으로 34세이다. 택시 운전기사를 했던 적이 있어서 단장의 운전기사가 되는 일이 있었다. 8년 정도 전에도 D서커스단에서 일했던 적이 있다. 아내와 자녀는 지방도시의 자택에 있다. 택시를 그만둔 것은 성격이 접객에 적합하지 않고, 대우에도 불만을 갖고 있었기 때문이다. D서커스단에는 다시 여기저기 돌아다니고 싶어서 돌아왔지만, 결국은 서커스에서의 대우에도 불만이 있어 서커스를 떠났다. 택시 운전기사로 돌아간다고 한다. 주위의 구성원들에게 현금을 빌린 채로 서커스로부터 자취를 감추었다.

〈33〉 [남]은 잡무 담당으로 22세이다. 3년 정도 서커스에서 일했지만 보수가 낮다는 이유로 탈퇴해, 그 후 회사에서 일하고 있다. 이번에 D서커스단에는 일손이 부족하니 도와달라는 단장의 부탁으로 높은 보수를 조건으로 10일 정도 서커스의 일을 도우러 왔다. 잡무 담당 치고는 서커스 내에 친구가 많다. 서커스를 떠난 후, 서울시내의 중화요리점에서 일했던 적이 있다.

〈34〉 [남]은 잡무 담당으로 22세이다. 부모님이 재혼하고, 초등학교 무렵부터 불량소년이었다고 한다. 2~3년 전에 고향에서 공연하던 D서커스단에 관심을 갖고, 의자 심부름을 하게 된 것이 서커스에 들어온 계기가 되었다. 그때는 몇 개월 정도 붙어 다닐 생각이었지만 도중에 싫어져서 그만두었다. 이번에는 〈11〉이 팔을 다쳤기 때문에, 도와달라는 전화를 받고 입단했다. 결국은 곡예사와 잡무 담당자와의 보수와 대우 차이에 불만을 갖고, 연인이 있는 고향의 공장에서 일하겠다며 서커스를 떠났다.

〈35〉[남은 잡무 담당으로 26세이다. 예전에 어떤 서커스단의 공연을 보고 재미있어서 자주 보러 다니던 차에 들어오라는 권유로 그 서커스단에 입단했다. 그로부터 3년 정도 지났지만 서커스의 일은 능숙하지 못하다. D서커스단에도 입단과 탈퇴를 반복하고 있는 것 같다. 이번에는 다른 서커스단을 그만두고 옮겨 왔지만, 인간관계가 나빠져서 서커스를 떠났다. 그 후, 또 다른 서커스단으로 옮긴 후, 다시 D서커스단으로 돌아온다. 의자의 관리를 돕고, 〈10〉으로부터 직접 고용되는 형태로 D서커스단에는 체재하지만, 자주 게으름을 피워서 서커스단 내에서 상대해 주는 사람이 별로 없다.

〈36〉[남은 곡예사로 37세이다. 서커스에는 호기심으로 20년 정도 전에 입단했다. 처음에는 잡무 담당이나 밴드를 했지만, 그대로 있으면 대우가 나쁘기 때문에 곡예를 습득했다. 서커스의 단조롭고 반복적인 생활에 지쳐 7~8년 전에 서커스를 떠났다. 그 후, 트럭 운전기사를 했다. D서커스단에는 〈17〉이 고향에 가 있는 동안의 대역으로서 와 있다.

〈37〉[남은 잡무 담당으로 50세이다. 단장과는 친구로 일손이 부족할 때 도우러 온다고 한다. 주로 입장 관리를 돕는다. 15세 때 서커스에 입단했다. 그로부터 10년 정도 서커스의 생활을 계속하지만, 돈벌이가 안 된다는 이유로 서커스를 떠나 기름 장사를 시작했다. 조사 당시는 제조업 회사의 사장이라고 했다. 조사 중에 〈05〉와 심하게 싸우고 그 이후로 서로 말을 나눈 적이 없었다.

〈38〉 [여]는 매점이나 의자 심부름을 하는 18세이다. 실제 연령은 모른다. 공연을 하던 〈20〉에 끌려서 D서커스단에 입단했다. 곡예는 하지 않는다. 주변 사람들은 〈20〉과 부부와 다름없게 생각했지만, 당시 는 정식적인 결혼은 하지 않았다. 결혼하기 전에 기술을 익히고 싶 다고 서커스를 떠나 고향에서 미용사 공부를 시작했다. 그 후에도 한 달에 한 번은 〈20〉을 찾아왔다. 현재는 두 딸의 어머니로 운전면 허도 취득하여 〈20〉을 내조하고 있다.

〈39〉 [남]은 잡무 담당으로 24세이다. 〈27〉의 남동생이다. 어릴 적부터 서커스에 있었기 때문에, 이전에는 곡예사였지만 허리를 다친 일이 있어 잡무를 담당한다. 곡예사와의 대우 차별과 단장의 편애에 불 만을 갖고 있고, 서커스를 떠나 중화요리점에서 일하고 싶어 했다. 그 후, 결혼해서 아들을 두었다.

〈40〉 [남]은 오르간 반주와 사회 담당으로 28세이다. 서커스에서의 생활 이 길다. 이번에는 보수가 좋다는 이유로 다른 서커스단에서 D서커 스단으로 옮겨 왔다. 특별한 불만 없이 일하고 있었는데, 폭력단과 연결이 있는 여성과 관계를 갖고 쫓기는 신세가 되어 서커스로부터 자취를 감추었다. 그 후, 약장사를 하고 있다고 들었다.

〈41〉 [남]은 곡예사로 23세이다. 부모님이 계시기 않기 때문에 친척에게 맡겨졌지만, 서커스가 왔을 때 가출해서, 그 후 서커스단을 따라다 니게 되었다. 서커스에서 일하고 있다는 이유로 약혼이 파기된 경험을 갖고 있으며, 서커스에서 일한다는 것에 늘 열등감을 갖고 있었다. 단장에게 급료의 가불을 신청하여 받은 후, 그대로 서커스를 떠났다. 그 후에 결혼한 여성을 데리고 서커스단으로 돌아왔는데, 곡예 중에 낙하 사고를 당해 병원으로 옮겨졌지만, 의식이 돌아오지 않은 채 세상을 떠났다.

⟨42⟩ [남]은 잡무 담당으로 41세이다. 친가는 유복했다고 하는데 서커스에서 일을 하면서 고등학교를 졸업했다. 서커스에서는 곡예도 했지만, 주로 사회나 손님들을 불러 모으는 일을 했다. 서커스에는 호기심으로 들어왔다. 몇 군데의 서커스단을 돌아다닌 후, 서커스를 그만두고 사업을 시작했다. 그런데 사업에 실패하고 어쩔 수 없이 ⟨18⟩을 의지해 D서커스단에 입단했다. 사업을 부도내고 경찰에 쫓기는 신세였는데 검문소에서 체포되어 D서커스단을 떠났다.

⟨43⟩ [남]은 잡무 담당으로 41세이다. 1년 반 전에도 3개월 정도 서커스에서 일했던 경험이 있다. 그 이전에는 고물상을 했었다. 이전 직장에서 폭력 사건을 일으켜 상대에게 상해를 입히고 짐도 못 챙기고 도망쳐 나와 D서커스단으로 들어왔다. 장기 체재할 생각은 없고, 몇 개월 있다가 서커스를 떠나 이발사를 하고 싶어 한다. 결국, 다른 구성원들과도 친숙해지지 못하고, 타인의 돈으로 유흥가를 전전하다가 새벽에 D서커스단에서 도망쳤다.

⟨44⟩ [남]은 잡무 담당으로 42세이다. 15년 전 D서커스단에 있었을 때는 코끼리의 사육 담당했지만, 다른 서커스단에서는 곡예를 했던 적도 있다고 한다. 7년 전에 아내가 도망가고 나서는 술에 찌든 생활을 했다. D서커스단에는 생활이 곤란해져서 돌아왔다. 잡무 중에서도 극장의 뼈대 작업을 할 수 있으면 인정을 받았기 때문에, 뼈대 작업

을 하고 싶어 했지만, 결국 그 일을 맡지 못했고 대우에도 불만을 갖고 있었다. 음주로 사건을 일으킨데다가 인간관계가 악화되었기 때문에 서커스를 떠났다.

〈45〉 [여]는 곡예사로 23세이다. 나이트클럽에서 일했던 적이 있다. 서커스와는 연관이 없는 생활을 하고 있지만, 〈05〉의 가족과는 친교가 있어서 놀러 온 김에 무대에 서는 일이 있다.

〈46〉 [남]은 잡무 담당으로 32세이다. 이전에 D서커스단에 있었을 때는 말의 사육 담당했다. 14세 때에 지인의 권유로 서커스단에 입단했다. 곡예는 하지 않는다. 몇 군데의 서커스단을 돌아다녔을 뿐만 아니라, 서커스를 떠나 의류의 구입과 소매상을 했던 적이 있다. 4년 정도 전의 그믐날에 얼어붙은 극장의 뼈대에서 발이 미끄러져 떨어진 후, 한쪽 발에 장애를 갖게 되었다. 곡예사가 너무 일을 하지 않는다고 불만을 갖고 있다.

〈47〉 [남]은 잡무 담당으로 17세이다. 〈27〉과는 아버지가 다른 형제의 남동생이다. 곡예도 할 수 있지만, 잡무 담당을 하고 있다. 다른 서커스단에 있었지만 보수가 낮았기 때문에 그 서커스단을 그만두고, 형이 있는 D서커스단으로 옮겨 왔다.

〈48〉 [남]은 잡무 담당으로 29세이다. 연령은 정확하지 않다. 어릴 적부터 서커스에 있었고 곡예도 할 수 있다. 지금까지 몇 군데의 서커스단을 전전해 왔다. 약장사나 폭력단에 있었던 적도 있다. D서커스단에는 극장의 부지 안에서 공기총 사격장[20] 등의 장사를 하기 위해

20) 원래는 향토행사 주최 측에 직접 흥정하고 가게를 내야 하지만, 이번에는 서커스와 함께 가게를 열면 이익이 많을 거라고 생각해서, 서커스 텐트의 준비를 무료로 돕는다

서 도우러 왔다. 결국, 채산이 맞지 않아 나가지만, 다시 폭력단이라도 들어가려고 했다. 단, 그 후에도 몇 번인가 다른 서커스단에서 만난 적이 있다. 그곳에서는 아내와 자녀를 데리고 있었고, 매점의 '와리'를 받았던 적도 있었다.

〈49〉 [남]은 잡무 담당으로 23세이다. 어릴 적부터 서커스에 있었고 곡예도 할 수 있다. 6개월 전에는 다른 서커스단에서 곡예 하는 것을 본 적이 있다. 〈48〉과 함께 공기총 사격장을 운영했지만 벌이가 적어 바로 떠날 생각이었는데, 특별히 갈 곳도 없어 매점의 심부름 등을 한다. 당분간 체재했고 6월의 공연 때는 혼자서 공기총 사격장을 운영했다.

〈50〉 [남]은 잡무 담당으로 35세이다. 곡예사로서 가끔 참가한다. 17~18세의 나이에 호기심으로 서커스단에 입단했다. D서커스단에는 이전에도 10년 정도 있었던 적이 있었는데, 6~7년 전에 그만두고 트럭 운전기사를 했다. 이번에는 당분간 서커스에서 일하고 싶어 했지만, 이미 사람이 다 찼기 때문에 거절당한다.

〈51〉 [남]은 곡예사로 28세이다. 어릴 적부터 서커스에서 생활했다. 보수가 좋다는 이유로 다른 서커스단으로부터 D서커스단으로 옮겨 왔다. 보충 조사 때에는 〈13〉이 일시적으로 서커스를 떠났기 때문에, 매점의 '와리'의 권리를 받았다. 아내인 〈52〉 [예]는 친가에서 세 살 아이인 〈53〉 [남]을 키우고 있었는데, 9월에 D서커스단이 친가의 근처에서 공연을 했기 때문에 매일 매점 일을 봤다. 〈52〉는 곡예는 하지 않는다.

는 조건으로 서커스의 부지 내 정면의 빈 장소에 공기총 사격장을 열었다.

〈54〉 [남은 곡예사의 견습생으로 14세이다. 고아이며 D서커스단에 입단
하고 싶어서 부모님의 유무확인과 보호자의 확인을 한 뒤에 단장이
입단시켰다.[21] 곡예의 습득이 늦어서 무슨 일이든 〈55〉와 비교되
어 결국은 서커스를 뛰쳐나갔다.

〈55〉 [남은 곡예사의 견습생으로 11세이다. 고아이며 D서커스단에 입단
하고 싶어서 부모님의 유무확인과 보호자의 확인을 한 뒤에 단장이
입단시켰다. 곡예의 습득이 빨라서 〈05〉의 마음에 들어 양자가 되
었다.

〈56〉 [남은 마술사로 50세 전후이다. 서커스뿐만 아니라, 주로 호텔이나
나이트클럽을 전전하고 있었다. 〈22〉와 D서커스단과의 관계가 악
화되어 그 대역으로 불려와 D서커스단에 입단했다. 개인적으로는
일본의 마술 도구에 관심이 많아서 몇 번이나 사다 줄 것을 부탁했
다. 또한 나중에 D서커스단을 떠나 중국 곡예사 등을 중심으로 '태
백 서커스'를 창설한다.[22]

〈57〉 [남은 잡무 담당으로 33세이다. 잡무 담당이지만 공중 그네 곡예에
는 참가한다. 20세를 지나 호기심으로 입단한 후, 몇 군데의 서커스
단을 전전하고 있었다. D서커스단에는 이전의 서커스단에서 인간
관계가 악화되었기 때문에 옮겨 왔다. 곡예사인 아내를 맞이하지만,
아내는 자택에서 두 아이들을 키우고 있다.

---

21) '유괴범'이라는 이미지를 대단히 싫어해서 서커스를 따라 온 아이는 물론, 스스로
입단하고 싶어서 찾아온 사람에 대해서도, 미성년이면 그때마다 보호자를 찾아 확인
을 했다. 이것은 불필요한 문제 발생을 피하기 위해서이기도 했다.
22) '태백 서커스'란 옛날에 중국 대륙에서 활동한 서커스단의 명칭으로, 대규모의 동물
곡예 등도 했다고 한다. 그러나 한반도의 독립 해방 후에 중국으로 돌아가는데, 그때
짐이 너무 많았기 때문에 동물 등을 비롯하여 많은 것을 한국 서커스단에 팔아넘겼다
는 경위가 있다. 그 서커스단의 명칭을 이용해서 다시 새롭게 만든 서커스단이다.

〈58〉 [남]은 잡무 담당으로 55세이다. 〈07〉 자매의 부친이다. 예전의 단원이었다. 22세 때 서커스를 보고 재미있을 것 같아서 입단했다. 곡예는 하지 않고 극장에서 손님들을 불러 모으는 일이나 사회를 맡았었다. 조사 당시는 지방에서 농사를 짓고 있었는데, 생활이 궁핍해져 아이들을 옛날 동료인 〈05〉 부부에게 맡겼다. 나이 차이가 나는 아내가 있지만 행방불명되었기 때문에 찾고 있다.

〈59〉 [남]은 사업부장으로 55세이다. 서커스의 공연 장소의 계약을 담당하고 있다. 항상 다음 공연 장소를 찾는 일로 극장에 오는 일은 별로 없다. 18세에 서커스단에 입단한 이래, 계속 서커스에서 생활을 하고 있다. 곡예나 연극을 웬만큼 한 후, 사업부장이 되어 24년이 지났다. 개인적으로는 '유령의 집'을[23] 가지고 있어 그쪽의 경영도 하고 있다. 일을 별로 하지 않는다는 이유로 탈퇴 당하지만, 다른 서커스단을 경유해 다시 D서커스단으로 돌아왔다.

〈60〉 [남]은 곡예사로 29세이다. 〈27〉의 형이다. 공중 그네 공연 중에 떨어져 목을 다쳐 입원했다. 뛰어난 곡예사이며, 단장이 입원 중에도 여러 가지로 배려했기 때문에, D서커스단을 떠나는 일 없이 그대로 소속된 형태로 되어 있다. 전술한 '광대'를 할 수 있는 몇 안 되는 곡예사 중의 한 명이다. 현재는 '명인'으로 불리고 있으며, 어느 공적 기관에서 줄타기를 지도·계승시키고 있다.

---

23) '도깨비 집'이라고도 하고, 역시 '향토행사'를 중심으로 열리는 구경거리 천막의 하나이다. 서커스단보다는 규모가 작다.

2.4. 서커스의 일상생활

2.4.1. 장소에 따른 일상 사이클

한국 서커스에서는 공연 기간 중과 공연과 다음 공연 사이의 작업 기간에 따라서 생활리듬이 다르다. 따라서 공연 기간과 작업 기간으로 나누어서 서커스의 일상생활에 대해 살펴보도록 하겠다.

(1) 공연 기간 중의 하루 사이클

공연 기간은 지방도시에서의 공연인 경우 약 3주일, 향토행사장에서의 공연인 경우 약 10일간이다[◎ 6], [◎ 7]. 공연이 시작되면 그 기간 중은 거의 같은 사이클로 하루가 지나간다. 다만, 여기서 2가지 정도 전제되는 것이 있다. 우선 첫째로 곡예사와 잡무 담당자는 생활 사이클이 많이 다르지만, 여기에서는 함께 기술하기로 하겠다. 둘째는 공연 장소에 따라서도 약간의 차이가 있다. 즉, 공연의 개시 시간이나 종연 시간, 청소 등의 준비에 걸리는 시간이 장소에 따라 다르다. 단, 구성원들 입장에서 보면, 향토행사장에서의 공연은 특별히 대목이라는 감각을 갖고 있다. 따라서 여기에서는 지방도시에서의 공연을 사례로 소개한다.

공연 기간 중은 일반적으로 잡무 담당자는 청소 때문에 곡예사보다 빨리 일어난다. 대체로 8시에 일어나 9시 넘게까지 청소를 한다. 다만, 잡무 담당자 중에서도 서커스 생활이 긴 사람은 청소에 참여하지 않는 경향이 있고, 이것이 암묵적으로 승인되어 있었다. 또한 젊어도 곡예사의 경험이 있는 사람일수록 청소에 참여하고 싶어 하지 않았는데, 이것에 대해서 뭐라 말하지는 않지만, 좋지 않은 습관으로 인식되어 있는 것 같았다. 보통은 서로 도우며 청소하지만, 대체로 공연 중에 출입문을 담당하는 사람이 출입문, 사육 담당자가 동물 주위, 이 밖에 극장 안과 우선적으로 청소하는 장소가 정해져 있다.

청소를 끝내면 아침식사인데[24] 곡예사가 일어나는 10시경까지 기다리게 되는 경우도 많았다. 목욕탕은 아침식사 전후에 간다. 보통, 단장은 극장에서 가까운 여관에 부부가 함께 묵고, 10시가 지나면 극장에 나타난다. 10시 반이 되면 출입문을 담당하는 사람은 입장 준비를 시작한다. 그때까지 사육 담당자가 원숭이 등을 사람들이 구경할 수 있도록 묶어 놓는다.

[📷 6] 지방도시에서의 공연장

---

24) 아침과 저녁식사는 취사 담당이 준비한다. 아침식사의 내용은 주로 밥, 국, 부식, 김치로 일반 가정에서 준비되는 것과 큰 차이는 없다고 생각되었다. 저녁식사는 아침의 국 대신에 찌개 등의 냄비 요리가 나올 때가 많다. 생선이나 고기도 거의 매번 조리되어 나온다. 고참에 의하면, 옛날에는 생각할 수도 없는 일이라고 한다.

공연 장소에 따라 다르지만, 10시를 조금 지났을 무렵부터 관객들이 모이기 시작한다. 농촌 지역에서는 어르신들이 9시 전에 오는 일도 드물지 않다. 개막은 오전 11시로 되어 있지만, 특히 평일은 관객이 모이지 않기 때문에 11시에 입장권을 팔기 시작하며 개장하는 경우도 많다. 이때 개막은 11시 반이 되거나 때로는 정오가 되기도 한다.

일단 서커스가 개막하면, 약 15~30분간의 막간이 있고 종연 시간까지 공연이 연속적으로 계속된다. 그 때문에 구성원들은 막간을 이용하여 교대로 식사를 끝낸다. 기본적으로 공연 기간 중에는 점심은 제공되지 않지만, 소면이 나왔던 시기가 있었다. 습관적으로 점심식사를 하지 않는 사람이 많지만, 중화요리점 등의 배달로 간단하게 식사를 끝내는 사람도 있다. 그런 경우 대부분 1회째 공연이 종료하는 14시경에 배달을 시키곤 하였다. 조사 중에 보면, 출입문을 담당하는 사람에게는 특별히 단장이 중화요리

[📷 7] 공연장: 이벤트 행사장에 병설된 공연장에는 밤중까지 사람들로 붐빈다

를 배달 시켜주는 일이 많았다. 저녁식사는 2회째 공연이 종료하는 17시 전후로, 출입문 담당자를 제외하고 곡예사와 잡무 담당자는 식당에 모인다. 관객은 시간에 관계없이 오기 때문에, 출입문 담당자는 교대로 식사를 하게 된다. 공연은 저녁식사 후에도 계속되어 그것이 3회째 공연이 된다. 최종 공연이 되는 4회째 공연은 20시 넘어 시작해서 22시 반쯤 끝난다. 그 사이에 간식을 먹고 싶은 사람은 극장 안의 매점이나, 밖의 가게에서 구입한 것으로 해결한다.

공연 기간 중에 한해서 지급되는 일당은 공연 종료 후에 극장 안에서 받게 된다. 장내의 쓰레기를 모으는 작업이 남아 있는 잡무 담당자와는 달리, 곡예사들은 일당을 받아 자유시간이 된다. 단, 조사기간 후반에는 공연 종료 후에 젊은 곡예사를 포함한 몇 명이 간단하게 쓰레기를 한 곳에 모으는 작업을 도왔던 시기도 있었다. 잡무 담당자가 일당을 받고 쉴 수 있는 시간은 23시쯤이다. 그 후, 개인이나 그룹으로 나누어져 심야까지 술집에 가거나 노래방, 당구 등을 즐긴다. 그 중에는 도박으로 밤을 지새우는 사람도 있지만, 그 대부분이 곡예사들이고, 잡무 담당자에게서는 별로 볼 수 없었다.

손님 층은 오전부터 14시를 넘어선 시간까지는 대부분 농촌 지역에서 온 어르신들이 차지하고 있고, 시간이 지나면 초등학생이 눈에 띈다. 저녁 시간은 손님이 제일 뜸한 시간대로, 공연이 중지되는 일도 드물지 않았다. 야간은 가족 동반의 손님이 늘어나고, 때로는 젊은 남녀, 20대 후반부터 40대의 남성 그룹, 학생 등이 보러 왔다. 또한 최종 공연에서는 만취한 사람이 와서 극장 안팎에서 문제를 일으키기도 하였다.

향토행사장에서의 공연은 오전에는 우선 11시에 시작하고, 경우에 따라서 10시 반부터 시작하기도 했다. 그 다음은 지방공연과 동일하게 반복

공연을 실시하고, 관객이 한 번 들어오면 입장했을 때에 본 상연 종목까지 볼 수 있는 '연속 공연'의 형태를 취한다. 연속 공연의 형태는 지방도시 공연에서도 동일하지만, 지방도시 공연에서는 중간에 중지되는 경우도 있어, 경우에 따라서는 입장료 반환 등의 문제가 일어나는 일이 있다. 첫 회 공연 시간이 빠른 향토행사장의 공연에서는 4회째의 최종 공연이 빨리 시작되지만, 5회째의 공연을 실시하기엔 종료시간이 늦어진다. 그런데도 21시 이후에 오는 관객을 입장시키고 싶기 때문에, 단락이 좋은 곳에서 중지하는 추가 공연이라는 형태를 취하여 관객을 넣을 때가 많았다. 공연 종료 후의 청소나 일당의 분배 등은 지방도시 공연 때와 동일하다.

(2) 공연 사이클

공연 시간은 약 2시간 반이다. 때에 따라 시간이 연장되기도 하지만, 단축되는 경우가 더 많다. 프로그램의 구체적인 내용과 연기자는 다음과 같다. 여기에서는 관객 한 사람이 서커스 극장에 와서 극장을 떠날 때까지의 극히 일반적인 흐름을 설명하고자 한다.

● 극장 앞의 티켓 판매소에서 손님을 불러 모으는 구성원을 통해 입장권을 구입한다.[25]

● 입장권을 받고, 극장의 출입구로 입장할 때에 출입문을 담당하는 사람에게 입장권을 건네 준다. 그 대신 카메라의 추첨권을 받아 극장

---

25) 요금은 조사기간 중에 가격 상승이 몇 번인가 있었고, 공연 장소마다 다소 달랐다. 대체로 어른 5000원, 학생 3500원, 유치원생 2500원으로, 할인권을 지참하면 어른은 학생 요금으로, 학생은 유치원생 요금이 된다. 유치원생의 할인은 없었다. 조사를 실시한 1995년 당시, 한국의 영화관 관람료는 지방도시에서 4000원, 대도시에서 5000 원이었다.

안으로 들어간다.

● 극장 안에는 무대 정면으로 돗자리를 깐 장소가 있는데, 돗자리에 앉지 않을 거라면 극장 뒤쪽에서 요금을 별도로 지불하고 의자를 빌려 앉는다.[26]

● 개막은 관객 수를 보고 결정하기 때문에, 입장하고 나서 관객이 채워질 때까지 극장 안에서 꽤 기다리게 된다. 그 동안에 극장 안에 있는 매점에서[27] 과자류를 사거나 장내에 설치된 화장실에 다녀온다.

● "오래 기다리셨습니다."라는 방송과 함께 서커스가 개막한다.

◇ 서커스의 상연 종목[28]
(상연 종목 이름에 계속되는 번호는 개개인의 곡예사를 나타낸다)

◎ 1부 : 마술 쇼
　① 마술: 〈22〉 및 〈23〉으로 약 40분

◎ 2부 : 지상 곡예 8
　② 고잇초 그네: 〈07〉이나 〈13〉, 때로는 〈49〉로 약 3분
　　[크게 흔드는 그네 위에서 부드럽고 어려운 자세를 취하는 곡예]

---

26) 의자의 대출 요금은 큰 의자가 1000원, 작은 의자가 500원이었다. 의자 대여를 둘러싸고 문제가 많아 나중에는 의자 대여료를 받지 않게 되었다. 이처럼 문제가 끊이지 않았던 이유는 의자가 '와리'로 되어 있어, 구성원의 생활이 걸려 있었기 때문이다.
27) 당시, 매점의 과자나 주스류는 시가의 약 1.6배였지만, 외부로부터의 반입은 원칙적으로 금지하고 있었다. 매점도 의자처럼 '와리'로 되어 있었기 때문에 문제가 많이 일어났다.
28) D서커스단에서는 공연을 3부 구성으로 하고 있었다. 아래에 열거한 프로그램은 고정된 것이 아니고, 순서의 변경이나 중지도 자주 발생하였다.

[📷 8] '욘주이스': '지상 곡예'에서 펼쳐진다

③ 잇폰: 〈06〉과, 〈07〉 또는 〈55〉로 약 3분

[어깨에 대나무를 세우고, 그 위에 아이를 오르게 해서 다양한 자세를 취하게 하는 곡예]

④ 욘주이스: 〈10〉으로 약 2분

[의자를 4개 겹쳐 올린 다음, 그 위에서 한 손으로 물구나무서기를 하는 등, 부드럽고 어려운 자세를 취하는 곡예]

⑤ 만보: 〈10〉에 〈07〉이 함께하여 약 2분

[원통에 판자를 놓고 그 위에 올라가 균형을 잡는 곡예]

⑥ 야나기다루: 〈06〉으로 약 3분

[받침대 위에서 천정을 보고 누워, 위로 뻗은 양 발로 나무통을 돌리는 등 자유자재로 다루는 곡예]

⑦ 아크로밧Acrobat: 〈07〉 • 〈08〉 • 〈09〉로 약 4분

[음악에 맞추어 신체의 유연함을 강조한 곡예를 보인다]

※ 아크로밧의 자매가 한 장에 1000원 하는 깔개를 가지고 객석

을 돌며 판매한다.

⑧ 미즈가미: 〈06〉과, 〈09〉 또는 〈55〉로 약 3분
[받침대 위에서 천정을 보고 누워, 양 발로 아이가 들어간 항아리를 돌리는 곡예]

⑨ 하리가네: 〈10〉으로 약 3분
[약 2m 높이로 뻗은 철사 위에서 걷거나 천정을 보고 눕거나 하는 곡예]

⑩ 개의 동물 곡예: 〈10〉과 5마리의 개로 약 5분
[강아지에게 죽은 흉내나, 두 발 보행이나 물구나무서기, 짐수레를 끌게 하는 곡예]

⑪ 가엔: 〈13〉으로 약 3분
[불이 붙은 둥근 링과 칼날이 붙은 링 속을 뛰어서 빠져 나가는 곡예]

⑫ 요가 묘기: 〈07〉 • 〈08〉 • 〈09〉로 약 5분
[작은 상자에 들어가거나, 머리로 물구나무서기를 하면서 양 손발로 링을 돌리거나 하는 곡예]
※ 자매가 다시 깔개를 가지고 객석을 돈다.

⑬ 저글링Juggling: 〈20〉으로 약 5분
[공을 이용한 곡예, 또는 링이나 불이 붙은 곤봉으로 곡예를 한다]

⑭ 오잇초 그네: 〈10〉, 때로는 〈20〉도 출연하여 약 4분
[그네에서 양손을 뗀 상태로 그네를 젓거나 의자에 앉아 보이는 곡예]

⑮ 공중 물구나무 보행: 〈13〉으로 약 2분
[거꾸로 매달린 채로, 천정에 같은 간격으로 매단 링에 다리를 걸면서 왕복하는 곡예]

⑯ 단체 체조: 〈07〉 • 〈10〉 • 〈13〉 • 〈18〉 • 〈20〉 • 〈27〉 외, 〈09〉 • 〈39〉 • 〈41〉 • 〈49〉로 약 15분

[📷 9] '줄타기': '공중 서커스'에서 펼쳐진다

〈익살꾼역으로서 〈27〉이 출연, 대역이 필요할 때는 〈20〉·〈49〉
가 출연했다. 또한 몇 번뿐이지만 〈17〉이 출연하여 익살꾼을 연
기한 적이 있다〉
[몇 명의 곡예사가 출연하여 익살을 섞어가면서 단체 체조를 실시
한다]
※ 공중 서커스 용의 안전그물을 치기 위해서 약 15분간의 막간
  이 있다.
※ 막간을 이용해서 추첨회라는 명목으로 카메라를 판매한다.

◎ 3부 : 공중 서커스 📷 9]
 ⑰ 줄타기: 〈06〉·〈07〉·〈10〉·〈13〉·〈18〉외, 〈41〉·〈45〉·〈49〉
    로 약 15분
    [약 7~8m 높이의 밧줄 위를, 눈을 가리거나 뛰어가거나 목말을
    하면서 건너가는 곡예]

⑱ 공중 그네: ⟨13⟩ • ⟨17⟩ • ⟨18⟩ • ⟨27⟩ 외, ⟨36⟩ • ⟨41⟩ • ⟨49⟩ •
⟨57⟩로 약 15분

[천정에 매단 2개의 그네를 이용하여 곡예사가 공중을 왕래하는
곡예]

(이 밖에 3부에서 ⟨07⟩ • ⟨13⟩ • ⟨41⟩들이 오토바이 곡예를 하는
일이 있었다)

● "감사합니다. 중간에 입장하신 분은 장내가 정리되는 대로 다음 공연
이 시작되오니 잠시만 기다려 주십시오."라는 방송이 나온다.

● 돌아가시는 손님들에게는 출입문을 지날 때 "근처에 선전해 주세요.
또 오세요."라며 할인권이 배포된다.

(3) 작업 기간 중의 하루 사이클

한 장소에서 공연이 종료된 후, 다음 장소에서 공연이 개막될 때까지의
약 10일에서 12일간의 기간을, 여기에서는 작업 기간이라고 부르기로 한
다. 작업 기간 중의 작업은 크게 3가지로 나눌 수 있는데, '바라시バラシ'라
는 극장의 해체 작업, '바코시場越し'라고 해서 짐을 쌓아 다음 공연지로
이동하는 작업, '고야가케小屋がけ'라는 극장의 조립 작업이 이에 해당한다.
작업 내용도 서로 다르며, 소요되는 시간도 바라시가 약 2~3일간, 바코시
가 약 1~2일간, 고야가케가 약 7~9일간이다. 단, 당시의 D서커스단은 자
재나 규모가 컸던 것도 있지만, 다른 서커스단에 비해 작업 진행이 전반적
으로 늦다고 했다. 또한 당연하지만 시대에 따라서도 달라, 요즘에는 자재
가 대규모로 되어 있어서 지게차 등에 의지하는 경우가 많다. 여기서 기술
하는 것은 어디까지나 1994~95년 당시의 이야기이며, 이러한 시간이나 작
업 내용도 그 점을 고려할 필요가 있다.

작업 기간 중의 하루에 관해서는 작업 내용에 따라서 약간의 차이는 있지만, 약 1~2일간의 바코시를 제외하고는 하루 사이클은 비슷하다. 또한 공연 기간 중과 달리 공연 장소에 의한 차이도 별로 볼 수 없다. 따라서 여기에서는 작업 기간 중의 대부분을 차지하는 고야가케 기간을 중심으로 작업 기간의 하루를 기술하고자 한다. 단, 작업은 실외에서 행해지기 때문에 날씨에 크게 영향을 받는다. 그 때문에 오히려 일조 시간에 차이가 나는 여름철과 겨울철에 따라 작업시간이 약간씩 달라진다.

보통 여름철 작업은 오전 7~8시에 시작한다. 현장 책임자가 구성원들의 고야스미를 돌며 깨워서 전원 집합 시킨다. 겨울철에는 모닥불을 피우고 나서 시작하는 경우도 많지만, 이것은 겨울철 공연이 별로 시간에 쫓기지 않기 때문으로, 서둘러 극장을 완성할 필요가 없다고 구성원 레벨에서도 인식되어 있기 때문이다.

작업은 일단 오전 9시쯤에 일단락 짓고 아침식사를 하게 된다. 식사 후 30분 정도는 휴식한다. 휴식 후는 점심식사의 정오까지 작업이 재개되지만, 그 사이에 몇 번 휴식을 취한다. 구성원의 누군가가 찻집에 커피 배달을 시키는 경우도 많았다.

점심 후의 휴식은 대부분 1시간이지만, 여름철에는 2시간 정도 취하기도 한다. 이 점심 후의 휴식 시간에는 당구를 치거나, 낮잠을 자는 사람이 많았다. 그 중에는 단골 찻집을 만들어 거기에 다니기도 한다. 바코시를 끝내고 얼마 되지 않을 시점에는 주변 지리를 익히기 위해 부근을 탐색하러 나가기도 한다. 배달이 가능한 중화요리점이나 세탁소 등이 발견되면 그 정보가 나중에 구성원들 사이에서 공유된다.

휴식 후는 저녁식사까지 작업을 계속한다. 단, 오후 작업에도 몇 번이나 휴식을 취한다. 15시쯤에는 빵과 우유가 나올 때가 많다. 이때는 연소자나 잡무 담당자가 심부름을 다닌다.

저녁식사는 여름철이 오후 7시쯤, 겨울철이 오후 6시쯤이며, 대체로 해가 져서 작업이 종료되는 시간에 맞춰서 준비된다. 따라서 작업이 끝나자마자 식사를 하게 된다. 식사는 15분 정도로 빨리 끝내고 그 다음은 서둘러 목욕탕에 간다. 한국의 목욕탕은 빨리 닫기 때문이기도 하다. 목욕탕의 회수권 등을 준비하는 서커스단도 있지만, D서커스단에서는 저녁식사 후에 목욕탕 대금으로서 일률적으로 2000원이 지급되었다. 당시는 이것으로 충분했던지, 200원 정도가 남았다. 목욕탕에는 여러 명이 함께 가는 경우가 많았다.

목욕 후에는 각각 번화가로 몰려나가든지, 근처 술집이나 식당에서 시간을 보낸다. 공연 기간 중과 분명하게 다른 것은 자유시간의 길이이며, 작업 기간 중에 여러 군데로 몰려가서 단골집을 만들어 놓고, 공연 기간 중이 되면 단골집을 돌아다니면서 즐긴다고 하는 리듬이 만들어진다. 자동차를 이용해서 대도시의 번화가로 나가기도 하며, 가까운 곳에 다른 서커스단이 오면 찾아가기도 한다. 심야까지 도박을 즐기는 경우도 드물지 않다.

(4) 작업 사이클

한 장소에서의 공연이 종료되면, 다음날부터 쉴 틈도 없이 바라시 작업이 시작된다. 최종 공연 종료와 동시에 여성 곡예사나 마술사는 서울 근교에 있는 각자의 자택으로 돌아간다.[29] 또한 단장 부부도 보통 서울로 돌아간다. 따라서 극장에 남는 사람은 남성 구성원과 취사 담당자 외에, D서커스단의 경우, 맡겨진 아이들뿐이다. 극장의 해체와 설치 작업에 직접 관여

---

29) D서커스단 구성원의 경우, 마술사나 가족과 함께 소속하는 구성원의 대부분이 서울 시내나 수도권에 자택을 갖고 있었다.

하는 사람은 남성 구성원뿐이다.

다음은 작업 순서인데, 이것도 그때그때의 구성원의 인원수나 기후, 계절에 따라서 작업의 진행 정도가 달라진다.

최종 공연이 종료되면, 극장 안에서는 공중 서커스를 위한 안전그물을 내리고, 무대 정면의 돗자리를 치운다. 이와 동시에 의자를 관리하는 사람은 의자를 묶어서 바코시를 준비한다. 출입구에서는 가격표를 떼고, 공연 장소에 따라서는 공연 종료의 인사말을 붙인다.

다음날부터 극장 안에 있는 대도구나 소도구들을 정리하여 한군데로 모은다. 그리고 몇 명이 극장 위로 올라가서 극장 주위를 둘러싼 시트나 천막을 내린다. 이 작업의 전후로 입구에서는 간판이나 깃발을 내리고, 현수막 등도 떼어낸다. 이것들을 지상에서 작업을 분담하는 사람들이 정리한다. 다음은 극장의 뼈대인 '아시바足場'라고 불리는 통나무나 파이프를 해체한다. 아시바는 비닐 끈으로 묶어 조립되어 있기 때문에 칼로 그 끈을 잘라 떨어뜨린다.

아시바를 떨어뜨리는 작업을 할 때 지상에서 철거 작업을 분담하는 사람은 휴식하는 것이 일반적이다. 이 작업을 할 때는 머리 위에서 계속 아시바가 떨어지기 때문에 매우 위험하고, 사고가 일어나기 쉽다. 따라서 어느 정도 아시바가 떨어질 때까지 극장 밖에서 대기하는 것이다. 또한 아시바를 떨어뜨리는 사람들도 낙하 사고가 많다. 묶여 있던 끈이 느슨해져 있거나 아시바를 떼는 순서를 틀렸거나 하기 때문이다. 떨어진 아시바는 통나무와 파이프를 각각 따로 분리해 둔다. 이때에 통나무나 파이프 아래에 미리 로프를 깔아 두고 나중에 가볍게 묶는 일이 있지만, 이것은 업자에게 부탁해 둔 지게차를 이용할 때 트럭에 싣는 작업을 쉽게 하기 위해서이다.

아시바가 떨어지면 기둥으로 사용한 통나무나 파이프를 뽑아내는 작업에 착수한다. 이 작업은 아시바를 떨어뜨리는 작업이나, 아시바로 사용한 통나무나 파이프를 트럭에 싣는 작업과 동시에 진행되는 일이 있다. 당시의 D서커스단의 경우는 이 짐 싣기를 제외하고는 대부분 수작업으로 이루어졌다. 보통 기둥으로 사용한 통나무는 전후좌우로 흔든 후, 어깨와 양팔로 안아서 혼자서 뽑아낸다. 이에 반해, 파이프 기둥은 2명이서 뽑아낸다. 그 중에서도 극장 중심부에 세운 파이프는 굵고 무겁기 때문에, 적당한 통나무를 지렛대로 하여 4~5명이 함께 뽑아내는 경우가 많다.

명확한 구분은 할 수 없지만, 대체로 여기서부터 바코시라고 불리는 작업에 들어간다. 바라시와 바코시 작업은 병행하여 이루어진다. 당시 서커스의 이동에 사용되는 트럭은 11t 트럭으로 4대이었다. 다른 서커스단에서는 3대 정도밖에 사용하지 않는 곳도 있었다. 컨테이너를 고야스미로서 사용하는 현재는 컨테이너 2개가 트럭 한 대 정도를 차지하기 때문에, 필요로 하는 트럭의 대수는 비교가 되지 않는다.

트럭 한 대마다 싣는 짐은 대체로 정해져 있고 트럭에 동반하는 구성원도 대체로 정해져 있다. 첫 번째 트럭에는 통나무를 수작업으로 싣고, 그 외에 몇 개의 긴 파이프나 긴 네모의 간판을 싣는다. 짐을 다 실은 첫 번째 트럭에는 보통 현장 책임자가 타고 간다. 두 번째에는 지게차를 이용하여 파이프를 싣는다. 그리고 그 위에는 무대의 판자나, 파이프로 된 무대의 뼈대 등을 싣는다. 두 번째 이후의 트럭에는 누가 타고 갈지 기본적으로 정해져 있지 않지만, 구성원 사이에는 대체적인 순서가 정해져 있었다. 세 번째 이후부터는 다음날에 짐을 싣는 일이 많았다. 먼저 출발한 2대의 트럭에 편승한 구성원은 이동한 곳에서 짐을 내린 후, 여관에 숙박하게 된다. 식비도 나오기 때문에 이동한 고장의 식당 등에서 적당히 먹는다.

　남아 있는 구성원은 도구들을 정리한 후, 밤이슬을 피하기 위해 그것들을 시트로 씌우고 그날의 작업을 종료한다. 각자 마음대로 자유로운 시간을 보낸 후 자신의 고야스미로 돌아간다.

　바코시는 이틀에 걸쳐서 행해지는 경우가 많아, 이틀째는 세 번째 트럭의 짐 싣기부터 시작한다. 남은 구성원들은 일어나면 각자의 고야스미를 해체하고, 우선 각자 짐 정리에 착수한다. 세 번째 트럭에는 지게차로 각자의 생활 용품이나 의류, 짐을 수납하는 나무 상자 등을 싣는다. 그 후에 스피커나 도구상자, 각종 시트, 안전그물, 밧줄이나 로프, 비품, 곡예 도구류 등을 싣는다. 그리고 D서커스단의 마스코트인 코끼리의 박제, 함석판, 개집과 원숭이 집을 싣고 이동 장소로 향한다. 점심식사 후에는 신속하게 취사장의 해체 작업을 한다. 한편, 네 번째 트럭에는 말을 싣고, 그 뒷부분에 의자를 싣는데[📷 10]. 그리고 각자의 고야스미 파이프나 합판, 세탁기, 자전거, 손수레, 휴대용 가스레인지 등, 남은 것 전부를 싣는다. 이 작업이 완료되면 트럭은 출발하고, 남은 사람은 청소를 시작한다. 청소가 끝나면, 즉시 서커스단이 소유하고 있는 왜건을 타고 이동 장소로 향한다. 이동한 장소에서 트럭에 실은 짐을 한 곳에 내려 시트로 가리고 나서 그날 작업을 종료한다. 종료시간은 22시쯤이 되는 경우도 많아, 작업이 끝나면 전원이 각각의 그룹으로 적당히 나뉘어 여관에 숙박한다.

[📷 10] 바코시: 11t 트럭에 이것보다 더 많은 짐을 싣는 경우가 있다

[자료3] 극장 평면도

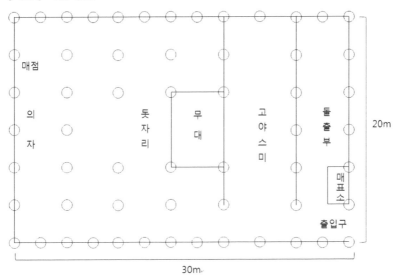

※ ○는 기둥의 위치를 나타낸다.

고야가케 작업은 우선 극장의 위치를 측정하여 결정하는 것부터 시작된다. 동시에 화장실이나 고야스미의 대충적인 위치가 현장 책임자에 의해서 정해진다. 극장의 네 귀퉁이는 극장의 가로 세로의 길이에 맞춰서 자른 4개의 끈을 4명이 2개씩 들고 장방형을 만들어 정한다. 극장의 크기는 공연 장소에 따라서 다르지만, 보통 세로가 약 30m, 가로가 약 20m이다.

그 다음은 두 사람이 팀이 되어 삽과 지레로 정해진 네 귀퉁이를 파고 기둥을 세운다. 이번에는 세운 기둥과 기둥을 끈으로 묶어 그 끈을 기준으로 네 귀퉁이 사이에 세울 지주의 위치를 정한다. 위치를 정하면 같은 방법으로 구멍을 파고, 묶은 끈을 따라서 지면에 수직이 되도록 지주를 세워간다. 이 작업과 병행하여 4명 정도의 사람이 취사장 조립에 착수한다. 동시진행으로 화장실이 만들어지기도 한다.

이와 같은 고야가케 작업은 바코시를 끝낸 다음날 아침 일찍부터 시작되어, 첫째 날의 14시 정도까지 행해진다. 그 이후는 각자의 고야스미를 만드는 작업을 하게 된다. 이 작업은 기본적으로 각자 실시하지만, 혼자서 할 수 없는 것은 공동 작업으로 서로 돕는다. 단, 이때 잡무 담당자가 많이 돕게 된다. 그 사이에 전기를 담당하는 구성원이 허가를 얻은 근처의 전신주에서 전기를 끌어 온다. 이렇게 해서 전기가 들어오면 그날부터 현장에서 숙박을 하게 되지만, 착오가 있어 전기가 들어오지 않는 경우도 있어, 그런 때는 계속해서 여관에 묵게 된다.

이동한 곳에서의 첫째 날은 이러한 작업 외에, 물을 확보하기 위한 교섭이나, 극장 안에 화장실을 설치할 때까지 사용할 화장실을 확보해야 한다. 또한 세탁소나[30] 목욕탕도 확인해 두어야 한다.

---

30) 당시 한국에도 빨래방은 있었지만 아직 많지는 않았다. 세탁소는 일반적인 세탁소에 해당하는 '세탁소'와, 일반 가정에서 하는 세탁을 대행해 주는 '빨래방'으로 나눌 수 있다. 서커스의 구성원이 주로 이용하는 곳은 '빨래방'이었다.

[📷 11] 서커스의 뼈대: 근래에 들어 대형 파이프를 사용한 것

극장의 바깥쪽 틀로 세우는 기둥은 세로 13개, 가로 8개로 할 때가 많았다. D서커스단의 경우 다테고야라고 불리는 방법으로 한다. 극장의 입구를 장방형의 짧은 면에 설치함으로써 안쪽 길이를 길게 세우는 방법이다. 세로 13개의 기둥 가운데 정면에서 처음 2개째까지가 동물을 구경거리로 해 두는 공간, 그리고 다음 2개째까지가 무대 뒤, 그리고 그 다음 2개째까지가 무대, 라는 식으로, 정면에서 후방으로 가면서 기둥 2개씩마다 지주를 세우고 공간을 나눈다[자료3]. 이 바깥쪽 기둥 세우기가 모두 끝나면, 아시바가 지면과 평행으로, 기둥과 수직으로 교차되도록 끈으로 묶는 작업을 시작한다. 단, 중심이 되는 이 기둥도 요즘에는 규모가 큰 것을 사용하는 경향이 있어서, 크레인 차로 세우게 되었다[📷 11].

아시바를 묶는 끈은 짐 꾸리기에 사용되는 폭 1.5cm~2cm 정도의 비닐 끈으로, 그것을 길이 약 5m 정도로 잘라 사용한다. 또한 조립하는 아시바가 굵을 때는 끈을 2~3개 합해서 사용한다. 그것을 각자가 허리에 차고 아시바에 올라가서 또 새로운 아시바를 조립해 가는 것이다[ 12].

먼저, 극장 주위에 아시바를 짠다. 그 후, 측면에 해당하는 기둥과 기둥을 끈으로 묶고, 전술한 작업과 같은 방법으로 극장 안에 세우는 지주의 위치를 정한다. 세워진 기둥에는 나중에 다른 통나무가 덧붙여지는데, 이것은 기둥으로 하는 통나무나 파이프의 길이가 극장의 높이에 부족할 뿐만 아니라, 기둥에 통나무를 덧붙임으로써 기둥의 최상부를 같은 높이로 조절할 수 있기 때문이다. 바깥쪽 틀과 극장 안에 세워진 기둥에 아시바를 짜서 생긴 외관은 마치 뱃집 가옥의 형태를 하고 있다. 극장의 제일 높은 부분이 약 14m가 된다. 이 정도로 높게 하는 것은 공중 그네를 하기 위한 것으로, 그렇지 않은 경우는 좀 더 낮아도 상관없다.

그 다음, 극장 안에 무대를 만든다. 무대는 아시바를 짠 뒤에 파이프를 걸치고 합판을 깔아서 만드는 약 2m 높이의 '다카무대 : 高舞台、ステージ'[ 13] 와 다카무대 앞으로 파이프로 뼈대를 세우고, 그 위에 합판을

[ 12] 텐트의 조립: 긴꼬리닭처럼 끈을 허리에 차고 작업을 한다

[📷 13] 손님을 끌기 위한 공연: 이벤트 행사장의 다카무대에서 펼쳐진다

깔아 만드는 약 50cm 높이의 '마루무대 : 丸舞台'가 있다. 마루무대는 창단 이래 쭉 흙을 씨름판처럼 둥글게 쌓아 평평하게 한 후, 판자를 깐 것이 사용되고 있었다. 그 형상으로부터 마루무대라고 부르고 있는데, 조금이라도 관객들이 보기 쉽게 하기 위해서, 그리고 무대를 만드는데 걸리는 시간을 단축하기 위해서 조립식의 마루무대로 몇 년 전에 바꾸었다.

무대가 완성된 후, '하리 : 梁'로[31] 삼기 위한 파이프를 로프로 묶어 극장의 지붕까지 끌어올려서 '히라 : 平'뱃집지붕 가옥에서 기와가 얹히는 부분를 만든다. 이 작업과 병행하여 극장 정면에는 '노보리 : 幟旗'[32] 외에, 각종 간판이나 현수막 등을 건다. 또한 극장 주위에 함석판을 둘러친다.[33]

---

31) 역주: '하리'란 건물의 '들보'를 뜻한다.
32) 역주: '노보리'란 '폭이 좁은 천을 장대에 끼워서 세우는 깃발을 말한다.
33) 옛날에는 극장을 시트로 가리기만 했기 때문에, 시트 아래로 기어 들어와 무료로 입장하려고 하는 사람이 많았다고 한다. 그래서 오늘날에는 시트 아래로 마음대로

마지막으로, 극장의 뼈대가 완성된 단계에서 극장 측면을 시트로 둘러싸고, 마지막에 천막인 '오텐토 : 大テント'를[34] 올린다. 오텐토를 올리는 일은 제일 힘든 작업이며, 평상시 고야가케에 관여하지 않는 사람들까지 다 나와서 총동원으로 행해진다. 이러한 시트나 오텐토는 바람에 날려가지 않도록 수시로 아시바나 지면에 묶어 고정시키면서 작업을 진행시킨다.

그 후에는 극장 안을 정비한다. 이때 곡예사는 곡예에 필요한 도구의 설치와 확인, 특히 공중 그네나 줄타기를 할 때에 필요한 곡예사의 대기 장소인 '히코다이 : 飛行台' · '나카다이 : 中台', 그리고 그네 등을 설치한다. 잡무 담당자는 청소나 소도구, 대도구의 운반 · 반입 작업을 한다. 또한 출입문을 담당하는 사람은 선전용 간판을 설치하거나 입구에 양탄자를 까는 등, 출입문 장식에 착수한다. 이 밖에 특별한 일이 없는 사람은 '안카' 극장이 쓰러지지 않게 양쪽 끝에서부터 와이어로 잡아당기기 위한 쇠장식를 설치한다. 전기 담당자는 조명기구 등을 설치한다. 이러한 작업들이 끝나면 공연 첫날을 기다리기만 하면 된다.

이 작업 기간 중의 토요일은 대부분의 구성원이 근처 초등학교로 나가서, 등교하는 아이들에게 선전용 할인권을 나눠주었다.

2.4.2. 연간 사이클

전술한 것처럼, 서커스는 공연과 공연 준비 작업을 기본적으로 1년간 계속하고 있다. 따라서 여기에서는 1년 동안의 서커스의 이동생활을 살펴보도록 하겠다. 한국의 서커스단은 옥외에 텐트를 치고 공연을 하는 관계

출입할 수 없게 주위를 함석판으로 둘러친다.
34) 역주: '오텐토'란 '큰 천막'을 의미한다.

상, 기후의 영향을 매우 받기 쉽다. 또한 자세한 것은 후술하겠지만, 안정을 위한 여러 제도를 발달시켜 온 정주定住를 전제로 한 생활 형태와는 달리, 이동생활에서는 불안정한 요소를 적지 않게 볼 수 있다. 그 때문에 돌발적인 사고 등도 비교적 많이 볼 수 있었다. 이것들에 대해서도 살펴보도록 하겠다.

(1) 서커스와 계절 기후

서커스의 경우, 공연이나 고야가케의 순서와 소요 시간에 크게 영향을 주는 것이 비, 바람 등의 기후이다. 호우로 천막의 틈새로부터 비가 심하게 들이쳐서 야간 공연이 중지되거나, 강풍 때문에 천막의 일부가 벗겨져 공중 서커스를 할 수 없게 된 적도 있었다. 태풍이 오면 심야라도 전원 소집이 걸려 대기를 하게 된다. 태풍 때문에 공연 기간을 단축하거나 극장이 크게 기울어져 공연을 계속할 수 없게 되어 부득이하게 이동을 하기도 한다. 또한 십수 년 전에는 눈이 많이 쌓여서 천막이 찢어진 적도 있었다.

기온도 흥행에 크게 작용한다. 너무 덥거나 너무 춥거나 하면 관객이 모이지 않는다. 내륙지방인 대구 등에서는 극장을 세웠지만 무더위 때문에 관객이 오지 않아, 이틀 만에 텐트를 접은 적도 있었다고 한다. 겨울철도 이와 같이 추워서 관객이 모이지 않는 시기이며, 어떻게 난방을 해야 할지에 대해서 고민한다.

이러한 비바람이나 추위와 더위는 서커스의 수익에 직접 영향을 주기 때문에 매우 신경이 쓰인다. 수입을 기대할 수 있는 주말에 내리는 비가 그 공연의 성공 여부에 영향을 미치는 것이다.

계절로 말하면, 봄철과 가을철이 가장 수입을 기대할 수 있는 계절이다. 기후도 좋고 각지에서 축제나 향토행사가 많이 개최되기 때문에 관객을 기대할 수 있는 것이다. 여름철은 봄철이나 가을철에 비하면 한 번에 많은 손님을 기대할 수는 없지만, 초등학교가 여름방학을 하면 손님을 계속적으로 기대할 수 있다. 단, 여름철에는 극장 안의 온도가 너무 높아지기 때문에, 대형 혹은 소형의 선풍기를 설치하거나, 극장의 옆면 전체를 둘러싸는 시트 대신에 지면에서 3~4m 높이까지 바람이 잘 통하는 레이스 천을 사용하는 등의 방법을 동원하였다. 겨울철은 수입을 가장 기대할 수 없는 계절이다. 큰 행사가 별로 없고, 겨울철의 주요 행사인 크리스마스나 구정에도 봄철이나 가을철의 경축일만큼의 관객도 기대할 수 없다. 이것은 오늘날뿐만 아니라, 전술하였듯이 조선시대의 남사당도 겨울철에는 식솔을 줄이기 위해서 해산하여 눈이 녹으면 재회했다고 한다. 이 계절은 가능한 한 이동 횟수를 줄여, 한 장소에서 장기적으로 공연을 한다. 조금이라도 손님들을 유지하기 위해서 극장 안에는 스토브를 3~4개 설치하고, 거기에다 극장을 둘러싸는 시트를 이중으로 해서 보온에 노력한다.

(2) 서커스에 있어서의 사고

전술한 것처럼, D서커스단에서 사고가 자주 일어나는 때는 바라시의 작업 중이다. 약 2~3주간의 공연 기간 중에 느슨해진 기둥 및 아시바 위에서의 작업인데다, 보통 혼자서 광범위하게 아시바의 절단 작업을 해야 하는 반면, 작업에는 신속함이 요구되기 때문이다. 절단하여 떨어뜨리는 순서를 틀리면 아시바와 함께 떨어지는 위험성도 있다. 또한 아시바를 떨어뜨리는 곳에 사람이 없는 것을 확인하면서 해야 하는 작업이기 때문에, 아시바를 떨어뜨릴 방향으로 신경을 쓰다 보면 발이 미끄러져 약 10m 높이에서 떨어져 목을 다친 사고가 조사 중에도 몇 번 있었다. 이처럼 바라시 작업이 한창일 때 5~6m 높이에서 떨어져 뇌진탕을 일으킨 사고도 있어, 단지 개인의 부주의 탓만은 할 수 없다. 또한 아래에서 진행되고 있는 작업 상황의 확인이 불충분하여, 지상에서 아시바의 철거 작업을 하고 있던 잡무 담당자의 팔에 파이프가 떨어진 적도 있었다. 이 밖에도 아시바에서 떨어진 사고 이야기는 자주 들었다. 〈46〉의 한쪽 발이 부자유스럽게 된 것도 작업 중에 얼어붙은 아시바에서 떨어진 것이 원인이었다.

강풍으로 벗겨진 천막의 보강 작업 중에 바람에 떠밀려 일어나는 사고도 많다. 바람이 불 때는 지상보다 천막 위가 강하게 부는데다, 거기에다 비가 오면 아시바가 미끄러지기 쉽기 때문에 매우 위험한 상태가 된다. 그러나 강풍으로 벗겨진 천막을 방치해 두면, 더 심하게 천막이 찢어지거나 극장 안이나 무대가 비에 젖는 등 피해가 커지기 때문에, 천막에 올라가 작업을 강행하지 않을 수 없는 것이 현 실정이다. 또한 신속하게 처리하지 않으면 공연의 재개막에도 시간이 걸리게 된다. 조사 중에도 운 좋게 들보에 걸려서 살았지만, 어느 구성원이 이 작업 중에 바람에 떠밀려 하마터면 10m 높이에서 떨어질 뻔하였다.

또한 공연 중에 일어나는 사고는 다 헤아릴 수 없을 정도로 많다. 지상 곡예에서도 이마를 다치는 등의 사고가 일어났지만, 공중 서커스에서는 특히 큰 사고가 일어나기 쉽다. 조사 당시 공중 그네에서 떨어져 목을 심하게 다쳐 입원중인 구성원이 있었다. 이 밖에도 머리나 엉덩이를 심하게 다친 이야기는 자주 듣는다. 근육 파열을 일으켜 며칠간 안정을 취하고 있던 구성원도 있었다. 최근 들어서는 D서커스단의 어떤 사람이 오토바이 곡예 중에 떨어져 의식 불명이 된 채 사망한 사고가 있었다.

이 밖에도 쓰레기와 관련된 사고 등이 있었다. 서커스에서는 하루에 대량의 쓰레기가 나오기 때문에 그것을 처리하는데 소각이라는 방법을 자주 취하고 있었다. 그때 잘못 들어간 스프레이 캔 등이 제거되지 않고 소각되는 일이 있어, 폭발을 일으킨 적도 드물지 않았다. 이로 인해 구성원이 부상을 입은 일이 몇 번 있었고, 입원까지 한 적도 한 번 있었다.

또한 전기 계량기가 갑자기 폭발을 일으키거나 스토브가 불을 내뿜어 그것을 수리하는데 시간이 걸려, 공연을 늦게 시작한 적도 있었다. 그리고 안전그물을 조절하는 쇠장식을 고정시킨 아시바가 어긋나 공중 서커스가 중지되거나 줄타기의 철사 줄을 잡아당기는 쇠장식이 어긋나 줄타기가 중지된 적도 있었다.

(3) 이동생활의 지혜와 대처 방법

여기에서는 이러한 사고에 대한 대처 방법에 대해서 기술하고자 한다. 우선, 곡예사가 사고나 도망, 태만 등의 이유로 갑자기 출연할 곡예사가 부족할 경우, 곡예사끼리 각각의 곡예를 어느 정도 보충해서 대처하게 된다. 예를 들면, '고잇초 그네'라는 곡예에서는 3명의 대역이 필요하다. '잇폰'을 하는 여성 곡예사가 사고로 빠졌을 때에도 다른 여성 곡예사 한 사람이 대역을 하였다. 그 여성 곡예사가 요통으로 무대에 오를 수 없었을 때에는 남성 곡예사가 '욘주이스'를 대역으로 맡아 했다. 단체 체조의 익살꾼 역에는 실로 4명의 곡예사가 대역으로 무대에 올랐다. 또한 '줄타기'의 각 연기는 줄타기를 하는 곡예사가 각각 이를 보충할 수 있다. 이러한 일은 어릴 적부터 곡예를 배우는 과정에서 여러 종류의 곡예를 대체로 습득하기 때문에 가능하다고 할 수 있다. 그러나 반대로 생각하면, 한국의 각 서커스단에는 그만큼 특징적인 곡예가 없다고도 말할 수 있을 것이다.

이러한 대역은 곡예에만 있는 것이 아니다. 티켓 판매원이나 출입문을 담당하는 사람도 그때그때의 구성 멤버에 따라서 변경되고, 취사 담당도 여성 곡예사가 대신 맡는 경우도 자주 있었다. 또한 사회 진행역도 대역이 맡고, 오르간 연주자가 없을 때에는 카세트로 진행을 때우는 등, 완전하지는 않아도 유연하게 대처하고 있다. 여기에서는 집단이 서커스로서 존속하기 위해 상호 보조 관계가 원활하게 작용하고 있는 것이다.

그 밖의 사고에 대해서도 임기응변으로 대처하고 있다. 호우로 극장이 침수가 되었을 때도 구내의 지형에 맞추어서 능숙하게 고랑을 파고 골판지상자를 깔아 질퍽거린 장소를 오갈 수 있게 한다. 그리고 그 골판지상자는 물기를 빨아들이는데 큰 도움이 되고, 적당한 때에 새 것으로 바꾼다. 또한 배수구가 없을 때에는 고랑을 파 물을 한 곳으로 유도하여, 펌프를 가져 와 물을 퍼낸다. 비가 오면 출입문에서는 입장권을 사기 위해 줄 선 관객과 손님을 불러 모으는 구성원이 젖지 않게 시트가 쳐진다. 이 시트도 여름철에는 차양으로 사용된다. 이러한 작업은 각각의 부서마다 역할 분담이 되어 있어, 그 자리에 있는 도구를 능란하게 이용해서 신속하게 대처하게 된다.

객석을 넓게 확보할 수 없을 때에는 마루무대를 반으로 함으로써 객석을 넓게 하여 공연을 하거나, 향토행사장에서 공연할 때는 극장 앞의 정면에도 무대다카무대를 만들어, 손님들을 모으기 위한 곡예를 선보이기도 했다. 또한 극장의 모양도 공연하는 장소의 넓이나 형상, 사람들의 왕래를 고려해서 유연하게 맞추어 간다.

입장권을 판매할 때도 관객이 한꺼번에 많이 오면 판매소를 두 군데로 늘리거나, 보통은 한 군데밖에 없는 출구도 두 군데로 만들기도 하였다. 비가 오면 입장권을 사는 손님이 젖는 것을 싫어해서 입구가 혼잡해지기 때문에, 단장이 직접 대금만을 받고 입장시키는 경우도 자주 볼 수 있었다.

겨울철에는 보온을 위해서 극장 주위를 평상시 사용하지 않는 시트로 한 번 더 씌우거나, 출입문에서는 남은 판자로 바람막이를 만들고 스토브를 피운다. 항상 이동을 반복하는 집단은 짐을 가능한 한 줄이기 위해서 가지고 있는 것만으로 능란하게 대용하여 대처해 나가는 능력이 높다고 생각할 수 있는데, 한국의 서커스단에서도 동일한 양상이 보였다.

'외부'와의 관계와 내부 조직

제3장

3.1. 한국 서커스와 외부 사회

3.1.1. 사람들을 매료시키는 존재로서의 서커스

사회적 지위도 높지 않고, 때로는 편견의 눈으로 인식되어 온 서커스이지만, 농촌의 고령자를 중심으로 오늘날까지 오락을 제공해 왔고, 그만큼 관객을 끌어당기고 있다는 것은 의심할 여지가 없다. 특히 각지에서 열리는 향토행사에서는 회장의 분위기를 북돋우기 위해서도 빼놓을 수 없는 구경거리의 하나로서 자리 잡았고, 동기나 평가가 어떻든 간에 많은 사람들이 서커스를 보러 온다. 그 의미에서 일본의 엔니치緣日의[1] 구경거리 천막을 닮은 감각으로 파악하는 것이 가능할 것이다.

---

[1] 역주: 엔니치란 부처님과 이 세상이 특별한 인연이 있다는 날로, 이날 참배하면 큰 공덕이 있다고 전해진다. 신사나 절 입구는 노점상들로 붐빈다.

사람들은 향토행사장에 서커스를 보는 목적만으로는 오지 않는다. 대부분은 사람들이 모이는 축제 분위기를 맛보기 위해서 오는 것이라고 생각된다. 거기서 행해지고 있는 서커스는 향토행사장에 온 사람들에게 '축제 기분'이 들게 하는 하나의 장치라고 할 수 있다. 시트로 덮인 넓은 공간 안에서 뭔가 재미나는 것을 하지 않을까라고 기대를 갖게 한다. 그런 까닭에 가령 서커스에 편견을 갖고 있더라도 한 번쯤은 보고 싶은 호기심으로 사람들은 천막으로 다가온다고 생각된다.

또한 중요한 것은 구경거리 천막처럼 서커스도 호기심을 자극하여 많은 관객을 끌어당기지만,[2] 사람들의 호기심을 채우는 것이 브라운관을 통해서가 아니고, 손이 닿는 범위의 비닐 시트 한 장을 넘은 저쪽에 현실로서 존재한다는 것이다. 이것이야말로 텔레비전이나 영화 등의 오락에 손님을 빼앗기면서도, 지금까지도 서커스의 흥행이 계속되고 있는 이유이다.

호기심이 고조되어 매일 서커스에 오는 사람이 공연 장소마다 있었다. 그 중에는 서커스의 일을 돕거나 하면서 곡예사를 비롯하여 서커스의 구성원과 적극적으로 접촉하려고 하는 사람도 꽤 있었다. 이 밖에도 나이에 상관없이 서커스 텐트 뒤편으로 가서 구성원의 생활을 보려고 하는 사람도 적지 않았다. 조사 중에도 사진을 찍고 싶다며 찾아온 사람들이 많이 있었는데, 곡예 장면뿐만 아니라, 무대 뒤나 생활 풍경을 찍고 싶어 하는 사람이 특히 많았다. 이처럼 생각하면, 서커스에서는 곡예뿐만이 아니라, 생활 자체가 사람들의 호기심을 부추기는 것이라고 생각할 수 있다. 실제로 서커스에 입단하는 사람도 있었지만, 그 동기는 무대에서 많은 사람들로부터 박수를 받고 싶다고 하는 소망과, 자유롭게 돌아다니는 여행으로

---

2) 호기심은 어디에서든지 볼 수 있으며, 예를 들어 미국 등에서도 호기심으로 서커스를 보려고 아이들이 다양한 방법을 이용해서 입장하려고 한 것 같다[Jennings1882: 522-24].

보이는 이동생활을 해 보고 싶다고 하는 도피성 욕구와도 겹쳐 생각할 수 있을지도 모른다.

이와 같은 매력은 구성원들에게도 작용하고 있다. 서커스단을 한 번 떠난 구성원들이 "다시 무대에 올라가 박수를 받고 싶어졌다."라든가, "결코 편하지는 않지만 다시 이동생활을 하고 싶어졌기 때문에"라고 하면서 서커스단으로 다시 돌아오는 경우도 꽤 볼 수 있었다. 이러한 복귀는 곡예사 뿐만이 아니었고, 예전의 서커스에 있었을 때의 소속 기간과도 관계가 없었다.

서커스는 주위로부터 편견의 눈으로 인식되고, 구성원들도 적잖이 그 현실에 불이익을 당하는 한편, 사람들이 서커스에 매료되어 모여드는 것도 현실이며, 그 균형으로 서커스가 성립하고 있다.

3.1.2. 서커스단과 외부집단과의 마찰

서커스단은 한 장소에 정주定住하지 않는다는 성격상, 이동 장소에서는 항상 외부자로서 인식된다. 한편, 이동하는 입장인 서커스단 쪽에서 봐도 이동한 곳의 정주집단, 및 그 밖의 이동집단은 외부집단으로서 인식된다. 그 때문에 이동집단에는 끊임없이 외부집단과의 마찰이 생길 위험성이 있고, 외부집단과의 긴장 관계를 어떻게 푸는가가 중요하다. 물론 마찰만 생기는 것이 아니라, 우호적인 관계를 맺은 적도 적지 않았다. 그러나 여기서 만들어지는 우호 관계는 전략적으로 만들어지는 때도 많아, 언제 적대 관계로 바뀔지도 모르는 위험성을 동시에 품고 있다. 이것은 마찰이 생기는 위험성을 회피하기 위해서, 일시적으로 취해지는 방어 수단으로서 파악할 수 있다.

개인적인 문제로 구성원이 외부와 마찰을 일으킨 적도 있었다. 이것은 구성원 자신의 성격에 기인하는 것과, 그 구성원이 서커스단의 유동성을 이용하는 것에 기인하는 것으로 나눌 수 있다. 전자의 경우로는 여성 관계 때문에 현지 폭력단과 마찰을 일으킨 일이나, 서커스단이 늘 가는 음식점에서 단골이라는 이유로 무리한 서비스를 강요한 사례 등을 볼 수 있다. 그러나 오히려 많이 볼 수 있는 것이 후자의 경우로, 후불로 물품을 구입하거나 먹고 마신 뒤, 지불하지 않고 다음 공연지로 이동하는 수법이 많았다. 예전에는 돈 떼어먹기가 꽤 행해지고 있었다고 한다.

본 절에서는 서커스단을 하나의 집단으로서 파악해, 그 외부집단과의 마찰에 어떠한 특징이 있는지를 살펴보고자 한다. 이때, 지방도시에서의 공연과 향토행사장에서의 공연으로 나누어 살펴보도록 한다.

(1) 지방도시 공연에서의 외부집단과의 마찰

지방도시에서 공연할 경우, 빌딩의 건설 예정지 등의 공터를 이용할 때가 많기 때문에, 대부분 그 부근에는 지역 주민이 살고 있다. 따라서 마찰이 발생한다면 이들 지역사회 주민들과의 마찰이다. 그 중에서도 두드러진 것은 소음, 쓰레기, 그리고 불법 주차를 둘러싼 마찰이었다.

소음에 관한 마찰은 자주 일어난다. 포항시에서 공연할 때는 근처 음식점으로부터 불평이 있었다. 그러나 서커스단이 이 음식점을 자주 이용하고 있었기 때문에, 불평을 직접 서커스단에 이야기한 적은 없었고, 나중의 보충 조사 때 처음 들은 것이다. 또한 목포시의 공연에서는 도로 건너편의 음식점에서도 이와 같은 불평이 있었지만, 여기에서는 서커스단이 스피커의 음량을 줄이는 것으로 해결을 보았다. 목포시의 경우도 서커스단의 구성원이 때때로 이 음식점을 이용하는 일이 있었고, 서커스 공연 기간 중에는 이용객이 많았기 때문에, 그다지 강한 불만으로 발전하지는 않았다. 이 목포시의 공연에 관해서는 근처의 다른 음식점에서도 손님이 늘기는 했지만 소음에 시달렸다고 들었다.

그리고 서울시에서 공연할 때는 공연 장소 가까이에 아파트 단지가 빽빽이 들어서 있었기 때문에, 미리 소음에 대한 불평을 예상하고 관객을 불러 모을 때 일절 마이크를 사용하지 않았고, 극장 안의 마이크 음량도 조절하는 배려를 보였다. 천안시에서 공연할 때도 근처 주택지에 미리 무료 초대권을 가지고 인사를 다녔다. 그 때문인지, 서커스단에 직접 불평이 들리는 일은 없었다.

다음은 쓰레기에 관한 마찰을 보도록 하겠다. 1990년대에 들어서면서 한국에서는 쓰레기에 대한 관심이 높아져, 쓰레기 처리시의 분별 수집이 전국 지방도시에서도 시행되었다. 쓰레기를 포함한 폐기물 처리에 관심을 갖는 풍조가 거세지는 가운데, 극장과 생활 텐트에서 하루에 대량의 쓰레기를 배출하는 서커스단에게 있어서 그 처리 방법은 심각한 문제가 되었다. 이 쓰레기에 관한 마찰은 쓰레기의 직접적인 처리를 둘러싸고 생기는 근처 주민과의 마찰과, 쓰레기의 처리 방법을 둘러싸고 생기는 처리 업무를 담당하는 지방 자치단체와의 마찰, 두 종류로 나눌 수 있다.

쓰레기 처리를 위해서는 어느 정도의 인원이 확보되어야 하는데, 분별 처리를 포함하여 쓰레기의 전반적인 처리를 직접 담당하는 사람이 서커스 내에는 부족했다. 또한 단지 인원수의 문제를 해결했다고 하더라도, 지방 자치단체 추천의 쓰레기봉투가 고가여서 경비가 비싸게 드는 것이 새로운 걱정거리이었다. 그래서 안이한 생각으로 쓰레기를 극장 안팎에서 소각하는 방법을 선택했지만, 극장 밖에서 소각하면 주변에 연기로 피해를 주기 때문에 바람직하지 않고, 또 지방 자치단체로부터 지도를 받게 된다. 또한 극장 안에서 소각해도 똑같이 지방 자치단체의 지도 대상이 되지만, 그 이전에 서커스단의 천막이 그을음투성이가 되어, 천막 가까이에서 하는 공중 곡예 때, 곡예사가 숨이 막히는 등의 문제가 발생하였다. 그 결과, 심야나 이른 아침에 남의 눈에 띄지 않게 극장 밖에서 소각하는 일이 많았다.

주민과의 관계에서는 극장 밖에서 쓰레기를 소각했을 때 대량의 연기가 발생한 것 외에, 생활 배수나 쓰레기의 악취 등 위생에 관한 일이 문제가 되었다. 또한 바코시 때, 아시바를 묶었던 끈의 자투리가 쓰레기로서 주위에 날아다니거나, 바코시 때 발생하는 쓰레기의 처리가 문제가 되었다. 이 밖에도 서커스단이 소유하는 말, 원숭이, 개 등, 동물의 배설물을 둘러싼 위생상의 문제가 있었다.

마지막으로 극장 주변의 불법 주차 문제에 대해 언급하도록 하겠다. 이 문제는 서커스단의 구성원이 직접 일으키는 것은 아니지만, 한국의 서커스단 공연에 수반해서 일어나는 문제이다. 향토행사장의 공연에서는 향토행사 주최 측에 노상 주차 등의 문제를 일임할 수 있기 때문에, 서커스 측이 책임을 지는 일은 없다. 하지만 지방도시 공연에서는 불평이 서커스단 자체로 전해진다. 특히 경비 절감과도 관련되어 주차장을 포함한 넓이의 토지를 빌리는 일은 없었다. 우연히 노상 주차할 수 있는 공간이 있는 공연 장소에서는 문제가 되지 않지만, 그래도 주말이나 국경일이 되면, 자동차로 오는 관객으로 공연지 일대가 불법 주차로 혼잡한 상태가 된다. 이 때문에 차선이 좁아져 교통의 방해가 되는 일도 자주 있었다. 이 밖에도 무질서한 노상 주차 때문에 극장 주위에서 장사를 할 수 없게 되거나, 근처 자동차 정비소의 주차장이 무단으로 사용되어 불평이 쏟아진 적도 있었다.

위에서 열거한 문제 외에도, 외부집단과의 마찰이 생기는 경우가 있다. 예를 들어 서커스단이 관리하는 동물에 얽힌 문제로는, 서커스의 말 가까이 다가온 소년이 물리거나, 말이 공연 중에 도망가 교통정리가 필요했던 적이 있었다. 또한 서커스의 원숭이가 먹이를 주려고 한 아이를 우리로 끌어 들이려고 한 적도 있었다.

또한 공연의 선전에 관한 문제로는, 서커스의 선전으로 공연지의 각 초등학교에서 광고지를 배포하기 때문에 광고지를 받은 아이들이 교내에서 쓰레기로 어지르는 것을 이유로, 학교 책임자로부터 엄중한 주의를 받았던 적이 있었다. 이 밖에도 아이들의 호기심을 과도하게 자극한다고 해서 학부모로부터 불평을 들은 적도 있었다. 더욱이 학교를 말려들게 한 문제로는, 어느 구성원에게 호감을 가진 여학생이 수업을 결석하고 서커스단에 입단하려고 해서 관계자들의 모임이 열리기도 하였다.

(2) 향토행사장 공연에서의 외부집단과의 마찰

다음은 공연지가 향토행사장인 경우이다. 향토행사장에는 많은 사람들로 떠들썩하기 때문에 이윤을 얻기 위해 각지로부터 모여드는 개인이나 집단이 많다. 또한 향토행사는 주로 시내 중심부에서 조금 떨어진 하천 부지나, 대부분 교외에서 토지를 충분히 확보할 수 있는 장소가 선정되므로 주택지가 인접해 있는 일은 드물다. 이 때문에 지방도시의 공연에서 발생하는 인근 주민과의 마찰보다는 향토행사에 모이는 다른 외부집단과의 마찰이 많아진다.

예를 들어 진주 시내에서 공연했을 때에는 이권을 목적으로 한 현지 폭력단에 의한 난입 사건이 일어났다. 이 밖에도 행사장에서 사용하는 수도의 할당을 둘러싸고 노점상들과 의견 충돌이 일어나거나, 서커스의 관객을 상대로 하는 솜사탕 장사, 풍선 장사, 도넛 장사 등과도 손님의 흐름이나 극장 안의 매점의 매상을 둘러싸고 충돌이 일어나기도 하였다. 관객의 흐름은 직접 매상과 관련되기 때문에 각 노점상 간에 모임을 갖거나 약정을 맺은 일도 있었다. 서커스는 향토행사 전체의 관객 흐름을 바꾸는 일이 있어, 어느 정도 실권을 잡을 수 있기 때문에 우대를 받는 한편, 각 노점상 간의 이권 다툼에 말려드는 일도 많다.

또한 시·군의 관공서의 향토행사위원회 당국과의 마찰도 자주 볼 수 있었다. 예를 들어 조금이라도 많은 수입을 바란 서커스단이 규정 이상으로 극장을 크게 세우거나, 서커스단의 사정으로 공연 일정을 연장하거나 해서 당국으로부터 지도를 받았던 적이 있다. 이 밖에도 전술한 쓰레기 처리나, 토지 사용에 관한 금지 사항, 사용 전력이나 사용하는 수도의 양 등에서 지도를 받았다.

3.1.3. 서커스와 관객

공연 장소와 관계없이 발생하는 마찰로는 서커스를 보러 온 관객과의 문제가 있다. 이러한 문제는 서커스가 한 달 정도의 감각으로 이동을 반복하기 때문에 생긴다고 할 수 있는 부분이 적지 않다. 이러한 일은 본서의 테마로서 언급한 이동집단을 생각할 때에도 깊게 관련되는 사항이다. 여기에서는 이러한 문제의 원인을 서커스단 측에서 찾을 수 있는 것과 관객 측에서 찾을 수 있는 것으로 나누어 생각해 보기로 한다.

(1) 서커스단 측에서 찾을 수 있는 원인
우선 특히 많이 볼 수 있었던 문제는 서커스단이 발행한 할인권과 관련

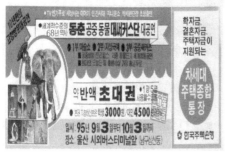

[📷 14] '약 반액 할인권': 선전용으로 배포된다

된 것이대[📷 14]. 당시, 한국의 서커스단이 발행하고 있던 할인권에는 '약 반액 초대권'이라고 앞쪽에 인쇄되어 있었는데, '약 반액'이라고 하는 문자가 단계적으로 작고 희미하게 인쇄되어 있었다. 한국 사회에서 초대권이라고 하면, 보통은 무료 관람권을 이야기한다. 또한 이 할인권에는 할인전의 관람 요금이 기재되지 않고 할인 후의 요금만이 기재되어 있는데다가, 작은 글자로 '이 요금으로 입장할 수 있다'라고 인쇄되어 있다. 이것에 대해서는 일부러 혼동하기 쉽게 글자를 작게 한다고 들었다. 이 때문에 관객은 기재된 할인 후의 요금을 할인전의 요금이라고 착각하고 와서 불만을 토로하는 사람이 많았다. 더구나 이 할인권을 사용했을 때의 할인율도 반액으로는 안 되고, 약 25~30%의 할인이며, 이것에 대해서도 불평이 쏟아졌다.

D서커스단의 경우, 할인권의 앞쪽에는 코끼리의 사진이 실려 있고, 그것을 에워싸듯이 각종 동물이 총출연이라는 문구가 적혀 있었다. 그러나 D서커스단에는 박제 코끼리가 한 마리, 손님을 끌어 모으기 위해서 묶여져 있는 말 한 마리와 원숭이 다섯 마리, 그리고 강아지가 다섯 마리 있을 뿐이며, 실제로 곡예를 하는 것은 강아지뿐이다. 사진이나 선전 문구를

보고 기대하고 온 관객의 불평은 당연히 있었고, 그 불평은 출입구에서 손님을 불러 모으는 일을 하는 구성원에게 향해졌다.

서커스의 공연 중에 판매되는 카메라에 대해서도 불평이 많았다. 카메라는 추첨에서 당첨된 사람에게 수수료만 받고 선물한다는 명목으로 판매되고 있었는데, 말에는 과장 표현이나 거짓 표현이 보였다. 이 때문에, 노령의 부모님이 선전하는 말에 속아 카메라를 사서 돌아오셨다고 며칠 뒤 반품을 요구하러 오는 사람, '싸구려'를 강매 당했다고 비난하는 사람 등이 끊이지 않았다. 또한 불량품이 많아서 그것을 이유로 반품하러 오는 사람도 있었다. 예전에는 반품마저도 받아들여지지 않았다고 하며, 문제가 자주 일어났다.

손님을 불러 모으는 일에서도 과장 표현이나 거짓 표현이 많이 사용되었다. 또한 극장에 매단 그림 간판과 실제 내용이 다르다는 비난도 쏟아졌다. 그러나 이러한 일은 한국의 서커스단에서만 볼 수 있는 것은 아니고, '구경거리'를 생활 수단으로 하는 이동집단에서는 매우 일반적으로 볼 수 있는 것이다. 그렇기에 관객의 입장에서도 호기심에 호소하는 그림 간판이나 선전하는 말에 이끌려 오기는 하지만, 그것을 액면 그대로 받아들이는 일은 별로 없고, 어느 정도는 과장된 것임을 알면서도 재미있어하며 보러 오는 사람도 적지 않았다.

의자와 관련된 문제는 의외로 많았다. 당시 한국의 서커스단에서는 입장료와는 별도로 요금을 받고 극장 안의 의자를 대여하는 것이 관례로 되어 있었지만, 이것에 관한 불평이 매우 많았다. 그래서 한때는 티켓 판매소에 '의자 요금 별도'라고 써서 부쳤지만, 평이 좋지 않아서 곧바로 떼어냈다. 이것은 의자의 임대료를 '와리'로서 구성원에게 준 관습이 있었는데, 이것이 보다 더 문제를 일으키기 쉽게 하였다. '와리'를 가진 구성원과 관객과의 문제가 끊이지 않았고, 이 문제로 인해 의자 관리자의 손가락이 탈구된 적도 있었다. 또 말다툼 끝에 관리자가 입장료와 같은 액수를 들이대고 관객을 되돌려 보낸 적도 있었다. 또한 임대료에 대한 불만으로 관객이 출입문에서 입장료의 환불을 요구해서, 때에 따라서는 단장이 관객을 대신해서 의자 요금을 지불한 일도 몇 번인가 있었다. 현재는 의자의 임대료가 '와리'에서 제외되고, 의자는 관객이 자유롭게 이용할 수 있게 되었기 때문에 이런 종류의 문제는 해결된 것으로 생각된다.

보통 서커스의 개시 시간이나 공연 일정의 변경은 서커스단 측의 사정만으로 변경되었다. 서커스의 개시 시간은 편의상 정해져 있지만, 실제로는 관객의 입장 정도를 보고 결정하였다. 또 연속 공연이라고 선전하면서도, 기후 변화나 그 밖의 다른 이유로 손님이 뜸해졌을 때는 도중에 공연을 중지했기 때문에, 중간에 입장해서 공연을 전체적으로 다 보지 못한 관객과도 문제가 일어났다. 공연 일정도 관객이 뜸해지면 최종 공연을 앞당겨 끝내는 일도 종종 있었고, 첫 공연도 극장을 세우는 일이 늦어지면 미리 선전한 일정보다 늦게 개시한다. 이러한 서커스 공연의 예정 변경은 갑자기 결정되며, 멀리서 찾아오는 관객에 대한 배려는 볼 수 없었다.

프로그램에 있어서도 대략적인 것은 정해져 있지만, 실제 구성은 그 날의 곡예사의 기분에 좌우되는 경우가 많았고, 그 변경도 관객의 의향과 관계없이 행해졌다. 이것은 보수에 대한 불만으로 인한 거부 이외에도 숙취, 컨디션 불량, 기분이 좋지 않다, 는 등이 이유가 되었다. 또 관객 수가 적거나 심야에 이르는 공연인 경우는 곡예사의 사정으로 프로그램의 내용이나 프로그램 자체가 단축되는 일이 있었다.

D서커스단을 비롯해 오늘날의 한국의 서커스단에서는 동물 곡예를 거의 볼 수 없다. 당시의 D서커스단에서도 강아지의 곡예가 유일한 동물

곡예이었다. 그런데도 D서커스단에서는 할인권이나 그림 간판에 각종 동물 곡예를 선전하고, 공중 동물 서커스단이라고 하는 명칭을 사용하고 있었다. 그 때문에 동물 서커스를 기대하고 아이와 함께 온 관객으로부터 불평이 쏟아졌다.

(2) 관객 측에서 찾을 수 있는 원인

서커스의 공연 기간 중에 무료로 입장하려고 하는 사람을 많이 볼 수 있었다. 예를 들면, 극장 안에 있는 아이나 노인을 마중 나왔다는 이유로 입장한 채 나오지 않는 사람, 표를 살 때 인원수를 속이는 사람, 이전에 관람했으니까 무료로 입장시켜 달라는 사람, 서커스에 아는 사람이 있다고 속이는 사람, 아이나 노인을 데리고 왔을 뿐, 본인은 별로 보고 싶은 것도 아니니까 무료로 해 달라는 사람 등 다양했다.

예를 들어 같은 시기에 러시아의 볼쇼이 서커스가 한국의 각 도시에서 공연했을 때에는 관람 요금이 한국 서커스단의 약 4배였음에도 불구하고, 이러한 혼란은 들리지 않았다. 외국에서 온 서커스단에 대해서는 고액이라도 정확히 요금이 지불되는 것에 비해, 국내의 서커스에 대해서는 요금이 그 몇 분의 1밖에 되지 않는데도 무료로 입장을 하려고 한 것이다. 이러한 반응에 대한 하나의 해석으로서 한국 서커스에 대한 경시를 들 수 있다. 일부에서는 제대로 요금을 지불할 가치가 없는 것으로 받아들여지고 있고, 이것은 한국 사회에 있어서의 서커스에 대한 이미지와 상통하고 있다. 실제로 "서커스 관람료가 왜 이렇게 비싼가?"라는 식의 말이 많았다. 관객 측의 이런 자세가 원인으로 서커스와 관객과의 언쟁은 끊이지 않았다.

또한 교육기관이나 양호시설 등에서 단체로 관람하고 싶다고 전화로 예약을 하고서는 연락도 없이 오지 않는 일이 자주 있었다. 한국 서커스에서는 관객 수 여하에 따라 공연의 결정이 좌우된다. 이러한 단체 예약의 일방적인 취소는 공연 기간 중에 지불하는 곡예사들의 일당과 관계가 있어 서커스단의 이윤에 직접적으로 영향을 주게 된다. 물론 한국 사회 전반에 예약이나 그 취소에 대한 개념이 희박하기는 했지만, 당시에도 비즈니스에서는 예약의 개념이 충분히 침투하고 있었고, 특히 이윤 폭이 생기는 단체의 예약이나 취소는 빼놓을 수 없는 것이었다. 그럼에도 불구하고, 한국 서커스에서 볼 수 있는 단체 예약의 일방적인 취소는 국내 서커스에 대한 경시라고 할 수 있다. 앞서 언급한 무료로 입장하려고 한 경우와 근본적으로 같은 문제라고 할 수 있다.

이 밖에, 조사 중에 관객끼리의 문제도 있었다. 예를 들면, 만취한 노령의 여성이 극장 안에서 날뛰어서 입장료를 돌려주고 내쫓은 일, 공연 중에 시계를 훔쳤다는 혐의로 경찰이 출두한 일, D서커스단이 발행한 할인권을 무료 초대권이라고 해서 사게 됐다고 서커스에 환불을 요구한 일 등 다양하다.

3.1.4. 서커스와 국가의 관리체제

국가라고 하는 개념이 구축되고 틀이 성립되기 이전에는 이동하는 집단과 외부집단과의 관계를 취급할 때, 이동하는 각 지역과의 대립을 고려하는 것만으로 충분했다고 말할 수 있을지도 모른다. 그러나 '국민'이라는 틀을 만들어 그 틀에 끼우려는 움직임에 말려들어간 것은 비교적 한 장소에 장기간 체재하는 사람들뿐만이 아니었다. 여기에서는 서커스단과 서커스가 공연을 하고 있는 지역을 관리, 통괄하고 있는 국가와의 관계를 살펴보기로 한다.

한국 정부는 신분증을 카드식으로 만들어 그것을 항상 국민에게 휴대시키는 것을 의무화했다. 신분증에는 생년월일, 주소, 본적 등이 기재되어 있고, 그것으로 '국민'을 규정하고 관리하고 있다. 따라서 신분증은 '대한민국 국민'이면 누구나가 소지하고 있어야 한다. D서커스단의 구성원도 거기에서 누락되는 일 없이, 대부분의 사람이 신분증을 휴대하고 있다. 그러나 그 중에는 신분증을 소지하고 있지 않은 사람도 있는데, 그들은 재발행을 받을 필요도 없다고 생각하고 있었다. 이 배경으로는 서커스단에서 생활하는 한, 일반 기업에서 일하는 사람과 달리, 신분증을 필요로 하는 서류상의 수속을 밟을 일이 없다는 점을 들 수 있다. 어느 구성원에 의하면, 실제로 서커스의 생활 속에서 신분증이 필요하다고 생각한 적은 만화방에서 만화책을 빌릴 때뿐이었다고 한다. 더구나 생년월일이 명확하지 않은 사람도 많기 때문에, 본인 신청에 따라 생년월일을 기록하거나 본적이나 주소가 없는 사람은 단장과 같은 본적이나 주소로 하는 사람도 볼 수 있었다.

한국에서는 국민인 19세 이상 남자에게 약 3년간의 병역 의무를 부과해 왔다. 그러나 D서커스단의 어느 인기 곡예사가 병역 훈련을 위한 신체검사에 징집되었을 때, 당시의 단장은 "미리 나에게 이야기했으면 검사하러 갈 필요조차 없었다."고 하였다. 실제로 30세 전후의 곡예사 몇 명에 대한 청취에서 대부분 군대에 가지 않았다고 하였다. 중학교를 나오지 않은 사람은 병역이 면제된다고 하는 것이다. 병역 면제의 규정은 제쳐두고라도 이와 같은 발언으로 미루어보아, 국민의 의무인 병역에 관해서도 서커스 구성원이 피하기 쉬운 위치에 있었던 것은 확실하다.

또한 당시의 한국에서는 국민의 의무로서 최소한 초등학교까지의 의무교육제도, 지역에 따라서는 중학교까지의 의무교육제도가 있었다. 그러나 한국의 서커스단에서 곡예사로 활약하는 어린이들이 학교에 다니고 있다는 이야기는 듣지 못했다. 초등학교에는 도중까지 다녔지만, 퇴학했다고 하는 사람도 많았다. 서양의 서커스에서는 선임된 교육 직원을 서커스단에 소속시키거나, 일본에서는 1년에 10회 정도 전학을 반복하면서 의무교육을 받는 경우가 있었다. 국가 간의 사정에 따라 특례 등, 의무교육의 내용에 차이가 있을 수는 있지만, 당시의 한국 사회에서 일반적인 의무교육조차, 서커스의 세계에서는 일반적이지 않았던 점은 주목할 만하다.

세금을 납부하는 것은 한국에서도 의무이다. 그러나 당시의 D서커스단에서는 단장을 제외하고 세금을 납부하는 사람이 없었다. 또한 관람료 수입을 측정하기 어려운 것은 물론이고, 구성원의 고용에 따른 지출도 측정이 곤란하였다. 한국 서커스에서는 공적인 계약서에 의해 채용하는 것이 아니기 때문에, 각각의 구성원의 소득을 공적인 수단에 의해서 정확하게 파악할 수 없었던 것이다. 매점이나 의자, 깔개 등의 수입은 단장에게도 신고제로 되어 있어, 단장조차도 그러한 구성원의 소득을 정확하게 파악할 수 없었다. 이러한 이유에서도 서커스단의 구성원으로부터 세금을 징수하는 것은 실제적으로 불가능했다고 할 수 있다.

이 밖에도 전술한 아동복지법이나, 노동기준법의 적용에 관해서도 피해가기 쉬운 입장이라는 것은 이와 같은 식으로 지적할 수 있다.

위에서 언급한 것들은 서커스가 국가나 지방 자치체라고 하는 관리 체제로부터도 벗어나기 쉽다는 점을 의미하고 있으며, 이는 일반적인 이야기이지만 관리 체제 자체가 주로 비교적 정주定住를 목적으로 한 사람들의 관리를 염두에 두고 형성되었기 때문이라고 할 수 있다.

3.1.5. 이동집단끼리의 약정과 연결

현재 한국에는 서커스단 이외에도 이동하며 생활을 영위하는 집단이 존재한다. 예를 들어 1장에서 열거한 '걸립 : 乞粒'이라 불리는 걸립꾼, 약장사, 시장의 이동상인, 향토행사장에 모이는 장사꾼이나 포장마차[3] 등은 오늘날에도 볼 수 있다. 그들도 한 장소에 머무르는 일 없이, 언제나 외부 집단으로서 지역사회와 관계를 가져온 집단이다. 특히 서커스단과 관계가 깊은 것이 약장사이며, 향토행사장에 모이는 장사꾼이나 포장마차도 관계가 깊다. 본 절에서는 이동하는 것으로 생활을 영위하고 있는 다른 집단과의 관계를 살펴보도록 하겠다.

과거나 현재에 D서커스단에 소속한 경험이 있는 구성원 중에는 다른 서커스단, 약장사, 행사 장사꾼이나 포장마차에 출입을 반복한 사람이 많았다. 그 이유는 이러한 집단과는 오랜 세월에 걸쳐 향토행사를 중심으로 같은 장소에서 시간을 보낼 기회가 많았기 때문에, 서로 아는 사이가 많아 일반적으로 구성원끼리의 연결이 강하기 때문이라고 할 수 있다. 또한 다른 서커스단은 물론, 약장사로 옮겨 갈 경우, 지금까지 몸에 익혀 온 곡예나 마술, 연주 기술을 그대로 살릴 수 있기 때문에 새롭게 기술을 습득할 필요가 없다. 더구나 이러한 집단도 서커스처럼 이동생활을 계속하고 있어 생활 리듬이 비슷한 점이나, 집단의 경영 형태나 집단내의 규칙 등, 전문기술 이외의 작업에 대해서도 겹치는 부분이 많다는 점이 한층 더 이러한 집단 간의 이동을 용이하게 하고 있다.

서커스단끼리의 관계를 보면, 주로 서로의 영역에 관한 부분에서 일정한 약정이 존재하며 필요에 따라 회합을 갖는다. 향토행사 중에서도 특히

---

3) 현지의 골목이나 번화가 등에서 열리는 포장마차와는 달리, 향토행사에 오는 포장마차 중에는 향토행사를 목적으로 전국을 돌아다니는 사람도 있다.

대규모이고 매년 서커스단이 공연을 하는 향토행사는 공연권을 갖는 순서가 이미 할당되어 있었다. 또한 같은 향토행사장에서 2개의 서커스단이 공연하는 경우, 입지 조건이 좋은 장소에 진을 친 서커스단이 하루나 이틀 정도 먼저 극장을 접고 이동한다는 약정이 이루어졌던 적이 있었다.

향토행사 이외의 공연지의 할당에 대해서는 특별히 결정된 것은 없고, 구성원 레벨에서는 다음 공연 장소를 모르는 것이 일반적이다. 그러나 단장 레벨에서는 서로 어디에서 공연을 하고 있는지 정보를 공유하면서 공연 장소가 중복되지 않도록 조정하고 있다. 그리고 때로는 자신들의 단체는 토지가 너무 좁아서 공연하지 못했던 토지의 정보를 교환하는 일도 있었다.

3.1.6. 타 집단과 서커스의 경계

(1) '사회'라고 하는 범주

서커스단은 외부와는 구별된 하나의 사회를 만들어 내고 있다. 단, 서커스단마다 하나의 사회를 만들고 있는 것이 아니라, 한국에 존재하는 서커스단 전체가 하나의 사회 단위를 형성한다. 따라서 그 사회의 거주자는 한국의 서커스단에서 실제로 생활을 하고 있는 사람이지만, 한국 국내에 존재하는 혹은 존재한 서커스단에서 일정기간 생활을 한 사람, 그들의 말을 빌리자면, '단체생활'을 어느 정도 경험한 사람도 그 안에 포함된다. 또한 그 '시민권'은 '단체생활'을 한 기간과 곡예사로서 소속했다는 등, '단체생활'에 얼마나 깊이 관여하고 있었는가에 달려 있다. 그런 의미에서 클럽이나 지역 사회의 '시민권'의 취득 과정과 유사하다.

그리고 그들은 일반적으로 서커스 이외의 외부 세계에 대해서 '사회'라는 말을 사용하고, 그들이 본 서커스의 내부 세계를 가리켜 때때로 사용하는 '센터'라는 말과 대비시켜 구별하고 있다. 그들이 소속하는 서커스단, 혹은 서커스 세계도 하나의 사회인 것임엔 틀림없지만, 새삼스럽게 '사회'라는 말을 사용해 구별하는 것은, 적어도 '서커스에서의 생활은 표준적인 사회생활과 다르다'는 의식을 가지고 있음을 나타낸다고 할 수 있다.

또한 서커스를 떠나서 그 이외의 직업을 갖는 것, 서커스가 아닌 곳에서 생활을 영위하는 것을 '사회에 나가다'라는 표현을 한다. 이것은 일본어로 '사회인이 된다'는 표현과 비교적 닮은 의미로 사용되고 있어, 사회적 책임을 동반한 사회적 규칙에 따른 생활을 한다는 것에 가깝다.

더 나아가 이 '사회'라는 범주를 서커스에서 사용하는 이점은 후술하겠지만, 외부 사회를 설정하는 것이 구성원의 단합을 강하게 하는데 유효한 수단이 되는 것이다. 이때 '사회'가 엄격한 규율을 갖고 있으면 있을수록, 구성원들은 '사회'로 나가는 것을 무서워하며, '사회'에 대한 '반反 사회'라는 입장을 공유함으로써 단합은 강해지는 것이다.

(2) 호칭과 관련된 경계 인식

한국 서커스 내부에서는 연령을 기준으로 한 서열을 명확하게 볼 수 있다. 이러한 집단에서의 서열은 예를 들어 일본의 서커스나 대중연극에서 볼 수 있는 서열 체계, 즉 먼저 그 집단에 들어간 구성원이 실제 연령과 관계없이 항상 선배로서 합당한 경칭을 붙여 불리는 것과는 다르다. 일반적으로 한국 사회에서는 일본 사회에 비해 연령에 의한 서열을 지키는 것이 요구된다. 일본의 예능집단과는 달리, 연령에 의한 서열이 집단 내에서 질서 유지의 기능에 반영되는 것은 이러한 배경에 의한 것이라고 생각된다.

그런데 여기서 주목하고 싶은 것은 서커스의 구성원이 서커스에서 생활할 때, 모든 사람에 대해서 그 규칙을 적용하는 것은 아니라는 것이다. 즉, 일반 한국 사회에서는 누구에게나 동등하게 연령에 따른 서열을 지으려고 하는데 비해, 서커스단의 구성원은 서커스 내부 세계의 사람이라고 판단되는 상대에 대해서는 연령의 서열을 지키지만, 외부 세계의 사람이라고 판단되는 상대에게는 반드시 그 서열을 지킨다고는 할 수 없는 것이다. 특히, 그 판단의 결정적 수단이 되기 쉬운 것이 호칭 뒤에 붙이는 경칭이다. 이 호칭 뒤에 붙이는 경칭을 어떻게 구별하여 사용하는가에 따라서 부르는 사람이 불리는 사람을 외부와 내부의 경계선상의 어느 쪽에 두고 있는지가 판단된다[자료4].

예를 들면, 단체생활이 긴 남성끼리가 만났을 경우, 상대가 연상이면 한쪽은 다른 한쪽을 '형'이라는 경칭을 붙여서 부른다. 만약 같은 연령이나 연하이면 보통 경칭을 생략하며, 서로 긴장 관계에 있는 동년배의 사람끼리이면 서로 '씨'라는 경칭이 사용된다. 이와 같은 일은 어느 서커스단에 새로 입단한 사람이 단체생활을 길게 경험한 사람이면, 그 구성원과 기존의 구성원과의 관계에도 해당한다. 그러나 이것과는 달리, 새 입단자가 단체생활을 모르는 사람이거나, 특히 잡무 담당자 중에 많은데 단체생활을 경험한 적이 있어도 극히 단기간의 경험밖에 없는 사람인 경우, 어느 정도의 연령차가 없으면 경칭을 붙이지 않고 이름만 부르는 것을 많이 볼 수 있었다. 그것은 아직 '어엿한' 내부자로서 인식되지 않았음을 의미한다.

[자료4] D서커스단 구성원의 호칭 표 (세로: 불리는 쪽, 가로: 부르는 쪽)

	(04) 61	(01) 51	(10) 46	(05) 42	(16) 41	(02) 41	(11) 36	(06) 36	(18) 32	(17) 30
(04)ms		△,삼촌	님	님	님	삼촌	님	님	님	님
(01)ml	△		오야지	오야지	님	님,당신	님	님	님, 오야지	오야지
(10)fl	씨	c,×		c	c	씨	c	이모	이모	누나
(05)ml	씨	씨	씨,c		×	씨	c,씨	c	형	형
(16)ml	씨	씨,×	씨	×		씨	씨	씨	형	형
(02)fs	아주머니	당신	아주머니	아주머니	아주머니		아주머니	아주머니	아주머니	아주머니
(11)ms	씨	c,×	c	c	c	씨		c	형	형
(06)fl	씨	씨,×	c,×	?	c	씨	?		이모	누나
(18)ml	?	×	×	×	×	씨	×	씨,×		씨
(17)ml	?	×	씨,×	×	×	?	×	×	씨	
(13)ml	×	×	×	×	×	?	×	×	×	×
筆者ms	×	×	×	×	×	산,×	×	×	×	산,×
(19)ms	n	n	×	×	×	n	×	n	×	×
(25)mu	×	×	×	×	×	×	×	×	×	×
(35)ms	×	×	×	×	×	×	×	×	×	×
(27)ml	n	n	n	n	n	n	n	n	n	n
(39)ml	n	n	n	n	n	n	n	n	n	n
(14)fs	×	×	×	?	?	×	?	?	×	×
(20)ml	×	×	×	×	×	×	×	×	×	×
(09)ml	×	×	×	×	×	×	×	×	×	×

	(13) 29	筆者28	(19) 26	(25) 26	(35) 26	(27) 25	(39) 24	(14) 21	(20) 20	(09) 13
(04)ms	님	님	님	할아버지	님	님	님	할아버지	할아버지,님	할아버지
(01)ml	오야지	님	님	아버지	님	오야지	오야지	님	아버지-오야지	큰아버지
(10)fl	누나	이모	이모	이모	이모	이모	이모	이모	이모	이모
(05)ml	형	형	아저씨,형	아저씨	아저씨	형	형	아저씨	형	삼촌
(16)ml	형	형	아저씨	아저씨	아저씨	형	형	아저씨	형	아저씨
(02)fs	아주머니	사모님	사모님	아주머니	아주머니	아주머니	아주머니	아주머니	아주머니	?
(11)ms	형	형	?	?	아저씨	형	형	이모부	형	아저씨
(06)fl	누나	이모	이모	?	이모	이모	이모	이모	이모	이모
(18)ml	형	형	형	?	형	형	형	아저씨	형	아저씨
(17)ml	×	형	형	형	형	형	형	아저씨	형	아저씨
(13)ml		형	형	형	형	형	형	오빠	형	삼촌
筆者ms	×		형	×-산	형	형	오빠	아저씨	×-형	아저씨
(19)ms	×	n		n	n	n	n-n오빠	n아저씨	n-n오빠	n아저씨
(25)mu	×	×	×		×	×	?	?	×	?
(35)ms	×	×	×	×		×	×	?	×	?
(27)ml	n	n	n	n	n		n형	n오빠	n형	n삼촌
(39)ml	n	n	n	n	n	n		n오빠	n오빠	n삼촌
(14)fs	×	씨	?	?	?	×	×		×	누나
(20)ml	×	×	×	×	×	×	×	×		형
(09)ml	×	×	×	×	×	×	×	×	×	

[기호 표기 설명]
① '당신'은 부부 사이의 호칭뿐만 아니라, 대등한 상대를 약간 배려해서 부른 것을 나타낸다. 단장인 〈01〉은 〈03〉 〈04〉 〈05〉 〈07〉이나 필자와의 대화에서 이 '당신'을 사용하는 경향이 있었다.
② '△'는 직책에 '님'을 붙이지 않고, 그냥 '단장', '총무'라고 부르는 관계를 나타낸다.
③ '형', '누나', '오빠'는 일반적으로 나이가 10살 정도 차이가 나면 사용할 수 없으나, 서커스에서는 사용되는 경우가 많았다. 또한, '오빠'의 경우, 남성이 손위 남성에게도 사용하는 사례를 볼 수 있었는데, 이것은 상대가 연상이기 때문에 호칭을 생략하고 이름만 부를 수는 없지만, '형'이라는 보다 명확한 상하 관계가 들어간 호칭으로 부르고 싶지 않을 때 사용한다. 상대를 약간 경시한 사용법이라고 할 수 있다. 한편, 이 표에는 '언니'라는 호칭이 나타나지 않지만, 우연히 이 표에 없는 것뿐이다.
④ '상'은 일본어인 'さん'이며, 필자를 부를 때에만 사용하였다. 그들은 일본에서 타인을 부를 때 습관적으로 경칭의 'さん'을 붙여서 부른다는 것을 알고 있었다.
⑤ 'c'는 아이의 이름 뒤에 '○○아빠', '○○엄마'라고 부른 것을 나타낸다.
⑥ 'n'은 별명으로 부른 것을 나타낸다. 'n형'이나 'n오빠', 'n아저씨'나 'n삼촌' 등은 별명 뒤에 호칭을 붙여 부른 것을 나타낸다.
⑦ 'x'은 호칭을 붙이지 않고, 이름만 부른 것을 나타낸다.
⑧ 이 외의 것으로, '?'은 어떤 호칭을 붙였는지 확인할 수 없었음을 나타낸다. '·'은 조사 중에 호칭이 앞의 것에서 뒤의 것으로 바뀐 것을 나타낸다. ','은 때에 따라서 호칭을 구분하여 사용한 것을 나타낸다.

[주]
이 호칭 표는 가로로 나열한 구성원이 세로로 나열한 구성원을 어떻게 부르고 있었는지를 나타낸 것이다. 괄호 안은 본문에서 언급한 것에 따른 것이다. 표로 만드는 작업에도 한계가 있어서, 구성원 중에서 호칭의 청취가 비교적 쉬웠던 20명의 사례를 사용하였다. 구성원의 배열은 호칭관계를 알기 쉽도록 연령 순으로 배열하였다.
가로 열의 구성원 번호 옆에 표기한 숫자는 1995년 6월 시점의 만 연령이다. 세로 열의 구성원 번호 옆에 표기한 것은 후술할 [자료5]의 소속 기간 그래프에서 사용한 기호와 동일한 것으로, 남녀(m, f), 서커스 생활의 길고 짧음(l, s)을 나타낸다. 불명확한 경우는 (u)를 사용하였다.
필자부터 〈14〉까지는 서커스의 경험이 적기 때문에, 나이가 연상이라도 호칭을 붙이지 않거나 별명만으로 불린 것을 알 수 있다. 이것은 일반적인 한국 사회의 규칙에서 벗어난다고 할 수 있다. 이 점으로부터도 그들 나름의 경계선을 느낄 수 있다.

예를 들어 조사 중에도 여덟 살 연하의 곡예사가 오랫동안 필자를 경칭 생략으로 불렀던 적이 있었다. 그런데 어느 때를 경계로 '형'이라는 경칭을 붙이기 시작했다. 그것은 필자가 서커스단에 '어느 정도' 길게 있었다는 것과, 다른 단체에서 오래 생활한 연장자의 곡예사로부터 경칭 생략에 대해 꾸지람을 들었던 것에 의한다. 이러한 규칙의 존재는 그 집단내의 질서를 유지하는데 도움이 되고 있는 것이다.

예외적으로 단체생활이 긴 연장자라 할지라도 서커스단의 다른 구성원으로부터 반감을 산 사람에 대해서는 경칭 생략을 하거나, 개인적으로 호감을 가질 수 없는 구성원에 대해서도 뒤에서 경칭 생략을 하는 경우가 있다. 그러나 이러한 상황을 보면, 그 집단 내에서 암묵의 이해, 혹은 공통 인식이 성립되어 경칭을 생략하고 있음을 알 수 있다. 스스로가 그 집단의 내부 세계의 거주자로 계속 있고 싶어 하는 한, 그들은 호칭에 경칭을 붙인다는 규칙에 따를 것이며, 동시에 그렇게 함으로써 의식적으로 내외의 경계선을 긋고 있다고 할 수 있다.

(3) '일본어'와 관련된 경계선

한국 서커스에서는 역사적 경위로부터 봐도 일본 서커스의 영향을 받아 오늘날에도 일본어를 차용해서 생긴 용어를 많이 사용하고 있다는 점은 이미 언급하였다. 여기에서는 이것을 가령 '일본어'라고 부르지만,[4] 이 용어들은 일반적인 한국 사람들과 공유할 수 없을 뿐만 아니라, 본래의 일본어로부터도 발음이나 그것이 지시하는 것까지 약간의 '어긋남'을 포함하고 있어서, 일반적인 일본사람도 이해할 수 없는 말이 포함되어 있다. 그런 의미에서 이러한 '일본어'는 한국 서커스에서 단체생활을 경험한 사람에게

---

4) '일본어'에 대해서는 『일본 식민지와 문화 변용』(崔吉城 편, 御茶の水書房, 1994)에서 李庸憙이 거문도에서 실시한 조사 성과를 '일본어 외래어'로서 발표하였다.

만 통용되는 은어라고도 할 수 있는 공유어로 평가할 수 있다.

일반적으로 은어는 그 형성 과정이 동일 집단에서 장기간에 걸쳐 생활을 계속해 오거나 그 집단이 특수한 생활을 하는데 있어서 필요해지는 등, 자연 발생적으로 생긴 것과, 주위의 외부집단으로부터 자기 집단을 지키기 위해 혹은 구별하기 위해 인공적으로 만들어 낸 것으로 크게 나눌 수 있다. D서커스단에서 알게 된 은어라고도 할 수 있는 공유어의 경우, 그 대부분이 역사적 경위에 의한 전자의 형성 과정을 거친 것이었다.

이러한 배경에서도 알 수 있듯이, 서커스에서 사용되는 '일본어'는 결코 배타적인 성격을 가진 것은 아니었다. 왜냐하면, 한국 서커스에서 일을 하는데 있어서 한국어로 된 곡예명이나 전문용어가 있음에도 불구하고, 공유어로서의 '일본어'로 된 곡예명이나 전문용어가 외부 사람에게 숨겨지는 일 없이 평상시의 대화 속에서 자연스럽게 사용되어 왔기 때문이다. 따라서 외부에서 따라 온 사람일지라도 한국 서커스에 장기적으로 소속하고만 있으면, 필요를 느껴 자연스럽게 그러한 '일본어'를 습득하게 되며, 그러한 용어를 기억해야만 '어엿한' 내부자가 되었던 것이다. 반대로 말하면, 일상생활 속에서 다용되는 이러한 '일본어'를 잘 알고 있는 것이 단체생활을 오래 경험해 온 증거가 되었던 것이다.

말하는 사람에게 특별한 제약을 두지 않는 '일본어'이면서도, 한국 서커스의 내부에서 보면 '일본어'를 공유할 수 있는 사람과 공유할 수 없는 사람으로 나뉜다. 그 공유어로서의 '일본어'가 말하자면 한국 서커스 내부에 속하는 사람과 외부에 속하는 사람과의 하나의 경계선을 만들어 내는데 공헌하고 있는 것이다.

3.2. 서커스 집단의 조직 구조

3.2.1. 집단의 조직

D서커스단의 조직을 직책으로 보면, 단장 이하, 총무, 사무부장, 현장 책임자 등의 '간부'라 불리는 구성원이 존재한다. 그러나 단장을 중심으로 한 피라미드형의 조직 구조를 가지는 것이 아니라, 실질적으로는 단장과 그 밖의 구성원이라고 하는 이분된 조직 구조밖에 가지지 않고, 이러한 직무는 개인의 서커스 내에서의 작업 분담을 나타내는 것일뿐, 그 이상의 기능을 갖지는 않는다.

이러한 조직 형태 때문에, 단장이 서커스단에 관한 경영이나 운영의 모든 실권을 잡고 있어, 상의하달 식으로 단장으로부터 직접 지시가 전해진다. 이것에 가세해 서커스단 내에서 구성원의 유동이 자주 반복되기 때문에 정보가 새는 것을 경계하는 의미도 있지만, 다음 공연 장소나 공연 일정에 대해서는 직전까지 구성원들에게 알리지 않는다. 이 밖에도 당일의 공연에 관한 정보, 예를 들어 공연의 유무를 결정하는 요인이 되는 단체 손님의 예약 등에 대해서도, 직접 단장으로부터 그 정보가 전해지지 않고, 구성원들끼리의 이야기를 통해 정보가 퍼진다.

또한 당시의 D서커스단에서는 단내에 있는 구성원의 관리, 동물의 관리, 출입문을 중심으로 한 경영상의 관리 등, 관리의 조직화가 이루어지지 않았고, 작업할 때의 역할 분담도 체계화되지 않았다. 이와 동시에, 대외적인 사건이나 돌발적인 사고에 대한 책임의 소재가 애매해지기 쉽고, 책임의 추궁이 단장에게까지 미치지 않는 구조를 만들고 있었다. 이러한 일에 대해서도 여러 요인을 생각할 수는 있지만, 그 한 요인으로서 이와 같은 조직 구조와 관련해 책임이 차례차례로 전가되는 것을 들 수 있다.

이 밖에 일반적으로 한국의 서커스단에서는 일본의 서커스단처럼 '본부의 엄마'라고 불리는 여성이 존재하여 단장에게 대항하는 발언권을 가지는 경우가 있다. '본부의 엄마'는 구성원들의 형편을 살피거나 고민거리의 상담 상대가 되기도 하는 존재이다. 보통 이 역할은 단장 부인이 대신 할 때가 많고, 전술한 단장과 구성원 사이에 보이는 조직 구조상의 대립을 보완하기 위한 중개자 역할을 하는 중요한 위치를 차지하고 있다. 단, D서커스단에서는 단장 부인이 서커스에서의 생활 경험이 짧기도 해서, 특별히 '본부의 엄마'에 해당하는 여성은 볼 수 없었다. 이러한 점이 D서커스단의 조직의 양극화를 심화시키는데 작용하고 있었다.

3.2.2. 서커스 내부의 대립

(1) 곡예사와 잡무 담당자와의 대립

한국의 서커스단 조직은 여러 레벨에서 대립이 보인다. 그 한 예로 곡예사와 잡무 담당자 간에 볼 수 있는 대립을 들 수 있다. 그 대립의 가장 큰 이유로 곡예사의 잡무 담당자에 대한 경멸의 태도를 지적할 수 있지만, 이것은 서커스가 한국_{조선}에 들어온 당시의 대우 격차 등에 기인한다. 1970년대조차도 곡예사이면 최소한 큰 방의 텐트에서 잘 수 있었던 것에 비해, 잡무 담당자는 무대 위에 돗자리를 깔고 자는 등, 곡예사와 잡무 담당자 사이는 확연하게 구별되어 있었다. 곡예를 하나 할 수 있느냐 없느냐에 따라 대우에 현격한 차이가 생기기 때문에, 잡무 담당자는 틈만 있으면 곡예를 습득하려고 했던 것이다. 이러한 대우의 절대적인 격차나, 곡예를 몸에 익히고 있다는 자부심, 그 곡예를 보이고 관객들로부터 받는 박수 등이 곡예사의 우월감에 영향을 미치고 있다. 이것은 오늘날 곡예사들의 청소 참가도만 보더라도 알 수 있다. 청소 참가를 요구하는 강제성은 시대마다 그 양상이 달라, 곡예사는 전혀 청소에 참가하지 않던 시기, 연습에 참가하지 않은 곡예사가 청소에 참가했던 시기, 곡예사도 교대로 청소에 참가했던 시기 등 다양하다. 그러나 곡예사의 본심은 청소는 전적으로 잡무 담당자의 일이라 생각했으며, 곡예사는 시간이 비어 있어도 자발적으로 청소를 돕는 일은 없었다.

또한 단장, 간부, 취사 담당자 등, 곡예사나 잡무 담당자 이외의 사람들의 의식에서도 잡무 담당자들에 대한 차별 의식이 느껴진다. 예를 들어 식사 시간도 이른 아침부터 청소를 한 잡무 담당자가 청소를 끝내는 시간대의 9시 좀 지나서 취사장으로 가도, 곡예사가 일어나기 시작하는 10시경까지 식사를 기다리게 하는 경우가 많았다. 극단적인 사례로는 곡예사들에게만 특별히 우유와 햄버거가 제공된 적이 있었다. 또한 물긷기나 극장 내의 잡무를 시킬 때도, 아무리 곡예사에게 시간적인 여유가 있고 잡무 담당자가 바빠도, 반드시 잡무 담당자에게 일을 시킨다. 이 밖에 성가신 일도 모두 잡무 담당자에게 돌아간다. 그만큼 급여에서 우대받는 것도 아니고, 곡예사와 잡무 담당자와의 사이에는 약 2배의 임금 격차가 있다. 보수가 높은 곡예사들이 화끈하게 돈을 쓰는 반면, 잡무 담당자는 금전적 여유도 없기 때문에 저녁식사 때 남은 음식과 소주로 공연 후의 한 때를 보내는 일도 많았다.

(2) 서커스에서의 생활 기간에 의한 대립

곡예사인가 잡무 담당자인가라는 것 외에, 연령 차이에 의한 대립도 볼 수 있었다. 서커스에서의 생활이 긴 사람을 '구마이 : 舊米_{신마이에 반해, 그}

조직에 옛날부터 있었다고 하는 의미의 조어'라고 부르고,[5] 서커스에서의 생활이 짧은 사람을 '신마이 : 新米'라고 나누어 부르고 있다. 일반적으로 구마이는 신마이에 비해 대우가 좋다. 물론 20~30대 이하의 세대에서 구마이와 신마이와의 구분은, 곡예사와 잡무 담당자와의 구분과 겹쳐지는 부분이 많다. 그러나 반드시 서커스에 오래 있었던 사람이 곡예사가 되는 것도 아니고, 곡예사가 아니더라도 전기 담당이나 호객 등의 특기를 살려서 서커스에 오랫동안 머무른 사람도 있다. 이러한 구성원들도 잡무 담당자의 범주로서 파악할 수 있지만, 대우는 결코 나쁘지 않고, 그 나름의 대우를 받고 있는 사람이 많다. 즉, 40대 이후 세대에서는 현재나 과거의 위치에 관계없이, 구마이냐 신마이냐에 따라서 대우에 차이가 보이며, 그 차이는 구체적으로 청소 참가에 대한 강제성이나 작업에 대한 보수의 차이로 나타난다.

(3) 연령 차이에 의한 대립

서커스에서의 생활 기간의 길고 짧음에 관계없이, 연령에 의해서 대우에 차이가 생기는 일이 있다. 물론 보수뿐만 아니라 그 밖의 대우 면에서도, 서커스에서의 생활이 긴 20대 곡예사가 서커스에서의 생활이 짧은 30~40대 잡무 담당자보다 우대를 받고 있다. 이러한 사실로부터, 연령의 격차보다도 신마이와 구마이와의 격차가 보다 현저하다는 것을 알 수 있지만, 서커스에서의 생활 기간이 대충 같은 사람들끼리는 연령에 따라서 일의 양에 대한 보수 등, 대우에 차이가 생긴다.

---

5) 구마이는 신마이에 대비해서 만들어진 말이다. '新' 대신에 '舊'라는 글자를 사용하고, '마이'는 그대로 일본어 식으로 읽고 '舊'만을 한국어 식으로 '구'라고 읽어 '구마이'이다. 신마이와 구마이는 단순하게 서커스에 오래 있었는지 아닌지를 구별하는 말로, 구마이란 '고참'이나 '베테랑'에 해당하는 뜻이다.

이 격차는 서커스에서의 생활 기간이 짧은 사람들 사이에서도 볼 수 있지만, 그다지 현저하게 나타나지는 않는다. 청소 시간에 조금 늦게 와도 묵인되는 정도이며, 아무리 중년이라도 청소 자체를 게을리 할 수는 없다. 또한 실제로 보수 면에서 차이도 있지만, 20대 중반의 구성원과 40대 전반의 구성원을 비교해 봐도, 월급은 10~20% 정도밖에 차이가 나지 않는다.

그러나 서커스에서의 생활 기간이 긴 사람들끼리 비교하면 뚜렷한 격차가 보인다. 서커스에서의 생활 기간이 긴 중년의 구성원은 '고참'이라고 불린다. 예를 들면, 단신으로 D서커스단에 소속해 있는 어느 40대 구성원은 공연 기간 이외에는 작업을 하지 않아도 되는데다가 특권인 '와리'가 주어지고 있으며, 작업까지 요구되는 20대 중반의 곡예사에 비해 2배 이상의 보수를 받고 있다. 또한 전기 담당을 하고 있는 40대 구성원인 〈05〉는 30대 중반의 곡예사인 아내 〈06〉과 맞벌이지만, '와리'가 주어져 실로 4배 이상의 보수를 받고 있다. 같은 20대 중반의 구성원 중 잡무 담당자와 곡예사의 보수가 약 2배의 격차인 것과 대비해 보면, 뚜렷한 격차가 있음을 알 수 있다.

중년이면서 구마이의 구성원은 '와리'에 의한 높은 수입을 얻을 수 있는 데다가, 잡무나 그 밖의 작업에 대해서도 적당히 빠져도 되는 때를 분별하고 있고, 청소 작업에서도 거의 자유롭다. 이러한 대우가 힘든 일에 비해서 보수가 적은 젊은 곡예사들에게는 불만이 되어, 심리적인 벽을 만들고 있다. 다만, 이 점에 대해서 어느 노련한 곡예사에 의하면 "평상시에는 괜찮아도 뭔가 문제가 생겼을 때, 신마이로는 대처할 수 없지만, 구마이가 있으면 잘 헤쳐나갈 수 있다. 신마이 열 명보다 고참 한 명이 더 도움이 된다."는 것이다. 예기치 못한 문제가 생기기 쉬운 서커스에서는 그 대처 여하에 따라서 단에 큰 손해를 가져오지만, 많은 경험을 쌓아 온 노련함이 손해를 최대한으로 줄여 주는 것이며, 보수의 격차는 말하자면 그 보험료라고 할 수 있는 것이다.

단, 이 대립의 다른 측면으로서 중년의 구성원이 "우리들이 젊었던 시절과 비교해서 현격히 작업 부담이 줄어들었음에도 불구하고, 요즘 젊은 구성원은 열심히 작업에 종사하지 않는다."는 불만을 갖고 있는 것도 간과할 수 없다.

(4) 출입문 담당과 후견 담당의 대립

앞서 언급한 연령 차이에 의한 대립에도 미묘하게 관련되는 사항이지만, 출입문과 '후견연기의 준비나, 연기 중에 사고가 없도록 지켜보는 역할, 곡예사와 잡무 담당자의 일부가 종사한다'이라는 일의 역할 분담의 차이가 대립으로 나타나는 경우가 있다.

출입문은 원래 서커스에서의 생활이 길고, 중년의 구성원이 담당하는 것이 보통이지만, 현금이 집중하는 곳이기도 해서 암묵의 양해를 얻어 입장료를 가로채는 일이 있다. 이 때문에 어둠의 수입을 얻을 수 있는 출입문 담당과 그 이윤을 얻을 수 없는 후견 담당과의 사이에도 대립이 생기기 쉬워진다. 특히 공연 기간 중에는 두 역할을 맡은 사람들은 각각의 역할에 쫓기므로 직접 얼굴을 맞대는 일이 적다. 이 때문에 양자의 감정의 엇갈림이 한층 더 심해진다고 할 수 있다.

(5) 집단 내에서의 편애

이러한 대립을 더욱 복잡하게 만들고 있는 것이 서커스단 내에서 편애가 있는 것이다. 이것은 특히 구마이 중에서도 젊은 층의 구성원끼리의 관계와 관련되어 있다. 예를 들면, 어느 방송국으로부터 출연 의뢰가 왔을 때도 단장은 곡예사 전체에게 그 출연을 배려하는 것이 아니라, 어느 특정 곡예사만을 출연시키는 경향이 보였다. 또한 이 곡예사에게는 점심식사가 제공되지 않는 공연 기간 중에도 특별히 요리를 배달시켜 주거나, 공연이나 작업을 무단으로 빠졌을 때의 감봉 조치에 대해서도 편의를 도모하는 등, 다른 곡예사들과 달랐다.

이러한 단장의 편애는 특정 개인이 막강한 권력을 가지는 집단에서는 일반적으로 볼 수 있는 현상이라고 할 수 있다. 그러나 보수를 비롯한 대우에 너무나 큰 격차가 있을 경우, 그것은 직접적으로 단 내에서의 인간관계에 영향을 미치게 된다.

3.2.3. '가족'으로서의 서커스

(1) 집단내의 규율

한국의 서커스단에서는 연령을 기준으로 한 규율과 남녀를 비롯한 역할 분담에 의해서 집단의 질서를 유지시키고 있다.

호칭에 붙이는 경칭에서도 알 수 있듯이, 연령을 기준으로 한 규율은 반드시 엄격하다고만은 할 수 없지만, 원칙적으로 지켜지고 있다. 그것은 특히 식사 때에는 하나의 형태로서 나타나는 일이 많았다. 예를 들면, 식사 때에 구성원들이 동시에 착석했을 경우, 밥공기는 반드시 연령순으로 채워지고, 구성원들 쪽에서도 손위 사람에게 먼저 식사를 양보했다. 이때는 비록 신마이의 잡무 담당자라 할지라도 연상이기만 하면 연하의 곡예사가 밥공기를 양보했다.

술에 관한 관습은 한층 더 엄격하고, 내부와 외부의 차이나 곡예사와 잡무 담당자의 구별 없이 연하의 구성원은 연상의 구성원에게 반드시 양

손으로 술을 따랐다. 술에 관한 관습은 일반적인 한국 사회에서 특히 엄하기 때문에 거기에 근거한 것이라고도 할 수 있다.

연령에 의한 서열은 심부름에서도 볼 수 있다. 또한 심부름은 서커스단 내에서 자주 볼 수 있는데, 특히 아이에게 심부름을 시키는 것은 일상다반사이다. 그리고 다섯 살 정도의 연령차이가 나면, 성인 구성원 사이에서도 트럼프 등의 잡화류, 주류나 과자류 등의 식료품을 사 오도록 심부름을 시킨다. 보수로 심부름 값이 지불될 때도 있지만, 서커스단 내에서의 연령에 의한 규칙으로 마지못해 대가 없이 따르는 경우가 많았다. 예를 들면, 30대 전반의 구성원이 텔레비전을 보고 있는 20대 후반의 구성원에게 택시 요금을 주면서 한밤중에 현금을 빼오라고 심부름을 시켰다. 그때에도 20대 후반의 구성원은 그대로 따랐었다.

또한 구성원들끼리의 싸움이 폭력으로까지 미쳤을 때, 폭력을 당하는 쪽은 항상 연하의 구성원이다. 특히 단체생활이 긴 사람끼리의 싸움인 경우, 거의 예외 없이 연하가 연상에게 폭력을 휘두르는 일은 없었다. 예를 들면, 어느 구성원이 일을 성실하게 하지 않는다는 이유로 사람들 앞에서 여덟 살 연상의 구성원에게 맞았던 적이 있었다. 몇 번 맞고 쓰러져도 말대답만 할 뿐이었다. 그 후, 어지간히 분했었는지 막대기로 그 구성원을 되받아 치려고 했을 때 주위로부터 저지당하고, 마지막에는 연상의 구성원에게 '무례'를 사과했던 적이 있었다. 이것도 연령을 중심으로 한 일정한 규율이 단내에 존재한다는 것을 나타내는 사례가 된다. 연하의 구성원이 연상의 구성원에게 폭력을 휘두르려고 하면, 주위로부터 꾸중을 듣고, '좋지 않은 행위'로서 서커스 내부에서 구전되어 간다.

집단 내에서 역할 분담이 명확한 것도 특징의 하나이다. 기본적으로 자신의 일은 자신이 하는 것이 바람직하고, 각자 맡은 역할 분담을 수행하는 것으로써 집단이 운영되고 있다. 단, 이 분담은 엄격한 것이 아니고, 예기치 못한 사태에도 임기응변으로 대처할 수 있는 유연성을 갖고 있다.

남녀의 역할은 대략적으로 정해져 있다. 우선, 고야가케 작업에 여성이 참가하는 일은 없다. 이에 비해, 한국의 일반 가정처럼 취사는 여성이 하고, 취사 담당이 없을 때에는 마침 그 자리에 있는 여성 구성원이 남성 구성원에게 식사 서비스를 제공한다. 이 밖에 남성 구성원에게 식사를 위한 자리를 양보하거나 공연까지 시간이 있을 때는 남성 구성원 다음에 식사를 하는 것도 흔히 있었다. 이것도 일반 한국 사회에서의 관습이다.

어린이도 고야가케 작업에서 면제된다. 그러나 심부름을 시킬 일이 있을 때는 거기에서 피할 수 없다. 엄밀하게는 역할 분담이라고 할 수 없지만, 작업 중에는 구성원이 자유롭게 용무를 볼 수 없기 때문에, 간접적으로 성인 구성원의 작업을 돕고 있는 것이 된다. 실제로 아이들이 있으면, 다른 일로 시간을 빼앗기지 않기 때문에 작업이 빨리 진행되는 경향이 있었다.

작업의 분담에 있어서도 공연 기간 중의 역할이나 일의 위치가 그대로 고야가케 작업 때의 위치로 되는 등, 분담이 미리 정해져 있다. 예를 들면, 출입문을 담당하는 구성원은 고야가케 때도 극장 입구의 장식 등을 담당한다. 한편, 곡예사는 극장 안의 도구 설치를 담당하고, 그 외 잡무 담당자는 함석판을 붙이거나 화장실 만들기 등, 그 밖의 일을 담당하였다. 이것은 바라시 작업에 있어서도 마찬가지이다. 이른 아침에 행해지는 잡무 담당자들의 청소에서도, 출입문을 담당하는 사람은 출입문을 우선적으로 청소하고, 출입문의 청소가 끝나면 극장 안의 청소에 합류한다.

자신의 고야스미에 관해서는 기본적으로 각 개인이 맡고 있고, 태풍이나 강풍, 여름철이나 겨울철을 맞이할 준비도 각 개인의 책임으로 행해진

다. 여러 명이 공동으로 하나의 고야스미를 사용할 때는 그 고야스미의
멤버들이 함께 모든 것을 한다.

(2) 서커스에서 행해지는 '가족'적인 행사

이상과 같은 규율을 가진 서커스단은 생활의 장소를 극장이나 천막을
중심으로 한, 큰 가족처럼 일컬어지는 경우가 많다. 이곳에서는 한국의
일반 가정에서 볼 수 있는 행사도 받아들이고 있다.

예를 들면, 구성원의 생일에는 일반 한국 사회처럼 미역국을 먹는 습관
이 있었다. 개인적으로 생일에 케이크나 선물을 받기도 했다. 또한 크리스
마스에는 몇 명의 구성원에 의해서 크리스마스카드가 배부되고, 2월 14일
발렌타인데이 때는 분장실에서 초콜릿이 배부되었다. 중추절에 해당하는
추석이나 정월에는 떡국이 식탁을 장식하는 등, 한창 바쁠 때에도 간단하
게나마 한국에서 일반적으로 행해지는 행사를 여러 가지로 궁리해서 행하
고 있었다.[6] 부친을 잃은 어느 남성 구성원을 위해서 제사를 지낸 적도
있었다. 또한 어버이날에는 단장을 비롯한 중년의 구성원에게 어린이 구
성원들이 가슴에 꽃을 달아드렸다. 이와 같이 가족적인 행사가 이것저것
받아들여져, 이것에 의해서 구성원끼리가 서로 '가족'적인 관계를 쌓아 가
는 것이다.

이 밖에도 예전에는 한 장소에서의 공연이 끝날 때마다 당연히 뒤풀이
가 있었던 것 같고, 조사 중의 D서커스단에서도 그러한 뒤풀이가 두 번
있었다. 또한 이 행사도 조사 중에는 두 번밖에 행해지지 않았지만, 예전

---

6) 서커스단에서도 이처럼 일반적인 한국 사회의 관습을 도입하고 있지만, 의례 자체는
   간소하게 행해지고 있다. 추석이나 구정 때, 일반 가정에서는 떡국 이외에도 특별한
   요리를 준비하지만, 서커스에서는 떡국뿐으로 분위기를 맛보는 데에 그치는 일이
   대부분이었다. 또한 구성원의 생일은 미리 취사 담당에게 말해 두면, 생일에 습관적
   으로 먹는 미역국을 곁들여 주었다.

에는 한 장소마다 극장 안에서의 무사고를 기원하는 고사를 지내고 있었다. 연말에는 망년회도 열렸다. 이와 같은 연중행사를 통해 서로 관계가 깊어지게 된다.

(3) '가족'이라는 말

서커스를 하나의 가족이라고 파악하는 경향이 있다. 이것은 한국의 서커스단에서도 서커스의 각 단체를 '집'이라고 하고, 그 단체의 구성원을 '식구'라고 표현하는 것에서부터도 알 수 있다. 이런 까닭으로, 한국의 서커스단에서 자주 사용하는 '집'과 '식구'라는 말이 어떠한 의미로 사용되고 있는지를 살펴보기로 한다.

우선, '집'에 대해서 인류학자인 이토 아비토伊藤亜人는 다음과 같이 기술하고 있다. "거주, 생산, 소비의 생활 단위로 하는 생활공간을 일반적으로 '집'이라고 부르고" 있지만, "어떤 의미에서는 매우 폐쇄적인 생활공간을 이루고 있다."[伊藤 1977:285]. 또한 인류학자인 이광규李光奎는 '집'과 '가족'을 비교하여 "민족 기록학적 입장에서 보면 한국의 '가족'이라는 말은 하나의 학술용어이며, 일반적으로 널리 일상어로서 사용되고 있는 것은 가족보다 이른바 '집'이라고 하는 용어이다."라고 말하고 있으며, 더 나아가 '집'이라고 하는 개념에 대해 "가족구성원, 가족구성원이 생활하는 거주지, 건물, 생활 공동체로서의 가족, 그 이외에 가족의 범위를 초월하여 동족, 친척까지 포함하는 경우가 있다."[李光奎 1975:29]라고 기술하고 있다.

사회학자인 최재석崔在錫에 의하면, "집이라는 말은 건물을 의미하는 것 외에, (1) 현실의 가족 집단, (2) 과거에서 미래에 이르는 관념적인 가족 집단, (3) 동족 집단의 의미를 내포하고 있다."[崔在錫 1977:51-52]라고 한다.

'집'에 대해서 정리하자면, '집'이란 거주를 목적으로 한 생활 장소를 비롯해, 가족 구성원 혹은 거기에 준하는 매우 긴밀한 관계에 있는 집단을 가리키는 말이라고 할 수 있다.

다음은 '식구'라는 개념에 대한 이광규[1975 : 33]의 견해를 정리하면, '식구'란 일반적으로 통용되는 일상어이며, '우리 집 식구'나, '그 집은 식구가 많다' 등처럼 사용된다. '식구'는 한 '집' 안에 같이 살면서 식사를 같이 하는 사람을 지칭하는 것이므로, 구체적으로 가족의 구성원을 말한다. 그러나 '식구'라는 개념은 구성원의 성립 관계 등을 내포하는 것이 아니며, 그런 의미에서 학술용어라기보다는 일상적인 용어라고 할 수 있다. '가족'이라는 말과 대비하면, "'가족'은 사회적으로 공인된 부부관계와 부모, 자녀, 그리고 부모를 중심으로 한 형제자매의 관계, 즉 혈연관계를 갖고 있으며, 한 울타리 안 또는 한 지붕 밑의 공동 주거와 공동 경제생활을 영위하는 집단"[李光奎 외 1983 : 53] 인 것에 비해, "'식구'라는 말은 가족의 구성원만을 지칭하는 것으로 가족과는 구별되는 개념"[李光奎 외 1983 : 52]이다.

'식구'에 대해서 정리하자면, '식구'는 일반적으로 가족을 가리킬 때도 많지만, 엄밀하게는 '가족'과 달리 반드시 혈연관계로 제한되지 않고, 세대를 구성하는 사람들이라고 할 수 있다. 즉, '집' 안에서 공동생활을 하는 구성원을 가리키고 있다.

구체적으로 한국 서커스에서 이야기할 때 '집'과 '식구'는, A서커스단으로 옮기는 것을 'A집으로 간다'고 하고, B서커스단으로부터 옮겨 오는 것을 'B집으로부터 왔다'고 표현하거나, 현재 C서커스단의 구성원인 것을 '지금은 C집 식구다', 자신이 있는 서커스단의 구성원이 20명인 것을 '우리 식구는 20명이다'라는 식으로 표현한다.

또한 조사 중에도 '우리들은 가족이니까 사양하지 말라'든가, '우리들은 가족이니까 어려움에 처했을 때는 뭐든지 말하라'는 식의 말을 자주 들었다. 한국 서커스단에서는 이 밖에도 '우리들은 가족이야'라는 말을 자주 사용하고 있었다. 이러한 쓰임으로 보면, '가족'이란 말은 혈연적인 관계를 가진 '집'의 구성원을 상정해서 사용되고 있음에 틀림없다. 다양한 장면에서 이러한 용어들을 사용함으로써 사용한 측과 사용된 측 쌍방이 서커스단은 '가족과 같은 곳이야'라고 재인식하고, 상호 연대 의식을 강하게 갖게 되는 것이다.

이러한 것에 가세하여 단장을 '오야지'라고[7] 부르는 것도 특징 중의 하나이다. 오야지 외에도, 단장을 한국어로 '아버지'라고 부르는 구성원도 있었다.[8] 참고로, 단장 부인은 '혼부어머니본부의 엄마'이다. 이러한 습관들도 한국 서커스의 가족 의식을 높이는데 도움이 되고 있음은 말할 필요도 없다.

(4) 집단으로서의 '단합'

집단 내의 결속력도 집단 외부를 상정함으로써 보다 더 강한 연대감을 만들어 내고, 외부로부터 간섭을 받았을 때, 이 결속력을 가지고 문제를 해결하려고 한다. 이러한 결속력을 만들어 내는 데에는 전술한 내용 같은 것이 영향을 주고 있지만, 행동 패턴으로서는 다음과 같은 것을 들 수 있다.

공연 직전이 되면 다양한 잡무로 쫓긴다. 예를 들어 선전 광고지의 우송이나, 길거리에서의 광고지 배포 등이 그 하나이다. 이것은 담당을 맡은

---

7) 역주: 오야지(おやじ)란 '아버지'를 뜻하며, 서민적이고 친근감 있는 표현이다.
8) '오야지'와 '아버지'는 전자가 연령에 관계없이 사용되던 것에 반해, 후자는 실제 연령 차이가 부모와 자식만큼 나는 젊은 구성원이 사용하는 경향이 있었다. 또한 단체생활이 긴 사람은 대부분 '오야지'라는 말을 사용했다.

사람이 있지만, 도저히 혼자서 할 수 없는 일이라는 것은 구성원 전원이 알고 있다. 선전은 손님을 모으기 위해서 하는 것이며, 수익을 올리기 위해서는 귀찮아도 필요한 일임을 인정하고 있다. 그러나 선전의 준비는 작업 이외의 시간에 구성원이 전원 참가하여 광고지를 봉투에 넣거나 광고지를 나눠주러 나가야 한다. 구성원으로서는 고야가케 작업으로 바쁜데다가, 원래 본인 담당이 아닌 일을 위해서 동원된다는 의식을 갖는 것이 보통이다. 그러나 그러한 이유로 돕지 않는다는 것은 비난의 대상이 된다. 결과적으로 비난은 집단에게 단합을 강요하고, 공동 작업을 수행시키고 있었던 것이다.

서커스의 구성원끼리는 자주 집단행동을 취하고 있었다. 그 한 가지 이유로는 달리 연락을 할 상대도 없고, 다른 직업에 종사하는 친구가 있더라도 자유 시간을 맞추기 어려운 점 등을 들 수 있다. 그래서 작업 기간 중의 점심식사 후에는 몇 명이 함께 스포츠를 즐기거나 근처의 강에서 낚시를 하며 즐기는 경우가 많았다. 또한 갑작스런 공연 중단으로 시간이 비었을 때는 왜건으로 절을 둘러보러 나가기도 하였다. 평상시에는 3~4명이 함께 번화가로 몰려나가는 경우가 많았고, 공연 후에는 몇 명이 떼 지어 술집이나 가라오케로 가는 경우가 많았다.

더 나아가 집단에서 생활하고 있다는 이유로 단내에서만 특정한 것이 유행하는 경향이 강하였다. 예를 들면, 어느 곡예사가 자전거를 구입하면, 거기에 이끌려 몇 명이 자전거를 구입한 적이 있었다. 또한 휴대전화도 생활상의 편리함도 있었지만, 두세 사람이 구입한 것을 계기로, 당시 판매하기 시작한 휴대전화를 10명 정도가 샀다. 이와 같이 유행이 상품인 경우도 있지만, 말이나 놀이이기도 한다. 일반적으로 이러한 유행들은 공연 장소가 바뀔 때마다 끝나는 일이 많았다.

이 밖에 집단의 단합을 느끼게 하는 것으로서 소지품의 공유를 들고 싶다. 서커스에서는 구성원들끼리 자기의 소유물과 타인의 소유물이 공유되는 경향이 있다. 그만큼 물건의 소유에 집착이 없다고 할 수도 있지만, 비교적 친밀한 인간관계에 있는 사람들끼리는 소유자와 관계없이 특정 물건이 공유되는 것은 한국 사회에서 일반적으로 볼 수 있는 현상이다. 따라서 서커스도 그 예외는 아니라고 말할 수 있지만, 공유의 대상이 되는 범위가 약간 넓다고 느껴지는 경우가 많았다. 일상생활 용품이나 의류는 물론, 양말이나 셔츠를 비롯하여 속옷류나 휴대전화까지가 공유되는 일이 있었다. 휴대전화에 관해서는 아직 일반적으로 보급되어 있지 않았던 당시의 사회 상황도 있었지만, 휴대전화의 소유자보다 주위 사람이 계속하여 사용하기 때문에 소유자가 전화를 쓸 수 없었던 적도 있었다.

또한 개인의 사유물도 필요 없게 되면 서커스단 내에서 재사용되는 일이 많아, 휴대전화나 고야스미 텐트까지도 그 대상이 되었다. 물론, 이러한 소지품을 빌려주는 일은 가지고 도망가는 일이 많은 서커스단에서는 경계되기도 하였다. 그렇지만 같은 '식구'가 어려움에 처해 있는데 왜 돕지 않는가라는 비난으로도 이어지기 때문에 빌려주고 빌리는 일이 쉽게 이루어진다. 물론 이렇게 강제적으로 빌려주는 것 외에도, 자발적인 동료의식으로 빌려주는 일도 많았다. 어찌 되었건 이렇게 빌려주고 빌리는 행위를 통해서 서로 서로 돕는다는 의식이 생긴다는 것은 확실하고, 이것에 의해서 구성원끼리 보다 더 친밀한 단합을 이루고 있었던 측면은 간과할 수 없다.

이동생활에
따르는
의식과 유동성

제4장

4.1. 의식과 행동 패턴

본 장에서는 조사 중에 볼 수 있었던 구성원의 의식이나 행동 패턴에 대해 기술하기로 한다. 다음에 언급하는 몇몇 항목은 토목 작업원 등 육체 노동에 종사하는 사람들에게도 해당되기도 하여, 반드시 서커스단에게서만 특별히 볼 수 있는 경향이라고 할 수 없는 것도 포함된다. 그러나 후술할 내용은 한국에서 이동을 반복하는 서커스와 그것을 둘러싼 일반 한국 사회를 비교했을 경우, 한국 서커스에서 특징적으로 볼 수 있는 사항이며, 그것이 서커스라는 직업과 관계가 있다고 판단되는 사항이다. 이러한 것보다도 서커스라는 직업이 가지는 특질과의 관련성에 주목하면서 소개해 나가도록 하겠다.

4.1.1. 구성원과 고독감

(1) 고독을 느끼는 요인

개인 레벨에서 보면, 집단이라는 것에서 느껴지는 이미지와는 반대로 고독을 느끼고 있다. 어느 인기 곡예사는 어릴 적부터 서커스단에서 생활하고 있어서 서커스에 아는 사람이 많이 있음에도 불구하고, "진심으로 친구라고 부를 수 있는 상대가 없다."고 했다. 또한 어느 40대 구성원은 "함께 놀 상대도 없고, 아주 따분하다."고 했다. 이 밖에도 "저 녀석은 친구가 많이 있는 것처럼 말하지만, 사실 그렇게 친한 친구는 없어, 다 거짓말이야."라는 이야기가 들리는 등, 어떤 형태로든 고독감을 갖고 있는 구성원이 많았다.

이러한 증언을 토대로, 서커스의 구성원은 고독을 느끼고 있고, 서커스단과 관계된 이외의 사람들은 고독을 느끼지 않는다고 주장하는 것은 아니다. 구조적인 관점에서 보면 때로는 대가족을 연상시키는 서커스단을 구성하는 사람들의 고독감이 어디에 기인하고 있는지, 또 그것은 서커스의 구성원 개개인의 의식이나 행동 패턴에 어떻게 반영되고 있는지에 대해서 살펴보기로 한다.

이러한 고독감은 각각의 구성원의 입단 경위에 기인하는 것이 많은 것 같다. 구성원을 입단 경위에 따라서 분류하면, 유년기, 소년기, 청/장년기의 입단 그룹으로 나누어 생각할 수 있다.

유년기에 입단한 그룹인 경우, 원래 부모님이 서커스단에 소속해 있었거나, 혹은 유년기에 데려다 키워진 경우가 대부분이었다. 전자인 경우는 물론, 특히 후자인 경우는 연령이나 생일조차도 모르는 사람이 적지 않고, 가족이 없기도 하기 때문에 지인은 자연스럽게 서커스 내부의 사람이 된다. 소년기에 입단한 그룹인 경우, 대부분 서커스에 입단하는 시점에서 가족이나 친족과 같은 주변 사람들과 어떤 충돌이 있어, 주변 인간관계를 끊고 입단한 사람이 대부분이었다. 그 때문에 이 그룹도 필연적으로 지인은 서커스 안으로 좁혀진다. 청/장년기에 입단한 그룹은 일시적인 생활 수단으로서 서커스단에 몸을 두는 경우가 일반적이었다. 여기서 그들은 외부와의 연결을 유지하고 있는 사람도 있지만, 대부분은 어쩔 수 없는 사정으로 도망쳐 온 사람이 많고, 따라서 일단 외부와의 관계를 끊고 입단하게 된다. 그래서 서커스단의 내부에도 외부에도 지인이 없는 사람이 많았다.

이와 같이 보면, 한국의 서커스에서는 대체로 외부와의 연결을 갖고 있는 구성원이 존재하지 않는다는 것을 알 수 있다. 외부의 시선으로는 집단으로서 가족처럼 강한 결속력을 갖고 있는 것처럼 보이는 서커스단도, 내부에서 개개인에게 초점을 맞춰 보면, 기본 단위인 가족이나 친족과의 연결마저도 없는 홀로 떨어진 개인으로 집단이 구성되어 있음을 알 수 있다. 그들이 토로하는 고독감이 여기에 기인하고 있다는 것은 충분히 짐작할 수 있다.

(2) 남의 시선을 끄는 행동에서 볼 수 있는 의식

단체생활을 오래 경험한 젊은 구성원들은 전체적으로 남의 시선을 끄는 행동을 하고 싶어 하는 경향이 보였다. 예를 들면, 고야가케 작업을 하면서 높은 아시바 위에서 큰 소리로 외치거나, 우연히 여성이 지나가면 말을 거는 식의 행동을 자주 볼 수 있었다. 때로는 통행인이 있다는 것을 예상하고, 아시바 위에서 간단한 곡예를 보인 적도 있었다.

또한 젊은 곡예사들이 다 모여서 머리에 형광 도료 같은 것을 바르거나 머리카락 색을 탈색한 적이 있었다. 요즘이야말로 이것들은 일반 젊은이들에게서 볼 수 있는 패션이지만, 당시는 그 자체가 드물었다. 이 밖에도 머리를 다양한 모양으로 밀거나 당시의 한국 사회에서는 일반적이지 않은 행동을 취하는 경우가 많았다.

평상시에는 서커스에서 일한다는 것이 지인이나 친구에게 알려지는 것을 원치 않는 서커스단의 구성원들이 취하는 행동으로서는 모순되는 것처럼 이해된다. 그러나 한편으로 낯선 통행인들의 시선을 끄는 행동을 하고 싶어 하는 배경에는 평소 갖고 있는 고독감의 반동으로서, 주목 받고 싶다는 욕구가 작용하고 있다고 해석해도 지장이 없을 듯하다.

(3) 단독행동에서 볼 수 있는 의식

일 년 내내 집단생활을 계속하는 서커스단의 구성원들도 전혀 집단에서 떠나지 않는 것은 아니다. 때로는 집단으로부터 거리를 둔 행동이나, 혼자 있는 시간을 적극적으로 확보하려고 하는 등, 개인적인 것을 지키려고 하는 측면도 강하게 나타났다. 이러한 행동들은 공동 작업에 영향을 준다거나 하는 서커스단 전체의 불이익으로 연결되지 않는 한, 특별히 추궁 당하는 일은 없었다.

예를 들면, 단체생활이 긴 어느 구성원은 평소에는 다른 구성원과 함께 행동을 취해도, 잘 때는 혼자서 차분하게 자고 싶다며 고야스미에서 혼자 혹은 가족과 함께 자는 일이 대부분이었다. 또한 바코시 때에는 서커스단의 경비로 여관을 빌려 3~4명이 한 방에서 숙박하게 되지만, 그 구성원은 자신이 숙박 요금을 지불하고 개인적으로 방을 빌렸다.

또한 그 구성원뿐만 아니라, 평상시는 집단행동을 취해도, 때로는 다른 구성원에게는 비밀로 하고 단독행동을 하거나 어디선가 외박을 하고 들어

오는 일도 자주 있었다.

단독행동이 아니고, 극히 제한된 몇 명만이 행동을 취할 때에도, 다른 구성원에게는 비밀이라는 전제로 행동을 취할 때가 많았다. 예를 들면, 평상시는 친하게 지내도 술집에 갈 때만은 그 중 어느 구성원에게는 비밀로 하고 다른 동료를 불러내어 몰래 번화가로 가는 일 등이다. 한편, 개인적으로 하고 싶은 행동도 인원수가 너무 많을 때에는 일부러 특정한 몇 명만으로 행동을 취하는 일이 있었다. 예를 들면, 개인의 고야스미 텐트에서 요리를 배달시켜 먹는 경우, 동료를 부르면 끝이 없기 때문에, 일부러 아무에게도 알리지 않거나, 한두 사람밖에 얘기하지 않거나 한다.

서커스단 내에서는 물론 '가족'이 연출되는 경우도 많다. 그러나 이러한 행동을 보면 반드시 그렇지도 않다는 것을 알 수 있다. 오히려 이와 같은 행동들은 평상시의 우리의 행동과 그다지 다르지 않다고 할 수 있다. 여기에서 볼 수 있었던 행동 패턴은 우리가 일반적으로 서커스가 '가족'적인 분위기를 갖고 있다고 파악하는 것과는 반대의 이미지로 파악해야 할 필요성이 있는 점을 시사하고 있다.

4.1.2. 남녀관계에서 볼 수 있는 행동 패턴

서커스에서는 젊은 남녀가 일 년 내내 같은 천막 밑에서 단체행동을 하기 때문에, 구성원끼리의 연애도 흔하고, 결혼에 이르는 일도 비교적 많을 것으로 생각된다. 이는 서커스단을 집단으로서 파악했을 경우, 여성 구성원이 외부 세계에 있는 남성과의 혼인을 위해서 집단을 떠나, 집단 규모를 축소시키는 일이 없기 때문에 바람직한 일이라고 할 수 있을지도 모른다. 그러나 그 때문에 발생되는 문제도 간과할 수 없다.

예를 들면, 어느 여성이 과거에 사귀었던 연인과 헤어지고 다른 구성원과 결혼했기 때문에, 서커스의 구성원으로서 가끔 얼굴을 맞대는 예전의 남성과 현재의 남편과의 관계가 거북해지는 경우가 있었다.

또한 서커스단 내에서의 과거의 남녀관계가 현재의 부부관계를 뒤틀리게 한 적도 있었다. 조사 중에 일어났던 것으로는, 가족이 함께 서커스 생활을 하고 있는 어느 남성 구성원에게 과거에 연인이었던 여성이 찾아왔기 때문에, 아내인 여성 구성원이 서커스단을 뛰쳐나갔던 적이 있었다. 이때는 그 아내의 상담역이었던 다른 여성 구성원을 비롯해 구성원 몇 명이 말려들어 갔지만, 며칠 후 부부관계는 표면상으로는 해결되었다.

또한 D서커스단에는 특히 젊은 남성 구성원이 많기 때문인지, 외부 세계에 있는 불특정 여성들을 향한 적극적인 행동을 자주 볼 수 있었다. 서커스의 공연을 보러 온 여성에게 휴대전화 번호를 쓴 종이를 건네주고 데이트 약속을 하거나, 마음에 든 여성에게 말을 걸어 서커스 공연에 무료로 초대하고 찻집에서 만나는 경우도 매우 자주 볼 수 있었다.

또한 한국의 찻집 중에서도 특히 지방도시에서는 여성이 접객을 하는 곳이 제법 많은데, 좋아하는 타입의 여성이 일하는 찻집이나 술집에 자주 다니며, 그 여성을 꼬드기는 장면은 공연지에서마다 볼 수 있었다. 서커스 공연에 부르거나 공연이 끝나고 나서 데이트를 즐기는 등, 관계를 발전시킨 경우도 꽤 볼 수 있었다.

이와 같은 경향은 특히 젊은 구성원에게서만 볼 수 있는 행동 패턴이라고 말할 수는 없다. 연령을 불문하고, 서커스 구성원이 공연지마다 여성을 바꾸는 사례를 많이 볼 수 있었다.

4.1.3. 금전관계에서 볼 수 있는 행동 패턴

(1) 금전에 의한 사물의 처리

서커스의 구성원들은 일반적으로 현금을 비롯해 즉물적인 수단으로 사물을 해결하고 있었다. 이것은 개인 간의 문제뿐만 아니라 교섭 상대가 집단일 때도 동일한 수단이 이용되었다. 예를 들면, 공연에 앞서 경찰서나 그 외 각 관공서에는 공연 중에 발생할 문제에 대비하여, 이 경우에는 현금이 아닌 무료 초대권이 배부된다. 또한 서커스의 구성원이 어떤 위반으로 추궁 당하는 때에는 무료 초대권을 추가하는 등, 대범하게 대처한다.

이 밖에도, 예를 들어 선전용의 할인권에 기재된 전화번호가 잘못되어 일반 가정에 폐를 끼친 일이나, 어느 구성원이 선전용의 할인권을 한 장소에서 대량으로 파기한 일이 마을 반상회에서 문제가 된 일 등, 지역 주민과의 사이에 무슨 문제가 발생했을 경우에도 모두 무료 초대권으로 해결했다.

그리고 단장과 구성원 간의 문제나, 구성원들이 맡은 역할 이외에 하게 된 노동에 대해서 현금으로 해결하는 일이 보통이었다. 구성원들도 무슨 불편한 일이 생기면, 단장에게 그 개선을 요구하기 보다는 현금으로 대가를 요구하는 경향이 있었다. 이러한 경향은 구성원들 사이에서도 자주 볼 수 있었고, 심부름이나 부탁할 것, 간단한 청소에 대해서도 그 보수로 현금을 주는 일이 많았다.

(2) 일상적으로 하는 도박

도박은 연령에 관계없이 좋아하고, 잠깐이라도 시간적으로 여유가 생기면 바로 도박에 빠져드는 경향이 보였다. 일반적으로 한국 사회에서는 도박을 좋아하는 경향이 있지만, 서커스에서는 보다 종류도 다양하고, 그때 그때의 시간이나 사용할 수 있는 공간, 마침 함께 자리한 사람 수에 따라서 행해진 점 등을 생각해보면, 일반 한국 사회보다 도박을 하는 횟수가 훨씬 많다.

도박을 좋아하는 이유로는 금전에 관한 감각의 차이를 생각할 수 있다. 그러나 이 밖에도 큰 요인으로서 일당 등을 직접 건네받기 때문에 항상 수중에 현금이 있는데다가, 구성원들은 취미가 별로 없다는 점, 또한 이러한 환경에서 남는 시간을 때우는 방법으로 도박이 습관화되고 있었다는 점 등을 들 수가 있다.

예를 들면, 갑작스런 공연의 중단이나, 고야가케 작업 중에 비가 와서 갑자기 시간적인 여유가 생겼을 때에도, 특별히 할 일이 없다고 도박을 하며 시간을 때우는 일이 대부분이었다. 특히 단체생활이 긴 구성원에게서 이런 경향이 보인 것은 어릴 적부터 시간이 있을 때는 주변 사람들이 도박을 즐기는 환경에서 성장하여, 거의 여가가 없는 생활을 계속해 왔기 때문이라고 할 수 있다. 특히 겨울철에 모든 구성원에게 2~3일간의 휴가가 주어졌을 때에도, 휴가 기간을 이용해 잠시도 쉬지 않고 도박에 빠져든 사람들이 꽤 있었다. 그 이유를 물으니, 이것 외에 특별이 할 일이 없다는 대답이 돌아왔다.

도박으로 쓰이는 금액은 하루에 한 달 급여액 이상의 돈이 움직이는 일도 드물지 않았고, 지불도 정확하게 이루어지는 것 같았다.

(3) 금전의 사용법과 허영
곡예사에게서 볼 수 있는 경향으로서 금전의 사용법이 화끈한 것을 들 수 있다. 도박의 사례에서 볼 수 있었던 것뿐만 아니라, 하룻밤의 유흥비로 월급의 절반에 상당하는 금액을 쓰는 일도 드물지 않았다. 서커스단의 급료는 1개월 단위로 모두 현금으로 지불된다. 이 때문에 저축에 관심이 없는 젊은 곡예사들은 한 달 급료 분을 현금으로 가지고 다니게 된다. 이러한 실정이 금전의 사용법을 화끈하게 만들기도 한다.

금전의 사용법은 허영에도 연결된다. 돈 씀씀이를 어떻게 하면 좋게 보일까에 가치를 두기도 한다. 예를 들면, 어느 남성 구성원의 경우는 독신이었을 때는 돈 씀씀이가 좋았는데, 결혼하고 나서는 돈 씀씀이가 나빠졌다는 말을 들었다. 그리고 이것에 대해 주변 사람들은 '사람이 쩨쩨해졌다'라는 부정적인 평가를 내렸다. 즉, 여기에서는 '돈 씀씀이가 좋다', '쩨쩨하지 않다'라는 것이 사람을 판단하는 하나의 가치 기준으로서 작용하고 있는 것이다.

그래서 얼마나 고가인 것을 구입했는가가 자랑거리가 되고, 사회적 지위를 얻는 기회가 되는 경향이 보였다. 이 때문에 명품을 선호하게 되고 그것으로 허영을 떤다. 물론, 구입한 물건을 사람들에게 자랑스럽게 보여주고 가격을 공표하며 으스댄다.

이때 다른 구성원에게 금액을 속이고, 사뭇 고가의 물건을 구입한 것처럼 허세를 부리는 일도 적지 않았다. 예를 들면, 서울의 시장에서 물건 몇 개를 구입한 40대 구성원은 서커스에 돌아와서 40만원의 휴대 전화를 80만원에, 만원의 벨트를 2만원에, 3만원의 시계를 10만원에 구입했다고 했다. 다만 금액을 속인다고 해도 서로 허세를 부리고 있다는 것을 묵인하면서 이야기를 주고받는다.

이와 같은 경향은 특히 수입이 많은 곡예사나, '와리'를 가지고 있는 구성원들에게서 볼 수 있었다. 그러나 이것은 결코 잡무 담당자가 이러한 금전의 씀씀이에 대해 무관심해서가 아니다. 그들도 임시 수입이 들어왔을 때에는 곡예사와 비슷한 금전 씀씀이를 보였다. 여기에서 예를 든 경향도 대체적으로 구성원 전원에게 해당하는 행동 패턴이라고 할 수 있다.

4.1.4. 자기중심적인 행동 패턴

조사 중에 서커스단 구성원들이 취한 행동에서는 어떠한 일에서도 자신을 우선적으로 생각하는 경향이 강하게 나타났다. 공공물이나 타인의 소유물에 대한 손해도 그대로 방치해 두는 경우가 대부분이었다. 물론, 타인의 자동차에 손상을 주어도 모르는 체하는 것은 지역이나 생활 형태를 불문하고, 때로는 일반적으로 볼 수 있는 행동 패턴이라고 할 수 있다. 그러나 조사 중에는 비록 그 손해의 책임이 명백한 경우에도 그것이 문제시 될 때까지 은폐해 두려는 경향이 보였다. 이것은 이동집단의 경우, 이동해 버리면 책임을 추궁 당하지 않는다는 것을 염두에 둔 행동이라고 간주할 수 있다.

예를 들면, 서커스 공연 때 극장에 인접한 개인 소유의 논밭이 무단으로 사용되고 그대로 방치된 경우가 두 번 정도 있었다. 또한 작업 기간 중에 임대 토지 이외의 주변의 토지는 말을 묶어 두는 장소로 사용하는 일이 많았는데, 소유자로부터 불평이 없는 한, 말의 배설물도 그대로 방치해 두는 일이 많았다. 이와 같이 극장을 세울 때에 발생한 주변 공공물의 파손도 그대로 방치했다.

서커스단의 소유물이 사유화 되는 일은 일상적이며, 말이나 원숭이의 사료가 되는 감자나 당근 등도 구성원들의 간식이 되어 버리는 경우도 자주 있었다. 또한 서커스단 소유의 시트나 그 밖의 다른 비품도 개인의 것으로 사용하는 일이 많았다. 이러한 소유물의 혼동은 한국 사회에서 일반적으로 볼 수 있는 일이라고 할 수도 있겠지만, 오랫동안 집단생활을 계속하고 있는 점도 하나의 요인이라고 생각할 수 있다. 더구나 식사를 비롯하여 개인의 생활에 관련된 모든 것을 서커스단에서 조달하고 있다는 점도 집단의 소유물과 개인에게 주어지는 것과의 구별을 애매하게 하는 원인이 된다.

서커스단의 구성원들 사이에서도 항상 자신을 우선시키는 경향이 있었다. 개수가 한정된 물건에 대해서도 평등한 분배가 이루어지는 일은 거의 없었다. 예를 들면, 과자류가 선물로 들어왔을 때에도, 먼저 손에 넣은 사람이 할당 개수 이상으로 가져가거나, 현상해서 인화한 사진의 샘플 중에서 나중에 사진을 볼 사람은 생각해 주지 않고, 제각기 마음에 든 사진만을 빼내는 일이 있었다. 이러한 경향은 취사 담당이 인원수만큼 준비를 한 반찬에 이르기까지, 극장 내 생활 전반에 걸쳐 볼 수 있었다.

무엇인가 의뢰를 할 때도 다른 구성원의 사정은 제쳐놓고, 자신의 의뢰만을 우선하도록 부탁하는 일이 많았다. 일에 있어서도 공연 기간 중이나 작업 기간 중을 불문하고, 개인적으로 고통을 느끼면 분담된 작업조차 무단으로 포기하고, 거기에 따른 다른 구성원의 부담 증가에 대해서는 관심을 두지 않았다. 이 밖에도 자기 자신에게 이득이 되면 그걸로 괜찮다는 의식이 말과 행동에서 다양하게 나타났다.

그 때문인지, 일반적으로 일에 대해서는 열심이지 않았다. 이것은 단체생활의 경험이 길고 짧음에 관계없이 볼 수 있었다. 공연 중에 안전그물을 올리는 작업을 돕지 않거나, 고야가케 작업 중에 작업의 집합 시간을 지키지 않거나, 작업 중에 현장을 빠져나가 무단으로 쉬는 등 다양했다. 중년의 구성원보다 젊은 구성원들에게서는 어떻게 하면 일은 대충 하면서 보수를 많이 받을까만 신경을 쓰는 사람을 상당수 볼 수 있었다. 이것과 관련해서 자기 자신 이외의 구성원을 지칭하여 단장이 있을 때에만 열심히 작업을 한다는 비난도 자주 하였다.

이와 같은 양상으로, 책임자의 직책에 있는 사람들에게서도 강한 책임 감은 그다지 볼 수 없었다. 이것은 시대에 따라서 또한 개인에 따라서 다르다고 생각할 수 있는데, 예를 들면, 고야가케 작업 중에 책임자가 고야 스미에서 선잠을 자거나, 다른 서커스단으로부터 지인이 찾아왔을 때에는 다른 구성원에게 작업을 맡기고 도박을 한 적도 있었다. 광고지 배포 선전 을 맡은 중년의 책임자도 배포해야 할 광고지를 소각해 버리고, 단장에게 는 광고지를 배포했다고 보고하는 등의 행위도 볼 수 있었다.

자신의 이익을 우선시 하는 행동 패턴은 서커스단의 공연에도 영향을 미친다. 보통 구성원의 가족이나 지인은 단장의 허가 없이도 무료로 입장 시키는데, 이 밖에도 사적인 거래로 타인을 무료로 입장시키는 일이 있었 다. 또한 무료 초대권이 개인의 이익을 위해서 무단으로 매매된 경우도 자주 볼 수 있었다.

서커스단 내에서는 도둑질이나 금품을 가지고 도망가는 일 등도 자주 볼 수 있었다. 고야스미에 잘 챙겨둔 기호품이 무단으로 없어지는 경우뿐 만 아니라, 금품이 분실되는 일도 자주 있었다. 또한 서커스에서 떠날 때 주위의 구성원으로부터 금품을 빌린 채 갚지 않고 도망간 경우도, 특히 서커스를 일시적인 생활 수단으로 하고 있는 구성원이나, 딱히 갈 곳이 없어 입단한 잡무 담당자에게서 자주 볼 수 있었다. 보통 탈퇴할 때는 그 누구에게도 사정을 알리지 않고 무단으로 서커스를 떠난다. 그렇기 때문 에 주위의 구성원은 그 구성원이 탈퇴한 것을 모르는 경우가 많고, 이러한 절도나 물건을 가지고 도망가는 일이 발생하기 쉽다.

4.1.5. 생활양식으로부터 오는 의식

서커스단 구성원의 의식이나 행동 패턴은 이동생활을 반복하는 것에 기인한다고 생각한다. 여기에서는 이러한 의식이나 행동 패턴을 몇 가지 살펴보도록 하겠다.

(1) 단기적인 물건의 취급 방법

말할 필요도 없이, 이동생활에서는 가능한 한 짐을 줄이는 것이 이동에 편리하기 때문에, 필요에 따라 교체하는 수단은 유효하다. 이러한 생활환경에 처해 있기 때문인지, 일반적으로 서커스단 구성원들 사이에서도 소지품을 오랫동안 쓰려는 행동은 별로 볼 수 없었다.

소유자뿐만 아니라, 서커스단에서는 소유물을 함부로 다루는 일이 많았다. 예를 들면, 천막 시트에 고인 빗물을 제거해야 할 때에는 칼로 시트를 찢어 버리는 경우가 많았다. 이 때문에 일정기간 사용한 시트에는 온통 찢어진 자국이 남아 있는 것처럼, 그때뿐인 대처 방법을 취하였다. 화장실 주위에 둘러치는 판자를 만드는 방법이나, 극장을 둘러싸는 함석판의 설치 방법도 이와 같았다. 그때그때의 임시방편적인 방법을 취하기 때문에 장기간에 걸쳐 사용하지 못하는 경우가 많았다.

바코시 작업의 짐을 실을 때에도 대도구나 소도구, 텐트나 시트를 함부로 다루어서 이때 꼭 비품이 파손되었다. 개인의 소유물에 관해서도 이런 식으로 취급하여 아직 사용할 수 있는 소지품일지라도 조금이라도 불필요하게 느껴지면 바코시 때 버리고 갔다. 트럼프나 화투 등은 장소마다 버리고 이동한 곳에서 새로 구입하였다. 또한 봄철의 바코시에서는 전기스토브나 가스스토브, 이불도 조금 더러우면 처분하였고, 가을철의 바코시에서는 선풍기 등을 처분하였다. 그리고 다음 해까지 서커스단에 남아 있더라도 각각 필요한 때에 다시 새롭게 구입하였다.

기본적으로 물건은 사서 바꾸면 된다는 생각을 가지고 있어서, 텔레비전이나 카세트플레이어와 같은 가정용 전자제품도 비교적 난폭하게 다루었다. 또한 바코시 때 파손되더라도 그 소지품에 대한 애착심은 그다지 볼 수 없었다.

(2) 이동에 들이는 시간 감각

당시 한국의 서커스단은 자동차로 이동하였는데, 그 이동에는 서커스단 소유의 왜건 외에, 구성원 개인 소유의 왜건 등을 사용하였다. 서커스단의 구성원은 일 년 내내 자동차로 이동을 반복하는 생활을 하고 있기 때문인지, 이동에 들이는 시간 감각에 차이가 보였다.

예를 들면, 서커스의 공연은 23시에 끝나, 연일 공연이기 때문에 다음날에도 공연이 기다리고 있다. 그럼에도 불구하고, 공연 종료 후에 자동차를 운전해 왕복 3~4시간을 들여 자유 시간을 즐기는 일이 자주 있었다. 그들의 감각으로는 약 80km의 거리, 즉 자동차로 1시간 반에서 2시간 걸리는 이동도 일이 끝난 후에 간단하게 왕복할 수 있는 거리가 된다. 이것과 비교해서 일반 한국 사회에서는 예를 들어 매일 근무하는 사람이 퇴사 후에 일주일에 몇 번의 비율로 왕복 4시간을 들여 자유 시간을 즐긴다고 하는 이야기는 들어보지 못했다. 물론, 이동에 들이는 시간과 그 즐거움에 대한 집착 정도와의 균형으로 결정되는 것이기는 하다.

그러나 하나의 예를 소개하면, 천안시에서 공연할 때, 서울의 심야 도매시장에서 쇼핑하기 위해 천안~서울 간은 약 80km, 몇 사람이서 한밤중의 고속도로를 편도 2시간이나 들여서 일주일에 3번이나 나갔던 적이 있었다. 이

외에 아는 것만 해도, 구미에서 대구의 번화가 구미~대구 간은 약 40km 까지 고속도로나 기차로 편도 약 1시간, 울산에서 포항에 있는 다른 서커스단 공연지 울산~포항 간은 약 60km 나 부산의 번화가 울산~부산 간은 약 50km 까지 자동차로 편도 약 1시간을 들여서 가는 일이 있었다. 서울시내의 이동으로 1시간을 들여 놀러 나가는 것과는 또 다른 감각이라고 할 수 있다. 서커스 이외의 사람들에게 물어봐도 이렇게 노는 일은 거의 없다고 한다. 이동에 들이는 시간 감각, 혹은 일정한 거리가 있는 장소와 장소를 이동하는 감각에 차이가 있음은 분명하다.

이와 같은 이동에 들이는 시간 감각의 차이를 상대적으로 파악할 수 있을 것이다. 예를 들면, 자동차로 1시간 반의 거리라고 해도, 편도 1시간의 이동에 익숙하지 않은 사람이라면 자동차로 1시간 반'이나' 걸리는 거리가 되며, 편도 2시간의 이동에 익숙한 사람이라면 자동차로 1시간 반'밖에' 걸리지 않는 거리가 된다. 이 감각은 바로 장거리 이동의 습관에 의한 것이며, 이동을 별로 경험하지 않는 사람과 이동을 반복하는 사람과의 거리 감각에는 차이가 생긴다고 할 수 있다.

(3) 생활리듬과 과거의 기억 방법

인간의 생활리듬은 생활 형태에 상당한 영향을 받는다. 서커스단의 구성원에게서도 역시 특징적인 생활리듬이 보였다. 그들의 경우, 2장에서 언급한 바라시, 바코시, 고야가케와 같은 일련의 사이클에 행동이 제약된다. 또한 작업 공정이 대체로 정해져 있기 때문에, 그들도 자연스럽게 거기에 맞춘 행동을 취하게 된다. 서커스에서는 일반적으로 그들의 생활리듬도 장소 사이클 혹은 공연 단위의 생활리듬이라고 할 수 있다.

이것은 한국 사회에서 일반적인 회사에 근무하는 사람들이 주 단위의 생활리듬을 갖고 있는 것과는 다르다. 단, 아무리 서커스단에 특징적인 생활리듬이 있다고 해도, 외부 사회의 영향을 받지 않을 수 없기 때문에, 그 영향을 전혀 받지 않는 것은 아니다. 서커스에서도 주말은 많은 수입을 기대할 수 있기 때문에, 그것을 예상한 주 단위의 생활리듬도 볼 수 있다. 예를 들어 지방도시 공연에서는 공연 첫날은 많은 손님을 기대할 수 있는 주말에 맞추려 하고, 최종 공연은 주말이 끝나는 일요일로 계획하는 것이 일반적이었다. 외부 사회와 접점을 가지면서도 항상 이동을 반복하고 공연을 계속하기 때문에, 외부 사회의 사이클이 서커스의 독자적인 사이클에 겹쳐지면서 나타나는 것이다.

또한 과거의 사건을 기억하는 방법도 '장소'와 관련된다. 한국 사회에서도 대다수는 교육 기관에 다니고, 졸업 후는 회사에 근무한다. 이러한 그들이 과거에 일어난 사건을 회상할 때, 예를 들어 '초등학교 3학년 때의 사건'이라는 식으로 회상하는 것이 일반적이라고 생각된다. 과거에 일어난 2개 이상의 사건을 비교할 때, 또 다른 사건이 '중학교 1학년 때의 사건'이 되면, 거기서 비로소 전후 관계가 성립된다. 회사에 근무한 후부터는 '계장으로 승진했을 때', 일상생활이면 '둘째 아이가 태어났을 때'라는 식으로 떠올리게 된다. 이처럼 연중화 된 학교제도 내에서의 학년, 연중화 된 회사제도 내에서의 승급, 혹은 가족의 탄생이나 성장 과정으로 고쳐 표현함으로써, 사건의 전후를 자리매김해 가는 것이다. 만약 아주 최근의 사건이라면, 계절이나 달로 기억할지도 모른다.

한편 서커스의 경우, 과거에 일어난 2개 이상의 사건을 회상하고, 그들의 전후 관계를 생각해내려고 할 때, 대부분 각각의 사건을 그것이 일어난 공연지, 즉, 장소와 연결시켜 떠올린다. 그리고 각각의 장소로 움직인 순서를 더듬는 것으로써 전후가 설정된다. 예를 들면, 'A가 언제 입단했는가?'라는 질문에 대해서는 'C시에서 공연했을 때'라는 대답이 돌아온다. 'B가 언제 입단했는가?'라는 질문에는 'D시에서 공연했을 때'라고 일단 장소와 연결시킨 대답이 돌아온다. 그래서 누가 먼저인가라고 질문했을 때에는 'B가 입단했을 때에는 A가 있었다'고 직접적으로 대답하는 것 외에, C시의 공연과 D시의 공연 순서를 비교하여 대답하는 경우도 많았다. 이보다 더 오래 전의 일에 관해서는 'E시의 공연 때', 그리고 'F서커스단에 있었을 때' 등, 소속해 있던 단체의 기억이 첨가된다. 물론, 더 나아가 '결혼하기 전', '아이가 태어나기 전'이라는 식으로 기억을 더듬기도 하였다.

이동하는 집단은 항상 장소를 바꾸어 생활하기 때문에, 장소에 의거하여 기억을 더듬어간다고 생각할 수 있다. 이에 비해, 비교적 한 장소에 머무르는 집단은 장소 이외에, 예를 들어 당시의 '계급'이나 '등급' 등에 의존하여 기억을 더듬어간다고 할 수 있다.

이와 같이 이동집단에서는 당연한 이야기이지만 '장소'가 중요한 요소가 되고, D서커스단의 사례를 봐도 '장소'_{공연지}와 거기서 행해지는 공연이 생활리듬이나 과거를 기억하는 방법에 영향을 미치고 있음을 알 수 있었다.

(4) 본명과 예명

단체생활이 긴 사람은 본명과는 별도로 예명을 갖고 있는 사람이 많았다. 보통, 서커스단 내에서는 서로 예명으로 부르고, 경칭도 예명 뒤에 붙이는 것이 관례였다. 그 중에는 본명 이외에 2~3개의 이름이 있는 구성원도 있어, 상황에 따라서 구분하여 사용하기도 한다.

본명 이외의 이름을 가지는 하나의 이유로 서커스단에 입단하게 된 경위를 들 수 있다. 오늘날에는 그다지 볼 수 없지만, 서커스에 입단한 사람

중에는 부모님이 안 계시거나 혹은 수양 자식으로 맡겨졌거나, 버려진 경위로 입단한 사람들이 있었다. 이들은 서커스단에서 단체생활을 하는데 있어서 그 서커스단 단장의 양자라는 형태로 받아들여지는 것이 일반적이었다. 이때, 관습적으로 성씨는 단장의 성씨를 따르게 된다. 또한 고아로 입단한 사람 중에는 생년월일을 비롯하여 자신의 본명을 모르는 사람이 있다. 그래서 이름을 모르는 사람도 포함하여 새로운 일원으로서 그들에게 단장이 이름을 지어 주게 된다. 이름은 그렇다 치고 생년월일에 관해서는 편의상이라는 의식을 갖고 있기도 하다.

이 밖에도 서커스에 입단한 사람 중에는 외부 사회로부터 몸을 숨기기 위해서 입단하는 사람이 있었다. 그들은 특히 이름을 숨기려는 경향이 있어, 가명을 사용하거나 성씨만 밝히는 경우가 있는데, 이때는 성씨에 경칭만을 붙여서 부르기도 한다. 예를 들어 성씨가 정 씨인 중년은 '정 씨 아저씨'라고 부른다. 성씨조차 알 수 없으면, 출신지명으로 부르거나 거기에 경칭을 붙여서 부르기도 하였다.

한편, 연예인처럼 폼이 나기 때문에 예명을 붙이는 경우가 있다. 이 경우에는 예명을 붙이는 방법도 다양해서, 어감에서 느껴지는 멋짐을 우선시 하거나, 유명한 연예인으로부터 이름을 따는 사람도 있었다. 이러한 예명은 단장이 붙이기도 하였고, 또 자신의 여동생 이름을 붙인 사람도 있었다.

4.2. 구성원의 유동과 그 요인

4.2.1. 구성원의 유동성에 대하여

서커스단의 조사 중에 특히 주의를 끈 것은 구성원의 유동이 극심했다는 점이다. [자료5]는 필자의 조사기간 중에[1] 보인 구성원의 출입 상황을 간단하게 그래프화한 것이다. 이 자료로부터 조사 중의 9개월간에 60명에 가까운 구성원이 서커스단에 출입하고 있었던 것을 알 수 있다. 그러나 이 그래프에서는 5일 이내밖에 서커스에 없었던 사람은 제외하고 있어, 한 장소에서 이러한 구성원이 2~3명, 즉, 조사기간 중에 25명 정도 있었던 것을 생각해 보면, 적게 어림잡아도 9개월 동안에 약 90명에 달하는 사람들이 D서커스단과 관련되어 있었다는 것이 된다. 보통 20명에서 30명 사이에서 변동하는 D서커스단의 구성원수를 생각하면, 그 3배 이상의 인원수가 D서커스단에 관여하고 있었다는 것이 되며, 이것을 보더라도 구성원의 유동이 매우 심한 것을 알 수 있다. 이 밖에도 단체생활이 길었던 사람들이 서커스에 와서 작업을 도와주고 가는 일이 있었는데, 이런 경우 그들에 대해서도 보수가 지불되는 것이 관례였다. 일손이 부족할 때는 이미 다른 직업에 종사하고 있는 서커스 경험자를 하루에서 1주일 정도 불러오는 일이 있었다. 이러한 사람 중에는 필자가 일일이 상세히 기록할 수 없었던 사람이 다수 포함되어 있어, 이러한 사람도 구성원의 총수에 더할 경우, 서커스에 출입한 인원수는 더욱 더 증가하게 된다.

---

1) 조사기간은 이미 언급한 대로이지만, 1995년 1월 10일부터 1월 25일까지는 일시 귀국 때문에 서커스단을 떠나 있었다. 따라서 그 기간의 구성원의 출입에 대해서는 나중의 청취로 보충했다.

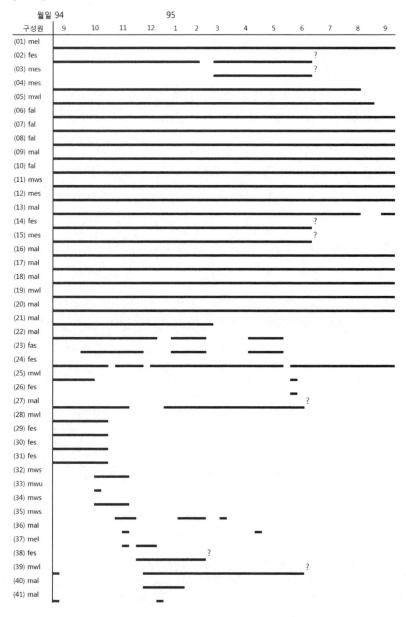

월일 94   95
구성원 9   10   11   12   1   2   3   4   5   6   7   8   9

(42) mwl
(43) mws
(44) mwu
(45) fal
(46) mwl
(47) mwl
(48) mwl
(49) mwl
(50) mwl
(51) mal
(52) feu
(53) mes
(54) mas
(55) mas
(56) mwl
(57) mal
(58) mwl
(59) mel
(60) mal
필자 mws

[구성원의 소속 기간 그래프의 보충설명]
① '?'는 입단과 탈퇴 시기를 정확히 확인할 수 없었던 사람을 나타낸다. 필연적으로 조사와 보조조사 사이에 다수 보인다.
② 구성원 번호 옆의 3가지 기호는 다음을 의미한다.
  왼쪽: m=남성, f=여성
  중앙: a=곡예사, w=잡무 담당자, e=그 외(단장, 총무, 사업부장 등)
  오른쪽: l=단체생활이 길다, s=단체생활이 짧다, u=불명확

[보충설명]
　한국의 서커스단에서의 유동을 볼 때, 장기간에 걸쳐 소속하고 있는 구성원에 대해서 주의할 필요가 있다. 예를 들어 〈13〉이나 〈28〉의 가족을 사례로 보기로 한다. 〈13〉은 D서커스단에 장기간 소속해 있다고는 하지만, 사실은 3년 전과 필자의 보조조사 중에 한 번 D서커스단을 떠난 적이 있다. 그러나 이 점에 대해 본인 자신도 다른 구성원들도 〈13〉이 탈퇴했다고 생각하지는 않는다. 또한, 〈28〉도 재혼한 현재의 아내와의 사이에 둔 자녀의 나이를 생각하면, 3~4년 동안 한 번은 유동이 있었다고 생각할 수 있는데, 6년 정도 D서커스단에 소속한 것으로 되어 있다. 이 밖의 구성원에 대해서도 비슷한 사례를 생각할 수 있고, 장기간에 걸쳐 소속하고 있다는 답변에 대해서도, 그 동안에 1개월 이내의 출입을 반복했을 가능성을 충분히 고려할 필요가 있다.

표에 표기한 기호의 분류에 대해서 설명하자면, 단체생활이 길고 예전에는 곡예사로서 소속한 사람이라 할지라도, 현 시점에서 곡예를 하지 않고 잡무 담당을 하거나, 가령 출현했다고 하더라도 본인이 잡무 담당이라고 인식하고 있는 경우는 잡무 담당자로 분류했다. 또한 〈05〉나 〈11〉처럼, 본인은 잡무 담당자라 할지라도 배우자가 곡예사이어서 가족 단위로 수입을 얻고 있는 사람은 주의할 필요가 있다. 그들 대부분은 서커스 내의 특권인 와리의 권리를 갖고 있어, 경제적으로도 그 밖의 다른 잡무 담당자들과는 뚜렷하게 구별되는 요소를 지니고 있다.

〈27〉형제처럼, 각각 D서커스단과 고용 관계를 맺은 경우는 각각 나누어서 생각한다. 한편, 〈07〉자매는 가족과 떨어져 〈05〉부부에게 맡겨져서 예전부터 행동을 함께 해온 경위가 있기 때문에, 따로 분리할 수가 없어서 〈05〉부부와 통합하여 다루었다. 따라서 오히려 친아버지인〈58〉을 〈07〉들과 나누어서 생각할 필요가 있다.

〈25〉는 조사 종료 시에는 가족이 있었지만, 1994년 9월 탈퇴하기 전에는 독신이었다. 재입단하기 전에 결혼은 했지만, 재입단할 때 부부가 함께 생활할 수 있는 조건이 갖추어져 있지 않았던 점을 생각하면 가족으로서 다룰지, 〈25〉만 독신자로 다룰지 미묘하다. 〈38〉은 〈20〉과 정식적으로 결혼은 하지 않았지만, 주위 사람들도 〈20〉의 아내로서 대우했기 때문에, 단순하게 독신자로 분류하는 것은 곤란하다.

〈33〉과 〈36〉은 원래 단기간의 고용 계약으로 D서커스단에 왔다. 〈04〉는 서커스단의 통합책인 총무를, 〈59〉는 공연지의 교섭을 담당하는 사업부장을 하였다. 그들은 직책이 있기는 하지만, 실질적으로는 다른 구성원들처럼 잡무가 주된 일이었다. 단, 대우 등은 잡무 담당자들과 확연히 다르고, 특권적인 출입구를 담당하는 일이 많았다.

그런데 이와 같이 구성원의 유동이 심한 것은 무엇 때문일까? 그리고 이러한 심한 유동성을 살펴봄으로써 D서커스단이라는 이동집단에 소속한 개개인의 생활양식이나 행동 패턴에 대해서 어떠한 설명을 할 수 있을까? 여기에서는 지금까지 언급한 D서커스단의 구성원 각 개인에 대한 설명이나, 도표를 수시로 참조하면서, 구성원의 입단과 탈퇴 동기를 중심으로 서커스단 내에서 생기는 구성원의 유동을 보다 정확하게 분석하고자 한다.

4.2.2. 구성원이 유동하는 요인

다음은 구성원의 유동성과 관련하여 그 특징을 분석한다. 이때, 유동성에는 집단으로 들어오는 방향성과 집단에서 나가는 방향성이 있는 것에 주목한다. 여기에서는 편의상, 2가지의 방향성 가운데 서커스단에 들어오는 방향성을 만들어 내는 요인을 '유입流入 요인', 서커스단에서 나가는 방향성을 만들어 내는 요인을 '유출流出 요인'이라고 하고, 이 2가지를 중심으로 고찰해 나가도록 하겠다.

개인 정보를 인용하면서, D서커스단을 출입한 구성원의 분류와 유동을 일으키는 직접적인 요인을 생각하고자 한다.

(1) 구성원이 유입流入하는 경위와 그 요인

유입 요인을 볼 때는 D서커스단에 국한하지 않고, 서커스의 세계에 들어온 경위와 D서커스단에 들어온 경위를 나누어 생각한다. 한 사람의 구성원이 처음으로 서커스에 들어올 것을 결정한 동기와, 서커스에서 한 번 떠나간 후 다시 서커스로 되돌아오는 동기가 다르다고 예상할 수 있어서, 나누어 생각하는 것이 유효하기 때문이다.

① 서커스 집단에 입단한 경위

[자료6]은 서커스의 세계에 처음으로 들어왔을 때의 동기를 연령별로 분류해서 작성한 것이다. 여기에서는 이것을 참조하면서 서커스 집단에 입단한 경위에서 보이는 특징에 대하여 검토한다.

[자료6]은 다섯 살씩 연령을 구분해서 그 동기별로 나누었지만, 그 결과를 보면 입단 시기가 10세 미만, 10세부터 20대 전반, 20대 후반부터 그 이후로 크게 나눌 수 있다. 이것은 앞서 분류한 3개의 그룹에 해당되며, 각각의 연령층을 유년기, 소년기, 청/장년기로 하였다.

우선, 유년기에 입단한 그룹을 보면, 이 그룹은 다시 2개의 그룹으로 크게 나눌 수 있다. 하나는 부모님이 서커스의 관계자였기 때문에, 철이 들었을 무렵에는 서커스 집단에 있었던 그룹이다. D서커스단의 경우, 조

[자료6] 서커스에 입단한 동기

동기 연령	부모님이 서커스에 계셨다	어릴 적에 서커스에서 거두어 주었다	서커스에 호기심이 있었다	배우자나 연인이 서커스에 있었다	일할 곳이 없었다	합계
~9	03,07,08,09,12,15,27,30,31,39,47,53,60	10,13,17,18,20,48,49,51				21
10~14		54,55	05,22,41,46			6
15~19			01,06,14,34,36,37,42,50,59	38		10
20~24			35,57,58		19,25	5
25~29				26	18	2
30~				02,11,23	04,21,43	6
합계	13	10	16	5	6	50

불명10명: 16, 24, 28, 29, 33, 40, 44, 45, 52, 56
주: 동기를 들을 수 없었던 사람은 표 밖에 불명이라는 항목을 설정하고, 거기에 기재하였다.

사 당시 가족 단위로 소속해 있던 구성원의 아이들 외에, 〈07〉과 그 여동생들, 〈27〉과 그 형제들이 여기에 해당한다. 또 하나의 그룹은 부모님께서 타계하셨거나 이혼 등의 이유로, 보호자의 손에서 떠나 서커스단이 거두어 준 형태로 입단한 그룹이다.

소년기에 입단한 그룹은 대부분 우연히 서커스를 볼 기회가 있었고, 서커스에 관심을 가졌기 때문에 입단한 사람들이었다. 유년기에 입단한 사람과 비교해서 연령적으로 어느 정도 판단을 할 수가 있어, 나름대로의 의지를 가지고 서커스에 입단했다. 이 그룹은 곡예에 동경심을 갖고 들어온 사람과 서커스의 분위기에 매료되어 들어온 사람으로 나누어진다. 전자는 입단 후에 곡예사가 된 사람이 많지만, 후자의 경우는 반드시 곡예사가 된 것은 아니다. 단, 후자에 속한 사람 중에는 보수나 대우의 차이에 불만을 갖고, 힘들게 곡예를 익혀서 곡예사가 된 사람도 있다.

청/장년기에 입단한 그룹은 특별히 서커스에 흥미가 있어 입단한 것은 아니다. 대부분은 자신이 일으킨 사업에 실패했거나 일할 곳이 없어서 어쩔 수 없이 입단했다거나, 제3자에게 쫓겨 도망쳐 왔다고 하는 이유로 입단했다.

② D서커스단에 입단한 경위

[자료7]은 [자료6]처럼 D서커스단의 구성원들이 어떠한 동기로 D서커스단에 입단했는지, 그 동기를 연령별로 분류한 것이다. [자료6]과 비교해서 연령층별로 동기에 의한 명확한 구분은 보이지 않는다. 그러나 잡무 담당자와 곡예사, 단체생활을 한 기간으로 나누어 생각하면 약간의 경향이 드러난다.

단체생활이 긴 구성원의 상당수는, 보수가 다른 서커스단이나 같은 업종 단체보다 좋았다는 것을 입단 이유로 들고 있다. 적어도 한국 서커스단의 구성원에게는 하나의 단체에 끝까지 소속한다는 생각은 거의 없고, 상황에 따라 각 서커스단을 돌아다니는 것이 일반적이다. 그래서 보수가 좋다는 평판이 있는 D서커스단에는 이 이유로 다른 서커스단으로부터 입단해 오는 사람이 많았다.

한편, 이전의 직장에서 문제를 일으켰다는 이유나, 일할 곳이 없었다는 이유는 단체생활의 길고 짧음에 관계없이 나타났다. 특히, 이번 조사 중에

동기\연령	보호자가 이 서커스단에 있었다	보수가 다른 서커스단보다 좋았다	이전 직장에서 분쟁을 일으켰다	배우자나 연인이 있었다	일할 곳이 없었다	서커스 내의 지인의 권유가 있었다	서커스에서 거두어 주었다	호기심이 있었다	합계
~9	03,12,15,30,31,53								6
10~14	07,08,09						54,55		5
15~19		20,47		38				01,14	5
20~24		27,33			19,25,39,41,49	34			8
25~29		13,17,40,51,60	35	26	48				8
30~		05,06,16 18,36,56,59	27,28,31,39	02,23,52	04,10,11,21,22,44,50,58	24,32,37			25
합계	9	16	5	5	14	4	2	2	57

불명3명: 28, 29, 45

주: 동기를 들을 수 없었던 사람은 표 밖에 불명이라는 항목을 설정하고, 거기에 기재하였다.

다른 일자리가 없어서 서커스단에 왔다는 대부분의 사람이 단체생활을 과거에 한 번이라도 경험했던 사람들이었다.

또한 [자료6]의 서커스 집단에 입단한 경위와 겹치는 것으로서는 호기심으로 들어왔다는 사람 이외에, 서커스 공연을 보고 마음에 든 곡예사를 따라다니고 싶어서 입단한 사람도 가끔 볼 수 있었다. 그리고 결혼한 상대가 예전의 곡예사로, 그 배우자가 생활 수단으로서 서커스단으로 돌아왔기 때문에 같이 입단했다고 하는 사람도 많았다. 또한 거두어 주어서 입단한 사람이나 보호자가 D서커스단에 소속해 있었기 때문에 입단한 사람 등, 자신의 의지와는 관계없이 소속하게 된 사람 이외에, 지인의 권유 등 적극적인 동기도 없이 입단한 사람들도 있다. 이 중에는 단체생활의 경험자도 있으며 미경험자도 있다. 예를 들면, 〈32〉 등은 단지 마땅히 일할 곳이 없다는 것뿐만 아니라, 서커스단에서 다시 전국을 돌아다니고 싶어졌다고 하는 것처럼, 동기의 강약은 있어도 결코 하나의 동기로 한정되지 않는 것은 그 밖의 다른 구성원에게도 해당된다. 그리고 〈34〉 등이 싫증이 나서 한 번은 그만두었지만 다시 불러서 따라왔다고 하는 것처럼, 확고한 이유도 없이 흘러가는 대로 입단했다거나, 현재의 생활에 막연한 불만이 있어 서커스에 들어왔다는 이야기도 몇 번인가 들었다.

이 밖에도 새롭게 자료는 만들지 않았지만, 단체생활을 경험한 사람이 한 번 서커스를 떠나서 다시 서커스로 돌아온다고 하는, '센터'와 '사회'의 출입을 반복하는 사람들이 많았다. 그들은 한결같이 일에 적응하지 못했다거나, 친구가 없어서 외로웠다거나, 서커스가 그립고 무대에서 받은 박수를 잊을 수 없었기 때문에, 라는 등의 이유를 들어 서커스에 다시 입단했다.

이와 같이, 물론 D서커스단에 한정해서 입단 경위를 보았을 때에는 서커스 집단에 입단한 경위처럼 명확한 경향은 나타나지 않았다. 그러나 재입단 시, 곡예사였던 사람은 서커스에서의 생활이나 동료를 떠올리고, 잡무 담당자였던 사람은 일시적인 거처로서 서커스단, 혹은 D서커스단으로 돌아오는 일이 많았다. 어찌 되었건 서커스단에는 재입단을 반복하는 사람들이 많다고 하는 점은 논의를 계속하는데 있어서 염두에 두고 싶다.

③ 유입 요인의 분석

이상과 같이 유입 요인을 분류해 봤지만, 좀 더 세세한 이유까지 포함하면 개별적인 조건으로 나눌 수 있다. 그러나 어릴 적에 거두어 주었거나 부모님을 따라서 입단한 경우를 제외하면, 유입 요인은 크게 2가지로 정리할 수 있다. 여기에서는 그 배경으로서 서커스단이 이동을 반복하는 집단인 점과, 구경거리를 제공하는 집단인 점에 주목하여 생각해 보고 싶다. 즉, 하나는 불안정한 이동생활 혹은 남의 눈을 피하는데 유효한 이동생활을 하는 집단이라는 관점에서, 또 하나는 이동생활이라는 것에도 관련되기는 하지만, 관심을 끄는, 호기심을 자극하는 구경거리를 보여주는 집단이라는 관점에서 보고자 한다.

구성원이 서커스에 들어오는 유입 요인을 서커스단 측에서 보면, 지금까지도 언급해 왔듯이 서커스에서는 곡예사의 후계자 부족과 잡무 담당자의 만성적인 일손부족이 항상 있었다. 그 때문에, 경영이 극단적으로 곤란한 겨울철을 제외하고는, 서커스단 측에서는 언제라도 노동력을 필요로 하고 있어, 입단을 희망하는 사람에 대해서는 기본적으로 거의 거절하는 일 없이 받아들이고 있다.

또한 입단하는 구성원 측에서 보더라도, 늘 일손부족에 고심하는 서커스단이 갈 곳이 없어졌을 때의 거처로 간주되어, 서커스단이 사회에 적응하지 못한 사람들을 떠맡고 있었던 것이 된다. 또한 동시에 서커스는 일종의 피난 장소가 되었다. 관리 체제의 틀에서 벗어나기 쉬운 서커스에서는 필요 이상으로 전직이나 이력을 묻지 않기 때문에, 과거를 숨기고 싶은 사람들에게 절호의 장소를 제공하고 있었다고 할 수 있다. 게다가 늘 이동을 반복하고 있기 때문에 소재를 파악하기 어려운 점도 이것에 유리하게 작용하고 있었다.

한국 서커스의 일손부족인 상태와 이동생활의 관계에 대해서는, 후술할 유출 요인을 분석하는 곳에서 다시 검토하고 싶다. 따라서 여기에서는 서커스가 일종의 피난 장소가 되는 것이 이동생활과 관련되어 있다는 점만 언급해 두기로 한다.

호기심으로 서커스에 다가오는 사람은 각 공연 장소에서 반드시 볼 수 있었다. 서커스의 일을 돕고 있는 중에 흥미를 느껴 입단한 사람이 많았다. 전국을 '자유롭게 여행하며 돌아다니는' 서커스를 동경해 입단을 희망하는 사람도 있었다. 이들 중에 몇 명은 곡예사나 중요한 구성원이 되기도 했지만, 일시적인 구성원으로 끝나는 경우가 많아, 입단 당시에 품은 서커스에 대한 호기심이 끝까지 지속된다고는 할 수 없었다. 이것은 소년기에 입단한 사람들에게서 많이 볼 수 있었던 동기와 겹쳐지지만, 주위를 둘러싼 외부 세계에게 호기심을 유발시키기 쉬운 존재라는 것도 서커스나 구경거리 천막에 공통되는 매력이며, 유입 요인의 하나가 되고 있다.

(2) 구성원이 유출하는 경위와 그 요인
① 서커스 집단에서 탈퇴한 경위

[자료8]은 [자료6], [자료7]처럼 D서커스단을 탈퇴한 동기를 연령별로 분류한 것이다. 조사 중에도 몇 번이나 입단과 탈퇴를 반복하는 사람도 있었지만, 그러한 구성원은 일단 처음으로 단을 떠났을 때의 이유를 자료에 기재하였다. 대부분의 구성원이 입단과 탈퇴를 반복하고 있는 것으로도 알 수 있듯이, 유출에 관해서는 서커스 집단에서의 유출과 D서커스단에서의 유출로 나누어 생각하는 것이 곤란하다. 독자적인 이유로 D서커스단을 탈퇴해 다른 서커스단에서 일하기도 하는 반면, 다른 직업에 종사하는 경우도 있기 때문이다. 더구나 전술한 것처럼 복귀가 많은 것을 생각하면,

조사 당시의 탈퇴를 가지고 서커스 집단에서 완전히 떠났다고는 할 수 없다. 이는 탈퇴 후 또 수개월에서 수십 년의 단위로 어딘가의 서커스단으로 돌아오는 일이 있을 수 있기 때문이다. 따라서 여기에서는 앞으로도 입단과 탈퇴를 반복할 가능성이 있다고 하더라도, 편의상 D서커스단에서 탈퇴한 것을 서커스에서 떠난, 즉 서커스 집단에서 탈퇴한 것이라고 간주하며 검토를 계속하겠다.

[자료8] 서커스에서 탈퇴한 동기

동기 \ 연령	보수를 비롯한 대우에 불만이 있었다	인간관계가 악화되었다	서커스의 체질이 싫어졌다	제3자에게 쫓기고 있었다	서커스 측에서 쫓아냈다	배우자나 연인, 보호자가 탈퇴했다	다른 일이나 할 일이 있었다	합계
~9						03,15,30, 31,53		5
10~14			54					1
15~19	47						38	2
20~24	39		41			14	33,49	5
25~29	13,25,48	28,35	27	40		26		8
30~	21,32,34	22,23,24 43,44	02	05,42	50,59		37	14
합계	8	7	4	3	2	7	4	35

불명3명: 36, 45, 52
주: 동기를 들을 수 없었던 사람은 표 밖에 불명이라는 항목을 설정하고, 거기에 기재하였다.

[자료8]에서는 보수를 비롯하여 대우에 불만을 갖거나 인간관계가 악화

되어 탈퇴한 이유에 연령이나 단체생활의 길고 짧음에 의한 명확한 차이는 볼 수 없었다. 보수에 대한 불만도, 곡예사는 주위의 다른 곡예사와 비교해서 보수가 낮은 것이 불만이고, 잡무 담당자는 곡예사와 비교해서 보수를 포함한 대우가 좋지 않은 것이 불만이었다. 인간관계가 악화되는 원인도 다양하지만, 대우에 대한 불만 등으로 공동 작업에 불참이라는 식의 행동을 취하게 되어, 집단 내에서의 평판이 나빠졌다는 것이 일반적이다. 따라서 탈퇴 이유도 본래는 하나로 결정되는 종류의 것이 아니고, 복수의 이유를 가지고 있는 경우도 많았다.

전체적인 인원수가 적기는 하지만, 제3자에게 쫓겨 탈퇴하는 경우도 서커스단에서 특징적으로 볼 수 있었다. 서커스에는 제3자에게 쫓겨 온 사람이 적지 않기 때문에, 일시적인 피난 장소로서 소속하지만, 다시 쫓겨 도망치듯이 집단을 떠나는 사람들이 있었다. 이 밖에 불의의 사고가 많고, 공연지에서 문제를 일으킨 것이 계기가 되어 서커스를 떠나 간 사람도 있었다.

여기에서 주목하고 싶은 것은, 이렇다 할 이유도 없다고 생각되는 사람이 탈퇴하는 것이었다. 물론, 미리 답변을 상정한 질문 항목에 적용시켜 가는 인터뷰를 하면, 대우의 나쁨이나 서커스의 장래성에 대한 의문, 매력 있는 인물의 부재 등의 답변이 되돌아올지도 모른다. 그러나 입단 동기에서도 볼 수 있었던 것처럼, 적극적인 동기도 없이 입단하고 탈퇴하는 사람들이 있었다. 여기에서는 이 이상 검토하지는 않지만, 적극적인 동기가 없는 이동은 앞으로 이동집단이나 이동생활자 등, 이동을 테마로 생각할 때 관련되는 사항인 것 같다.

② 유출 요인의 분석
구성원의 유출 요인 중에서 대우에 불만을 갖는 이유는 대부분 그 배경

으로 생활의 가혹함이 있었다. 작업과 관련한 구속 시간이 길고, 휴가가 거의 없음에도 불구하고 보수가 타당하지 않다는 것이 이유가 되었다. 이 밖에도 생활이 위생적이지 않거나, 시설이 낡았거나, 모든 것을 잘못 사용하고 있다고 지적하는 사람도 있었다. 또한 부상이나 질병 등에 대한 보장 제도가 불충분하다고 하는 사람도 있었다.

서커스에 대한 편견도 포함하여 외부 사회로부터 평가를 받을 수 없다는 것은 서커스에 대한 긍정적 정체성을 갖기 어렵게 만들었다. 더구나 후계자 부족 현상과도 더불어 서커스에 대한 발전성이 느껴지지 않기 때문에, 다른 직업으로 옮기는 것을 생각하고 있는 사람도 많았다.

서커스 내에서의 인간관계도 완전한 신뢰 관계에 의해 맺어지는 것이 아니라, 단내에서의 금품의 도둑질이나 가지고 도망가는 일 등, 긴장상태에 놓이는 일도 많다. 고독을 느끼고 있는 사람도 많고, 소속 의식도 희미해지기 십상이었다. 이렇게 서커스의 생활에서 볼 수 있는 여러 가지 측면이 계기가 되고, 그것들이 서로 중복되면서 서커스단으로부터 구성원이 유출되었던 것이다.

이와 같은 사항은 앞서 언급하였듯이, 이동생활을 하는 서커스의 형태에 기인하는 점이 적지 않다. 이동생활을 전제로 하여 성립되는 문제들이라고 생각할 수 있기 때문이다. 이러한 관점에서 구성원의 이동을 생각하면 다음과 같이 말할 수 있을 것이다. 즉, 유입의 요인은 서커스의 구경거리로서의 긍정적인 요소와 이동생활을 한다고 하는 긍정적인 요소를 동경해서라는 2가지의 측면이 배경이 되었다. 그러나 한편, 구성원의 유출의 요인은 불안정한 생활을 만들어 내는 이동생활의 부정적인 측면만 인정되었다.

4.2.3. 유동처에서 볼 수 있는 특징과 분석

구성원이 떠나가기 위해서는 받아들이는 곳이 어딘가 필요하다. 서커스 구성원의 유동을 생각할 때, 이들을 받아들이는 집단의 역할을 간과할 수 없다. 여기에서는 D서커스단의 구성원의 유동처에 대해서도 동일하게 유형화를 실시하여, 유동성에 대하여 한층 더 자세하게 검토하도록 하겠다.

유년기에 서커스단에 입단한 그룹은 그대로 곡예사로 서커스단에 머무르는 일이 많았다. 교우 관계는 서커스 내부의 사람들로 한정되는 경우가 대부분으로, 외부에 일자리를 부탁할 연줄도 없었다. 또한 30대 남성 곡예사는 전철이나 버스를 탄 경험이 거의 없다고 하였고, 다른 곡예사들의 경우도 택시나 서커스 구성원이 운전하는 자동차 이외의 것의 이용을 본 적이 별로 없고, 공공 교통수단을 어떻게 이용하는지도 잘 모르는 사람이 많다. 또한 글자에 관해서도 이 그룹에는 학교교육을 받지 않았던 사람이 많이 포함되어 있어서, 자동차 운전은 가능해도 운전면허증 취득에 관한 시험이 불리하다는 것 등, '사회'로 나가는 데 장벽을 갖고 있는 경우도 드물지 않다. 유년기부터 단체생활을 계속해 온 사람에게는 이와 같은 일반 사회의 규칙에 관한 익숙함도 포함해, 외부 사회로 나가서 생활하는 것이 불편할 것이라 생각되는 경우가 있다.

실제로, 유년기부터 단체생활을 해 온 사람은 어느 서커스단을 탈퇴해도, 다른 서커스단이나 약장사와 같은 동종의 단체, 혹은 습득한 기술을 살릴 수 있는 나이트클럽에서 일하는 것이 대부분이고, 이 밖에는 토목 작업원을 제외하고 타 업종에 종사하는 예는 별로 볼 수 없었다. 전술한 것처럼, 약장사 등의 집단은 상업 형태나 집단의 운영 형태 등이 비교적 비슷해서, 서커스의 주변 집단으로서 자리매김 되고, 이러한 집단으로 이동하는 것은 기본적으로 모두 같은 종류의 것이라고 생각할 수 있다. 이미 전술하였듯이, 오랜 세월에 걸쳐 관계를 유지하고 있는 지인이 이러한 집단에 존재한다는 것이, 그곳으로 쉽게 이동하게 만드는 것이다.

소년기에 입단한 그룹은 대부분 중학교나 고등학교를 나온 사람, 혹은 조금이라도 학교교육을 받은 사람으로, 유년기에 입단한 사람에 비해 외부 사회에 저항이 없고, 적응력도 볼 수 있었다. 이 때문에, 단을 떠나더라도 지방의 소기업이나 운송 트럭의 운전기사 등, 동종의 단체 이외의 직업을 구하는 사람도 많이 있었다. 재입단의 동기도 보수 문제뿐만이 아니었다. 이 그룹은 앞의 그룹과는 달리, 서커스를 떠나 한 번은 외부 사회에서 취직한 사람이 많은 반면, 아무래도 적응을 잘 못하고 서커스로 다시 돌아오는 경우가 적지 않았다. 이 그룹에는 일할 곳이 없어서 서커스에 다시 입단한 사람도 많았다.

청/장년기에 입단한 그룹은 입단의 이유도 일할 곳이 없었기 때문에, 또는 제3자에게 쫓기고 있었기 때문에, 라는 것이 많고, 결코 처음부터 서커스에 소속하고 싶어서 들어온 것은 아니다. 따라서 서커스를 일시적인 체류 장소로 생각하고 있고, 다른 곳에 취직을 하거나, 혹은 그 전망이 서면 서커스를 떠나는 사람이 많았다. 다른 동종의 단체에도 지인이 거의 없기 때문에, 서커스와는 전혀 다른 직업에 종사하려고 하는 경향이 강했다. D서커스단의 구성원의 예로 말하자면, 이발소나 개인택시 등, 개인영업을 목표로 하는 사람을 들 수 있다.

한편, 서커스를 한 번 떠난 사람이 다시 서커스단으로 돌아오는 경우가 많았다. 서커스를 떠날 때는 서커스에 대해 많은 불만을 갖고 떠났지만, 그 사람들이 다시 서커스단으로 돌아온다. 이러한 점은 서커스가 가능한 한 돌아오고 싶지 않은 장소였다고는 해도, 절대로 돌아오고 싶지 않은 장소는 아님을 말하고 있다. 그들에게 있어서는 새로운 출발을 할 때까지의 정류장이라고 간주되고 있는 것 같았다.

4.2.4. 소속 기간에서 볼 수 있는 특징과 분석

구성원의 유동을 특징적으로 볼 수 있는 서커스단이지만, 그 유동에 필요로 하는 기간, 즉 구성원의 소속 기간에는 각각 구성원이 처한 상황 등에 따라서 약간의 차이가 보인다. 여기에서는 앞서 게재한 [자료5]를 참조하면서 소속 기간을 중심으로 검토하도록 하겠다.

우선, 크게 나눌 수 있는 것은 곡예사인가 잡무 담당자인가의 차이이며, 이들은 소속 기간에 따라 차이가 있다. 일반적으로 잡무 담당자는 보수나 대우가 좋지 않아 불만이 많고, 빠른 주기로 탈퇴하는 경향이 보였다. 그 중에서도 단체생활 경험이 짧은 사람은 대우도 좋지 않고 해서, 바로 서커스를 떠나는 것이 눈에 띄었다. 단, 외부 사회에서도 갈 곳이 없다는 등의 이유로 서커스에 그냥 체재하는 사람도 그 중에는 있었다. 또한 예전에는 곡예사였지만, 현재는 잡무 담당자로서 소속해 있는 구성원은 대우도 조금은 좋기 때문에, 소속 기간은 약간 길어지는 것 같았다. 실제로, 그들은 단체생활이 길며, 단체생활이 짧은 잡무 담당자에 비해 대우도 좋다. 그리고 잡무를 하지 않아도 묵인되는 경우가 많고, 위험한 곡예를 한다고 하는 정신적 육체적인 부담으로부터 자유로워진다. 그래서 곡예를 하면 보수는 오르지만, 굳이 잡무 담당을 하는 사람도 많았다.

이것과 비교해 장년기에 입단한 구성원들은 처음부터 장기간에 걸쳐 소속할 생각이 없기 때문에 탈퇴가 빨랐다. 또 장기간 머물러도 보수가 좋은 곡예사가 되기에는 이미 적령기도 지났기 때문에, 높은 수입을 기대할 수는 없다. 따라서 보수가 나쁘다는 것을 각오하고 있는 사람이 많은 듯, 그것이 탈퇴 이유가 되는 사람은 그다지 많지 않았다. 단기간에 자발적으로 탈퇴시기를 엿보다 자취를 감추거나 인간관계가 나빠져서 서커스를 떠나는 사람이 많았다.

더 나아가 가족으로 소속되어 있는가, 미혼자 혹은 단신으로 소속되어 있는가에 따라서도 소속 기간에 차이가 있다. 가족으로 소속되어 있는 그룹도 3년에서 4년 주기로 출입을 반복하고 있는 사실로부터, 정주定住 생활이 전제된 일반 사회에 비해 상당한 유동성을 갖고 있다고 말할 수 있지만, 단신으로 서커스에 소속하는 구성원과 비교했을 때는 비교적 장기간에 걸쳐 서커스단에 머무르고 있다고 할 수 있다.

그 이유로는, 가족이 함께 서커스에 소속된 사람의 대부분은 좋은 대우가 보장되어 있다는 점, 가족이 소속하는 것이 타당한 수입을 얻으면서 생계를 꾸려가는 간단한 방법인 점 등을 생각할 수 있다. 단, 그것은 가족 중 한 사람 이상이 뛰어난 특기를 가지고 있기 때문에 가족이 서커스단에 소속할 수가 있고, 서커스 안에서는 뭔가 특권적인 것을 얻고 있다고 봐야 할 것이다. 그리고 특권적인 것을 얻었기 때문에 생활하기 편하고, 특별히 다른 목표가 없는 한, 비교적 장기간에 걸쳐 그 서커스단에 소속해 있었다고 할 수 있다.

결국은 잡무 담당자를 저변으로 해서, 보수를 중심으로 한 대우의 격차가 소속 기간의 길고 짧음에도 영향을 미치고 있는 것이다. 그러나 반대로 말하면, 적어도 한국 서커스에서는 그러한 격차를 만들어, 서커스를 지탱하는 데에 필요한 인물이라고 판단된 사람에게는 특권을 베풀어 줌으로써 집단을 유지해 왔다고도 할 수 있다. 서커스단 입장에서도, 유동을 해도 별 상관없는 구성원에게는 대우에 관해서도 특별한 배려를 하지 않고, 유동이 서커스단에게 분명하게 불이익을 초래하는 경우는 그 나름대로 대우해 줌으로써 서커스단에 조금이라도 오래 머무르게 하려고 했던 것이다. 즉, 격차가 큰 특권은 유동을 하면 안 되는 사람이 갑작스런 탈퇴를 하지 않도록 하기 위한 방지 기능으로써 작용하고 있는 것에 주목할 필요가 있다.

서커스의 중심이 되는 사람은 가능한 한 서커스에 남게 하고, 집단에게 특별히 필요하지 않는 사람은 경비를 절약하기 위해서 싸게 고용하고 쉽게 버린다. 적어도 한국 서커스는 주변부의 구성원을 중심으로 한 유동을 전제로 하여 성립하는 집단이었음을 알 수 있다.

4.2.5. 구성원의 유동과 그 영향

이상과 같은 구성원의 유동은 서커스 집단 전체나 서커스 집단의 구성원에게 다양한 영향을 미치고 있다.

개인의 책임이라는 관점에서 보면, 서커스의 주변에서 생기는 문제의 책임을 쉽게 회피할 수 있다. 왜냐하면 분쟁을 둘러싸고 개인적인 책임이 추궁 당하거나 불리한 상황에 놓였을 경우, 일시적으로 단체로부터 거리를 두거나 혹은 도망가는 수단을 택함으로써 간단하게 안전한 장소에 몸을 둘 수 있기 때문이다. 실제로, 이러한 수단을 취함으로써 책임을 회피하는 경우를 자주 볼 수 있었다.

반대로, 이것을 거꾸로 이용하여 도망이라는 수단을 계산에 넣은 행동이 눈에 띄었다. 자기중심적인 행동이나, 공공물 혹은 타인의 사유물의 손상을 방치하거나, 금품을 가지고 도망가는 일 등이 여기에 해당한다. 이러한 자기중심적인 행동이 우선되기 시작하면, 점차 타인을 신용할 수 없게 되고, 즉물적인 물건에 의지해서 모든 문제가 금품으로 해결된다고 하는 경향이 강해져 간다. 그리고 구성원끼리도 시기하고 의심이 깊어져 간다는 것은, 원래 서커스단 외부와의 연결이 약한 그들에게는 주위와의 연결이 완전히 끊어지는 것을 의미하고, 이것은 그들의 고독감을 한층 더 깊게 만든다.

집단 전체적으로 보면, 구성원의 유동이 활발하다는 것은 그만큼 구성원이 빠져서 생기는 틈새를 채우는 작업이 필요해진다는 말이다. 이러한 점에서 각 구성원에게 개개인이 서로 곡예를 보충할 수 있을 만한 능력이 요구됨과 동시에, 곡예사의 상호 보완성을 고려한 프로그램의 변경을 염두에 두게 된다.

위와 같이 보면, 서커스단에서 현저하게 볼 수 있었던 구성원의 유동과, 서커스의 현 상황이나 구성원의 행동 패턴이 서로 밀접하게 연관되어 있음을 알 수 있다.

이동생활과 구성원의 유동

제 5장

5.1. 집단에서의 이탈과 집단으로서의 통합

5.1.1. 이동집단에서 보이는 사회적 긴장의 완화

이상과 같은 흐름에 따라서 본 장에서는 한국의 서커스단에서 볼 수 있었던 생활양식이나 사건, 구성원 개개인의 의식이나 행동 패턴의 키워드인 구성원의 유동이, 왜 이동집단인 한국 서커스에서 현저하게 나타났는지, 그것은 집단 전체에게 어떠한 역할을 이루고 있었는지, 그리고 거기에 대항하는 방향성을 갖는 것이 어떻게 작용하였는가라는 점에 대해서 검토하도록 하겠다. 이때, 이동집단에서의 이러한 상황을 보다 넓은 시야에서 관찰하기 위해서, 각지의 이동집단의 사례를 수시로 보충하거나 참조하면서 검토하겠다. 서커스를 이동집단의 하나로 자리매김함으로써, 이 서커스 집단을 대상으로 한 이하의 검토가 이동집단 전체를 생각할 때의 참고가 되는 것을 목표로 하고 있다.

여기에서는 서커스의 구성원을 두 그룹으로 유형화하여 파악한다. 즉, 하나는 서커스에 의존하는 경향이 강한 곡예사와 일부 잡무 담당자를 포함한 그룹이며, 또 하나는 특별히 서커스에 구애 받지 않으며, 서커스를 극히 일시적인 피난 장소로만 생각하고 입단한 잡무 담당자를 중심으로 한 그룹이다. 후자의 체재 기간은 매우 짧고, 귀속 의식도 희박하다. 따라서 집단 통합에 대해서 기술할 후반부에서는 전자를 중심으로 검토하겠다.[1]

(1) 사회적 긴장 완화의 구체적인 사례

개인이나 집단에서 불가피하게 발생하는 스트레스나 사회적 긴장을 능숙하게 처리함으로써, 집단생활을 원만하게 존속시키는 기구나 규약은 어떠한 생활 형태에서도 볼 수 있다. 개인의 관점에서 보면, 단지 스트레스의 발생과 해소라고 할 수 있을지도 모르지만, 당연히 개인의 관점만으로는 처리할 수 없는 부분을 생각할 수 있다. 집단에서도 사회적 긴장이 초래되지 않도록 하거나 혹은 그것이 발생했을 때에 대응하는 것이 있어, 그것에 의해서 집단의 전면적인 붕괴가 저지되거나 혹은 긴장이 완화되거나 하는 것이다.

그러나 이러한 사회적 긴장의 완화 기능은 동일하지 않고, 각각의 사회나 집단의 생활 형태, 문화 배경에 근거하고 있기 때문에, 각각의 사회나 집단별로 다른 형태로 존재한다고 생각할 수 있다. 그렇다면 본서에서 대

---

1) 여기에서 체재 기간과 소속 의식의 희박함의 기준을 어떻게 설정할지가 문제가 된다. 물론, 후자가 일시적이라 할지라도 구성원으로서 서커스에 소속하는 한, 두 그룹을 구별할 필요는 없다고 할 수 있다. 그러나 후술하게 될 집단의 통합에 대해서 고찰할 때, 이와 같이 구분하여 생각하면 설명을 명확하게 할 수 있다고 판단하였다.

상으로 하고 있는 서커스 집단에서는 무엇이 그 기능을 하고 있는 것일까? 지금부터는 이러한 처리 기구가 어떻게 작용하고 있었는지에 대해서 논의를 진행시켜 나간다. 이때 다른 사회의 사례를 참조하면서, 사회적 긴장과 그 완화라는 관점에서 검토하도록 하겠다.

생활 형태에 따라서 사람들의 생활을 분류하면, 정주定住를 전제로 한 생활과 이동을 전제로 한 생활, 이 2가지로 나누어 생각할 수 있다. 더 나아가 구성원의 유동이라는 관점에서 보면, 구성원의 유동이 현저하게 나타나는 그룹과 구성원의 유동이 거의 없는 그룹으로 나누어 생각할 수 있다. 이것을 정리하면, 정주를 전제로 한 생활에서 구성원의 유동이 없는 그룹, 정주를 전제로 한 생활에서 구성원의 유동이 있는 그룹, 이동을 전제로 한 생활에서 구성원의 유동이 없는 그룹, 이동을 전제로 한 생활에서 구성원의 유동이 있는 그룹, 이 4개의 그룹으로 분류할 수 있다. 이러한 그룹에서는 전술한 것처럼 생활 형태의 차이로 인해 사회적 긴장의 완화 기능도 다른 형태로 나타난다고 예측할 수 있다.

그런데 이러한 그룹 중에서 정주를 전제로 한 생활에서 구성원의 유동이 있는 그룹은 별로 찾아볼 수 없다. 구체적인 예로는 토목 작업원 등을 들 수 있지만, 이 집단을 구성하는 사람들이 그 지역에서 정주하는 기간을 생각하면, 정주를 전제로 한 생활이라고 규정하기 어렵다. 또한 이동을 전제로 한 생활에서 구성원의 유동이 없는 그룹도, 구체적으로는 집시 집단 등을 들 수 있지만 그다지 많지는 않다.[2] 따라서 여기에서 일반적으로

---

2) 예를 들면, 집시와 같은 집단을 생각할 때에는 가족을 하나의 단위로 생각하는 것이 유효할 것이다. 왜냐하면, 그들은 캠프에서 몇 가족이 합류하여 생활하는 경우도 많지만, 거기에서 긴장 관계가 생겼을 경우, 가족을 하나의 단위로 하여 캠프를 출입하기 때문이다. 이러한 일은 다른 이동집단에서도 동일하다고 생각할 수 있다. 정주를 전제로 한 집단으로 구성원의 유동성이 높은 집단을 생각하면, 이마후쿠 류타(今福竜太)의 논문[1988]이 떠오른다. 물론 본서에서는 이동집단의 구성원의 유동에 대한 논

다루는 것은 정주를 전제로 한 생활에서 구성원의 유동이 없는 그룹과 이동을 전제로 한 생활에서 구성원의 유동이 있는 그룹이 된다. 때문에 지금부터는 편의상, 전자의 그룹을 염두에 두면서 '정주생활자'라고 하고, 후자의 그룹을 염두에 두면서 '이동생활자'라고 기술하도록 하겠다.[3]

정주생활자는 여러 사건이나 그룹 내에서 알력이 생겼을 때에도, 당사자가 한 지역에 계속해서 체재해야 할 필요성을 가지고 있다. 따라서 정주생활자의 경우, 당사자들이 일정한 지역에 정주하는 것을 전제로, 스트레스나 사회적 긴장의 완화를 도모할 수 있는 수단이나 해결책을 선택하게 된다.

이러한 생활 형태를 갖고 있는 사회가 긴장 완화를 시도하는 방법으로 일반적으로 자주 볼 수 있는 것이 축제나 의례라고 할 수 있다.[4] 그리고 이것을 현대 사회의 실례에 맞추어 보면, 기업이나 교육기관에서 하는 운동회나 학교 축제 등의 조직 행사, 좀 더 소규모의 집단에서는 위안 여행이나 망년회 등의 그룹 이벤트가 여기에 해당한다. 행정구역이나 지역의

술이 중심이 되기 때문에, 여기에서 다루는 범위를 넘는 논의가 된다. 현시점에서 필자는 이 문제를 이마후쿠가 이야기하는 '자신의 정체성과 연결되는 장소'의 상실과 연관 지어 생각하고 있지만, 아직 정리가 되어 있지 않다. 이것은 근래에 재고 없이 확대해서 사용되는 경향이 있는 디아스포라(diaspora)와 관련된 개인이 경험하는 '이동'의 문제와 밀접하게 연결되어 있다는 것이 나의 견해이지만, 이 문제에 대해서는 향후의 과제로 삼고 싶다.

3) '이동'과 '정주'라는 용어가 안이하게 대비 개념으로서 사용되고 있는 현 상황에 대해서는 이미 언급했지만(林 2004:197), 여기에서는 생활을 전제로 해서 이러한 개념을 사용하고 싶다. 따라서 이동생활자를 상정한 '이동'은 이민들의 이동과 다르다. 이민들의 이동에 관해서는 이주라는 말로 바꿀 수 있다.

4) 이러한 축제나 의례에서는 communitas(역주:일상적인 질서가 해체된 비일상적인 사회상태) [Turner 1976]를 볼 수 있다고 한다. 여기에서는 특별히 communitas에 깊게 관여하지는 않는다. 그러나 communitas 상태에서 지금까지의 구성원의 사회적인 역할이나 지위와는 전혀 다른 전인격적인 교류가 실현되고 있대(문화인류학사전 287항부터 인용)고 하면, communitas를 가지고 긴장 관계를 바꿀 수 있다고 생각할 수도 있어, 사회적 긴장의 완화가 이루어진다고 할 수도 있다.

단위로 보면, 지방 자치체와 지역의 축제나 행사 등도 이런 종류에 해당한다고 할 수 있다.

이 밖에도 구체적인 것을 두세 개 열거해 보면, 일본의 농민반란 등과도 관련이 있는 집단적 광란이나, 중세 유럽에서 일어난 무도 광란, 인도네시아나 뉴기니 지역에서 많이 볼 수 있는 일시적 광란 등을 들 수 있다.[5] 또한 동일 지역 안에서 사는 구성원끼리가 대립을 일으켰을 경우, 그 지역 사회의 붕괴를 막기 위한 조정 수단으로서 정주 사회에는 법제도가 발달하였다.[6] 스포츠 경기나 게임도 판결을 위한 것으로 받아들여져 발달한 측면을 갖고 있다. 그리고 이러한 법제도가 발달하지 않은 사회, 혹은 기존의 제도로 억제할 수 없을 만큼의 강한 사회적 긴장이 생겼을 경우, 분쟁이라는 수단을 이용한 해결이 자주 시도된다. 여기서 말하는 분쟁에는 개인적인 분쟁의 레벨도 포함되지만, 일반적으로 완화 기능의 최종 수단으로서 집단에서 벌어지는 전쟁을 염두에 두고 있다.

---

5) 심리학자 미야기 오토야(宮城音弥)는 사회전체에 스트레스가 높아져서 집단행동의 형태로 에너지가 발산된 것으로서, '오카게마이리(おかげまいり)'(역주:에도시대에 약 60년을 주기로 돌아오는, 영검이 많다는 해에 각 지방의 서민들이 대규모로 이세신궁을 참배하던 일)'나 '에자나이카'(역주:에도말기인 1867년 7월~1868년 4월에 걸쳐서 일어난 사회현상으로, 민중이 에자나이카〈ええじゃないか〉등을 제창하면서 열광적으로 춤을 추며 마을을 돌아다녔다)', 농민 폭동을 들고 있다[1981:70-77]. 또한 '죽음의 춤'이라고도 불리는 중세 유럽의 춤의 광란에 대해서는 페스트 유행 때문에 생긴 스트레스를 그 원인으로 지적하고 있다[宮城 1981:78-82]. 죽음의 공포에서 오는 긴장 상태를 완화시키기 위해서 춤을 추고, 집단 트랜스 상태에 빠진 것을 '현실도피'로 간주하면, 이것도 본서에서 기술하듯이 긴장 완화를 위해서 '도피'라는 수단이 사용되었다고 할 수 있겠다. 뉴기니 고지에서의 일시적 광란에 대해서는, 인류학자 나카야마 가즈요시(中山和芳)는 '다양한 압력을 받아서 발생하는 긴장 상태를 해소하는, 거의 제도화된 하나의 수단이라고 생각할 수 있다[1977:128]고 언급하고 있다.

6) 여담이 되지만, 동아프리카의 Sebei의 사회는, santa와 pororyet의 2개의 지역으로 나눌 수 있는데, 전자의 지역에서는 비공식적인 집회(council)밖에 없는 것에 비해, 후자의 지역에서는 공식적인 집회가 열린다고 한다. 그리고 전자의 지역에서는 구성원이 불안정한데 비해, 후자의 지역에서는 그렇지 않았다고 하는 보고가 있다[Goldshmidt 1980:55].

제5장 이동생활과 구성원의 유동 *195*

한편, 이동생활자인 경우는 구성원끼리의 대립이나 집단내의 스트레스나 사회적 긴장이 생겼을 때 이것들을 어떻게 해결하는 것일까? 우선, 구체적인 사례를 몇 가지 조사하고, 이것을 바탕으로 논의해 가기로 한다. 사례로는 비교적 문헌을 입수하기 쉬운 수렵채집민 사회의 것을 주로 이용하였다.

수렵채집민의 경우 그 집단 자체가 하나의 전체사회를 구성하고, 특정 민족 범주로 일컬어지는데 비해, 서커스단의 경우 그 집단 자체가 전체사회의 일부밖에 되지 않는다는 차이는 있다. 그러나 유사한 집단 구조로부터 발생하는 현상이라는 의미에서, 각각의 사회나 집단 내에서 완결된 현상을 검토할 때는 충분히 참조할 수 있을 것이다. 더구나 여기에서는 양자의 전체적인 비교를 목적으로 하지 않고, 구성원의 유동성의 구조를 이해하기 쉽게 하기 위한 사례로서 이용하고 있기에 문제는 없을 것이라 생각한다.

인류학자 다나카 지로田中二郎는 산San족부시맨 집단이 자주 반복되는 이동을 통해서 그 구성원을 바꾸어 가는 것에 주목하고, 산족은 일반적으로 평화적인 해결을 바라기 때문에, 말다툼하거나 개인 간의 마찰이 심해졌을 경우에는 지리적인 격리를 의미하는 집단의 분열에 의해 그 이상의 사회적 위기를 회피한다고 한다[田中 1971:107]. 또한 다나카[1971:122]는 "극히 당연한 일로서 생활의 순환에 짜 맞추어져 있는 집단의 교체가, 결과적으로는, 집단생활 속에서 발생하는 여러 가지 인간관계의 알력을 가장 효과적으로 방지 혹은 해소하여, 사회적 긴장의 완화나 위기의 회피에 도움이 되고 있다."라고 기술하고 있다.

이와 동일하게, 아프리카 남부의 칼라하리사막에서 조사를 실시한 이치카와 미쓰오市川光雄는 "산족 사회는 분쟁을 처리하는 법적 수단을 갖지 않기 때문에, 싸움의 당사자를 격리하기 위해 집단을 분열시키는 것이 거의 유일한 분쟁해결법이다."[市川 1986:300-301]라고 기술하고 있다.

또한 북방의 수렵채집민인 캐나다의 헤어인디언hare indan에 대해서 조사한 하라 히로코原ひろ子는 집단 내의 구성원의 유동을 언급하면서, "헤어인디언은 공동생활에서 상대가 조금만 싫어져도, 바로 따로따로 헤어져 기분 전환을 꾀하고" 있는데, "그들이 만드는 텐트 동료는 하룻밤만 지속되는 경우도 있고, 일주일, 때로는 1개월, 드물게는 수년에 걸쳐서 지속되는 경우도 있어, 그 지속 기간은 가지각색"[原 1989a:27,207]이라고 기술하고 있다. 그리고 "캠프 내의 인간관계가 어색해지거나 하면, 헤어인디언은 텐트를 접어 개가 끄는 썰매에 짐과 아이를 태우고 10㎞에서 80㎞의 거리를 이동한다."[原 1989a:42]라는 사례를 들어, "평상시는 이웃과의 언쟁이나 감정의 마찰을 피하고 있지만, 그럼에도 불구하고 감정이 악화되면 헤어진다. 이렇게 함으로써 사회적 긴장을 처리한다."[原 1989a:324]라고 기술하고 있다.

S・로버츠Roberts는 수렵채집민의 구성원의 유동流動에 대해서, "실제로 이격隔離은 수렵민과 채집민의 지역사회에서 분쟁 처리 방법으로써 가장 많이 알려져 있다."[Roberts 1982:112]라고 기술하고 있다. 또한 이와 동일하게 아프리카 연구자인 니시다 마사키西田正規도 "유동遊動생활을 하고 있는 수렵채집민이나 유목민이 캠프의 멤버를 이합집산하여 변화시키는 것은 여러 민족에게 있어서 광범위하게 인정된다."[西田 1986:17]라고 기술하면서, 이동하는 기능이나 동기의 하나로서, 사회적 측면에서 캠프 구성원 사이의 불화 해소와 타 집단과의 긴장 관계로부터 피하기 위해서라는 항목을 들고 있다[西田 1986:20-21]. 이상과 같은 점을 생각해 보면, 구성원

의 집단에서의 이탈이나 이동에 의한 사회적 긴장의 완화 방법은 이동
사회인 수렵채집민 사회 전반에서 볼 수 있음을 알 수 있다. 그러나 이러
한 가족이나 구성원의 유동을 현저하게 볼 수 있는 사회는 수렵채집민의
사회뿐만 아니라, 마찬가지로 이동생활을 하는 집단인 홍콩의 수상 거주
민의 사회[可児 1970:87] 등에서도 볼 수 있다.

또한 서커스처럼 전체사회에 대한 특수한 부분사회로서 자리매김 되는
이동집단인 일본의 대중연극에 대하여 조사한 우카이 마사키鵜飼正樹는 "대
중연극에서는 단기간에 그만둬버리는 신진 배우가 많다."[鵜飼 1995:341]
라고 기술하고 있다. '극단 멤버의 이동異動'이라는 그래프를 이용해서 구
성원의 유동을 보면, 보통은 약 13명에서 14명의 구성원이 있는데 비해,
우카이가 기술한 2년 동안에 극단에 소속한 구성원의 총수는 그래프에
기록된 것만으로도 25명에 이른다[鵜飼 1994:도표3]. 이와 같은 점에서도
이동집단에서 비교적 자주 볼 수 있는 현상으로서 구성원의 유동을 생각
할 수 있다.

다음은 이동사회에서 볼 수 있는 사회적 긴장의 완화 방법인 구성원의
유동이, 이동집단인 한국의 서커스단에서 볼 수 있는 구성원의 유동과 유
사한 성질을 갖는가, 라는 관점에서 검토를 해보도록 하겠다.

(2) 사회적 긴장 완화와 구성원의 유동

이동생활자는 사회적 긴장을 완화시키기 위해서 격리나 이동이라고 하
는 방법을 선택하는 경향이 있다는 것은 여러 지역의 이동집단의 사례로
부터도 밝혀졌다. 이것과 동일하게 본서의 조사 대상인 한국의 서커스단
에서도 사회적 긴장을 완화시키는 것으로서 구성원의 유동이 그 역할을
담당하고 있었다고 가정하고 논의를 전개해 보겠다.

서커스단에서는 개인 레벨의 스트레스나 스트레스로 바뀌는 불만이 생겼을 경우, 그 스트레스를 해소하는 방법으로 다양한 대가로 받은 현금에 의한 일시적인 소비나, 쾌락을 강하게 지향하는 행동 등을 취하는 경향이 보였다. 즉, 스트레스 해소가 4장에서 기술한 것과 같은 금전을 화끈하게 사용하는 행동이나, 여성과 즐기는 것 등으로 이루어졌다고 할 수 있다. 그 스트레스 혹은 불만이 이러한 행동으로도 해소되지 않을 때는 탈퇴라는 형태로 구성원의 유동을 만들어 내고 있었던 것이다.

그러나 그 한편으로는 각 구성원의 서커스단 출입이 개인으로서가 아니고, 집단으로 봤을 때의 사회적 긴장의 완화 수단으로서 자주 반복되고 있었다고 생각할 수 있다. 즉, 구성원의 유출에 의해 개인 레벨에서 생긴 긴장을 완화시키는 것은 결과적으로 집단 전체의 긴장 완화와 연결되고, 구성원의 유입에 의해서 집단은 외부자를 받아들이면서 집단 자체의 활성화를 꾀하고 있었던 것이다. 말할 필요도 없이, 집단의 활성화는 지금까지의 긴장 관계를 새롭게 재구성하는 것이며, 이것에 의해 집단의 긴장 관계를 완화시키고 있었다고 생각할 수 있기 때문이다. 이와 같은 것은, 바로 다나카가 "부시맨이 이동의 과정에서 이미 습관적으로 이합집산을 반복하고 있는 현상은 그들이 의도하던 의도하지 않던, 그것이 부시맨에게 있어 뛰어난 집단 유지의 기구로 되어 있다."[田中 1971:122]라고 기술했던 대로이다.

한국의 서커스단에서 볼 수 있었던 다양한 생활양식이나 행동 패턴은, 구성원의 유동을 일으키는 유입 요인과 유출 요인으로서, 그리고 구성원의 유동이 일으킨 결과로서 자리매김 되었다. 즉, 이것은 구성원의 유동을 일으키는 두 방향성의 요인이, 집단에서 끊임없이 볼 수 있는 현상과 깊게 연결되면서 집단을 유지해 왔음을 의미한다.

이상과 같이 구성원의 유동성은 그들이 속해 있는 집단이 집단으로서 존속하기 위해서 중요한 역할을 다하고 있었으며, 유동성이 발생함으로써 사회적 긴장이 회피되고, 이동을 계속하는 소집단이 집단으로서 영속성을 갖게 되었다고 할 수 있다. 바꾸어 이야기하면, 적어도 한국 서커스단의 사례에서는 집단 유지를 위해서 유효하게 작용한 구성원의 끊임없는 유동 이야말로, 집단 조직에서 볼 수 있었던 여러 가지 특징이나 흥행 형태 등과 밀접하게 관련되어 있었다는 것이 된다. 그리고 다른 지역의 이동 집단의 사례에서 볼 수 있듯이, 부분사회로서의 이동집단인 한국의 서커스단도 구성원이 유동하는 것을 전제로 해서 구성된 조직이었다고 할 수 있다.

5.1.2. 이동집단에서의 집단 통합

(1) 집단 통합의 구체적인 사례

구성원의 유동이 두드러진 집단도 그것이 하나의 집단으로서 운영되고, 거기서 각 개인이 생활해 나가기 위해서는 어느 정도 집단으로서의 통합이 필요하게 된다.

정주를 전제로 한 사회에서의 집단 통합에 대해서는 다시 언급할 필요도 없겠지만, 정주성이 거의 없는 산San족 사회와 산족 사회보다 훨씬 정주도가 높은 무부티Mbuti족 사회를 비교한 이치카와 미쓰오市川光雄의 견해를 인용해 둔다. 그에 의하면 "영역의 존재에는 그 주체가 되는 집단의 통합이라고 하는 문제를 무시할 수 없다."[市川光雄 1982:150]라고 한다. 즉, 이동집단에 비해 한 곳에 정주하는 것을 전제로 한 집단이 통합을 보일 때에는 영역 혹은 토지나 지역에 의거하기 쉽다는 것이다. 물론, 정주를 전제로 한 사회에서 집단을 통합시키는 역할을 감당하는 것은 이것만이 아니다. 그들에게 공통되는 언어나 신화, 사례나 행사 등도 그 역할을 충분히 감당하고 있을 것이다.

그렇다면 하나의 영역이나 지역에 준거하지 않는 이동집단에서는 무엇이 집단을 통합시키는 것으로서 작용하고 있는 것일까? 전술한 것처럼, 다른 이동집단이나 수렵채집민 등의 사례를 보기로 하겠다.

예를 들면, 아일랜드의 틴커Tinker의 경우는 농담이나 짓궂은 장난에 의해서 서로의 관계를 원활하게 하는 것이 보고되어 있다[G·Gmelch 1993: 139]. 또한 인류학자 스가와라 가즈타카菅原和孝에 의하면, 산족 사회에서는 인척의 여성들 사이에서 이잡기 같은 친밀한 접촉 행동이 자주 이루어진다고 한다[菅原 1986:129]. 이에 대해서 다나카는 사회적 의례나 행사로서 산족 사회에서 자주 행해지는 댄스를 예로 들어, 이것에 의해서 집단이 통합되고 있는 측면이 있음을 기술하고 있다[田中 1971:119]. 이것들은 집단 내의 생산과 직접적인 관계가 없음에도 불구하고, 구성원을 자주 접촉하게 하여 상호 관계를 갖게 하기 위해서 만들어 낸 것이라고 생각할 수 있다. 이러한 행동은 두 사회에 있어서 대인관계에서 생긴 긴장을 완화시킴과 동시에, 동료의식을 강하게 하는 작용을 하고 있는 것이다.

또한 헤어인디언은 혼자 있으면 죽은 자의 영혼엣웬이 낚아 채가기 때문에, 두 사람 이상이 함께 있으려고 한다든지[原 1989a:220], 작은 그룹에서 오랫동안 생활한 후에는 외로움을 느껴 사람이 그리워지는 것이 집합의 원인이 된다는 등[田中 1978:123], 고독감으로부터 오는 이유를 생각하는 측면도 있다.

이와 같은 구성원의 상호 관계와 관련해서 수렵채집민에게서 광범위하게 볼 수 있는 관습이 보편적 호수互酬 행위이다. 즉, 사냥감이나 그 외다른 식량 등을 가질 수 있는 사람이 가질 수 없는 사람에게, 혹은 큰 수확을 얻은 사람이 주위의 사람에게 당연한 일처럼 분배하는 것이다. 예를 들면 헤어인디언의 경우, 같은 캠프 내의 구성원이 식량 부족으로 곤란에 처했을 때에는 함께 나누어 가지는 것이 기대되고, 그것을 거부하면 이기적이라는 평판이 선다고 하며, 순록이나 무스moose, 말코손바닥사슴의 고기 등은 식량 부족과 관계없이, 누가 말하지 않아도 나누어야만 한다고 되어 있다[原 1989a:227]. 이와 동일하게 산족 사회에서도 캠프에 가지고 돌아온 사냥감을 분배하는 것은, 혹독한 환경에서 생활하는 사람들에게 있어서는 서로의 생존을 보증하는 것, 그 자체이며[田中 1971:95], 아보리지니 Aborigine 사회에서도 가지고 있는 것은 숨기지 않고 펼쳐 보이며 서로 나누어 포식한다는 것이 사회의 규칙이라고 한다[小山 1992:84].

이와 같은 일은 수렵채집민뿐만 아니라, 다른 이동집단에서도 볼 수 있는 것으로, 집시의 조사를 실시한 아이자아 요시노리相沢好則[1989:152]는 가계가 그리 넉넉지 않은 가정에서도 제대로 먹지도 못하는 유랑 집시들이 찾아오면 먹을 것을 주고 숙소를 제공했다고 한다. 더구나 집시에 관한 기술에서는 풍부해질 수 있는 사람이 궁핍한 사람에게 '분배하는' 일이 집시의 '미덕'이라고 여겨지고, 여기에서 '집시인 것의 정체성'이 강조된다고 한다.

서부 탄자니아에서 조사를 실시한 가케야 마코토掛谷誠[1985]는 사회적 요인의 하나인 '질투'를 제어하기 위해서, 개인이 취득한 사냥감을 자기 자신이 과소평가해서 알리거나, 특정 개인에게 부가 집중되는 경향을 제어하고 있다고 기술하고 있다. 이와 같이, 보편적 호수互酬 행위가 존재하는 것은 당연히 집단 내에서의 긴장을 완화시키는데 영향을 미치고 있다고 생각할 수 있다. 이러한 일은 때로는 동료의식을 강하게 느끼게 해 주는 기회를 제공하는 것이며, 이 의식에 의해서 집단도 나름대로의 통합을 가지게 되는 것이라고 생각할 수 있다.

이상과 같이, 수렵채집민의 집단에서의 집단 통합에 대해서 살펴보았다. 그러나 수렵채집민에게 있어서 결정적인 것은 사냥감을 잡을 때에 공동 작업에 의지할 기회가 많다고 하는 점일 것이다. 그들이 큰 사냥감을 포획할 때나, 피혁이나 생계를 유지하기 위한 도구를 제작할 때, 공동 작업이 불가피하다는 점이 이러한 사회에 공통되는 특징이다. 이것에 대해서는 "대형 영양 등, 거대 동물의 수렵은 몇 사람 이상의 공동 작업에 의해서 비로소 가능해진다."[田中 1978:122]는 등으로 기술된다. 즉, 그들이 그들에게 주어진 자연 환경 속에서 생존을 계속해 가기 위해서는 아무래도 집단을 만들 필요가 생기는 것이며, 그것을 게을리 하는 것은 죽음을 의미한다. 이 점에 대해서 다나카의 말을 빌리자면, "산족 사회에서는 일가족만으로 캠프 생활을 보내는 것보다는 많은 사람들과 함께 집단생활을 하는 것이 훨씬 안전성이 높다. 〈중략〉 하루 벌이의 부시맨에게 있어서, 질병이나 부상으로 인한 수확의 실패는 그대로 그의 가족의 굶주림으로 연결된다. 그가 만약 적은 인원수의 그룹에서 캠프를 하고 있다면, 그의 질병은 그룹 전체에게 직접적인 큰 부담으로 엄습한다."[田中 1971:117]는 것이다. 이러한 일은 수렵채집민뿐만 아니라, 홍콩의 수상 거주민에게 있어서도 "구성원의 일부가 분열해서 노동력을 확보할 수 없게 되는 것이 원인이 되어, 큰 규모의 활동이 자주 영세한 어업으로 전락한다."[可児 1970:86]는 이유로 집단을 이룬다고 한다. 스스로의 생존을 위해서는 싫지만 집단에 있는 것이 유리한 측면도 많아, 이것이 동시에 수렵 채집 집단에서의 구성원의 유입재편성에도 관계하고 있었던 것이다.

그렇다면, 혹독한 환경 속에서 생존을 위해서 불가피한 공동 작업에 묶이는 일이 없는 한국 서커스와 같은 이동집단의 경우, 어떻게 해서 집단 통합을 도모하고 있는 것일까? 한국 서커스의 구성원 중에는 서커스를 떠나서 서커스 이외의 직업에 종사하는 사람도 적지 않았다. 이것을 보더라도 서커스 집단에서 빠져 나가는 것이 반드시 그들에게 '죽음'을 의미하지는 않는다고 할 수 있다. 이러한 집단에게는 또 다른 집단 통합의 방법이 요구되는 것이다.

특히 한국 서커스에서 특징적으로 볼 수 있었던 것으로, '우리들은 가족이다'라고 하는 가공의 가족 창조와 무대용어 혹은 전문용어로서 사용해 온 '일본어'가 있었다. 다음 항목에서는 이 2가지에 초점을 맞추어 집단 통합에 대해서 생각해 보기로 하겠다.

(2) 집단 통합으로서의 '가족'

집단을 하나의 가족으로 비유하는 사례는 각지에서 볼 수 있다. 예를 들면 고야마小山[1992:96]는, 아보리지니 사회에서는 혈연관계가 없는 외부자에 대해서도 어느 일정한 거리를 초월한 인간관계를 만들 때, 사람들을 반드시 친척의 카테고리에 넣어서 생각한다고 기술하고 있다.

이러한 일은 일본의 '야쿠자' 집단이나 대중연극 집단과 비교하면 한층 더 분명해진다. 예를 들면, 일본의 야쿠자에 대하여 조사한 J·라즈Raz는 "야쿠자는 일본의 전통적 사회에 있는 많은 조직들처럼 유사 가족으로서의 가문사회에 근거하여 조직화되어 있다."[Raz 1992:179]라고 하며, 그 존재와 힘의 관계에 대해서는 "기원을 따라가면 일본의 전통적인 가문이나 동족에게 있었다."[Raz 1992:200]라고 기술하고 있다.

또한 일본의 대중연극에 대하여 조사 중이던 우카이鵜飼[1994:18]는 "이 세계는 하루라도 먼저 들어오면 이미 선배이기 때문에, 비록 상대가 연하라도, '형님', '누님'이라고 부르세요."라고 들었다고 한다.

이처럼 가공의 가족이 집단 내에서 형성되는 사례는 많지만, 특히 주목받는 것은 서커스 집단처럼 구성원의 유동이 심한 일본의 대중연극에서도 가공의 가족이 전략적으로 만들어지고 있다는 것이다.

이미 수차례 언급했듯이 한국의 서커스단에서도 이와 동일하게 '집', '식구', 그리고 '우리들은 가족이다'라는 표현들이 자주 사용되어 왔다. 이러한 것들도 전술한 집단들이 가공의 가족을 만들어 낸 수단과 전혀 다르지 않다. 이러한 용어나 표현을 자주 사용하는 것은, 자신들이 마치 하나의 가족인 것처럼 생각하게 하는데 유효하게 작용하며, 이것에 의해서 집단의 통합을 도모하려고 하는 것이었다.

더구나 서커스단에서는 단장을 '오야지ォャジ' 혹은 '아버지'라고 부르고 있었다. 단장은 서커스단의 우두머리이며, '아버지'는 '가족'의 우두머리이다. 즉, 단장을 '아버지'라고 부르는 것, 혹은 부르게 하는 것이, '상상된 가족'을 보다 한층 더 그럴 듯하게 통합하는 역할을 하고 있었다고 할 수 있다.

또한 '혼부어머니'라는 존재에 대해서도 전술한 바 있다.[7] 이것에 대해서도, 예를 들어 일본의 야쿠자 사회에서는 두목의 배우자를 '네산ネェサン'이라 부르는데, 네산은 부하의 처자식들을 보살펴 주고, 젊은 회원의 어머니나 호칭대로 누나의 역할을 하며, 때로는 부하와 두목 사이를 통합하는 역할도 감당한다[Raz 1992:204]. 이것은 가공의 가족을 만들어 낸 한국 서커스의 '혼부어머니'와 역할이 기본적으로 같다.

더구나 한국에서는 "부모는 종종 하늘天에 비유되어, '불효자식은 벼락맞는다'는 말이 통용되고, '부모의 은혜는 호천망극昊天罔極'한 것이며, 불효자식은 사회로부터 배척되고 매장 당한다."[崔在錫 1977:34]라는 것처럼,

---

7) 역주: '혼부어머니'란 주로 단장의 배우자를 말한다. 전술한 [자료1]와 3.2.3.의 (3)을 참조하기 바란다.

부모에 대한 '효'는 절대적인 것으로 여겨지고, 이런 사상에 의해서 가족이라고 하는 집단이 통합되어 왔다. 이와 동일하게, 부모에 대한 '효'를 절대시하는 풍조는 서커스단이라고 하는 가공의 '가족'에서도 부모님의 역할을 담당하는 '단장'과 '혼부어머니'의 지위를 절대화시키는 작용을 하고 있었고, 이것에 의해서 집단으로서의 통제를 할 수 있었던 것이다.

이러한 것과 관련해서 최재석崔在錫[1977:193-194]의 다음과 같은 견해는 흥미롭다.

> 사회의 구성단위나 평가 단위가 공동체이고, 따라서 그에 따른 책임소재도 공동체나 공동체의 통제자에게만 있는 사회조직 속에서 생활을 하였으므로, 행동의 책임이 개인에게 있는 것으로 의식하는 경우가 드물다. <중략> 따라서 개인의 행위에 대한 책임도 명확하지 않다. 룰이 있다고 한다면, 그것은 아버지 중심적인 것으로 때와 장소에 따라 달라지고, 기분에 따라 변화하는 이른바 다원적多元的인 '부모의 말씀'이 있을 뿐이다. 부모가 편리한 대로 행하는 것이 룰이요, 부모의 권위가 곧 룰이다.

> '집'이라는 한정된 공동체 속에 인격도 책임도 무조건 매몰시키고 마는 것이다. 이렇게 공동체로부터 개인이 미분화 된 생활은 또 책임의 소재를 남에게 전가하는 사상을 낳게 할 것이다.

이러한 내용은 조사 중에 볼 수 있었던 상황에 적용시켜 생각할 수 있다. 즉, 한국의 일반 사회에서 사용되는 '집'과 '식구'를 중심으로 한 '가족'의 개념을 의식시키는 말이, 구성원이 유동하기 쉬운 집단을 통합하기 위해서 한국의 서커스단 안에 교묘하게 받아들여지고 있었음을 알 수 있다.

(3) 집단 통합으로서의 업계용어

사회언어학자 가와노 아키라[河野章][1995:75]에 의하면, "언어에는 여러 가지 변종이 있지만, 같은 변종을 사용한다는 것은 어떤 집단에의 귀속 의식을 높인다."는 것이다. B·앤더슨Anderson이 지적한 이래 이미 많은 연구자들에 의해서, 국민적 출판 언어나 국가어 등, 언어가 특정 집단의 경계를 명확히 하고, 집단의 단결력을 강하게 하는 기능을 갖추고 있다는 것은 잘 알려진 사실이다. 이와 같이, 방언이나 '산의 말', '바다의 말'이라 는[8] 식의 은어 등도 이것을 사용하는 그룹의 경계선을 명확히 하고, 이것을 사용함으로써 자기 정체성을 재인식하는 작용을 갖고 있다고 할 수 있다.[9]

이러한 용어는 때로는 전문용어로서 이야기되기도 하지만, 많든 적든 간에 그룹이 형성된 곳에는 존재하는 것이다. 예를 들면, 회사 조직이나 보다 넓은 범위의 업계에서도 업계용어라고 불리는 독자적인 말이 존재한 다. 이것도 특정 회사나 업계 등의 제한된 집단 내에서만 통용되는 언어이 다. 이것도 역시 동일한 기능을 갖추고 있다고 할 수 있다.

이것과 관련해서, 전술한 수렵채집민 등의 이동집단에서는 그 내부에서 구사되는 언어가 바로 전체사회에서 사용되는 언어이기 때문에, 단어나 섬세한 완곡 표현 레벨에서는 존재해도, 특별히 하나의 이동집단에서 사

---

8) '산의 말'이란 산에서 일할 때 사용하는 말로, 평지에서 사용하는 것과는 다르며, 타계 (他界) 의식을 강조한 것으로 알려졌다. '바다의 말'도 기본적으로는 바다에서 일할 때 사용하는 말이지만, 오히려 바다에서 사용해서는 안 되는 금기어로서의 의미가 강하다.

9) 예를 들면, 중국 광동성의 여족(畲族)을 조사한 세가와 마사히사[瀬川昌久]는, 거기에 서 이야기하는 '畲話'가 객가(客家)방언(역주:한족인 客家사람이 사용하는 중국어의 방언)에 매우 닮은 언어임에도 불구하고, 어디까지나 그들은 여족 독자적인 언어라고 생각하고 있으며[瀬川 1991:157], 그것이 여족의 민족적 정체성을 유지해 주고, 주위의 한족과 민족적 경계를 유지하는데 중요한 요소가 되고 있음을 언급하고 있다[瀬川 1991:155].

용하는 특수한 언어라고 하는 것은 보이지 않는다. 그러나 예를 들어 집시는 분명하게 이동집단끼리에서만 통용되는 언어인 '로마니어'를 가지고 있어, 이것에 의해서 자신의 그룹과 그 외 다른 그룹을 선별하는 것이 가능하다(近藤 1995, Okely 1986].[10] 그리고 그 언어를 사용함으로써 동료의식이 생긴다는 것은 말할 필요도 없다. 예를 들면, 집시에 대해 조사하고 있던 M·블록Block이 '집시어'를 사용하여 말을 건넸더니, 집시들은 크게 기뻐하고 동료로서 인정하여 계속해서 질문을 해 왔다고 한다(Block 1978:34]. 또한 일본의 서커스나 대중연극에서도 그 집단 내에서만 통용되는 전문용어나 은어가 존재한다.

이러한 관점에서 한국의 서커스단을 봤을 때, 그 역할을 하고 있었던 것이 일본어에서 유래한 곡예명이나 무대용어이며, 고야가케 작업 시에 사용되는 전문용어이었다. 그들의 업계용어라고 할 수 있는 '일본어'는 전적으로 한국 서커스에 관계하는 사람만이 아는 특수한 언어로서, '산의 말'이나 '바다의 말'과 아무런 차이가 없다. 이와 동시에, 그들에게 있어서 이러한 용어를 습득하는 것은 서커스에 들어 온 신참이 '구마이'로서의 위치, 즉 보다 유리한 위치를 획득해 가기 위한 하나의 노정이기도 했다. 이렇게 해서, 이러한 용어는 외국어로서의 일본어와는 전혀 다른 가치 기준으로 오늘날까지 존재해 왔으며, 구성원을 집단 내에 자리매김할 뿐만 아니라, 그 집단의 구성원의 동료의식을 높이는데 도움이 되고 있었다고 생각할 수 있다.

더욱 중요한 것은 이러한 '일본어'가 가지는 일종의 지위이다. 한국 서

---

10) '로마니어'의 언어학상의 자리매김은 곤란하다고 생각되지만, 실제로 그들 사이에서 일상적으로 사용되고 있는 사실로부터도 '그들의 언어'라고 할 수 있다. 또한 그들은 이동한 곳에서 외부 사람과는 그 외부 사회에서 사용하는 언어로 의사소통을 도모하지만, 조사 등에서 조사자가 '로마니어'로 말을 건네면 친밀하게 대답해 주었다고 하는 기술이 있었다[相沢 1989].

커스에 입단한 사람에게 작업을 처리하는데 불가피한 '일본어'는 귀에 익숙하지 않는 것이었다. 그러나 특권을 가진 '구마이舊米'가 평상시의 대화 속에서 이러한 '일본어'를 사용하는 것을 듣는 동안, 자신도 이러한 용어를 사용하여 일을 할 수 있게 되고, '구마이'에게 가까워진 것 같은 의식을 느끼게 되어, 적극적으로 사용하게 된다. 이렇게 어떤 개인의 전문용어의 습득 과정과 서커스 구성원으로서의 정체성을 자각해 가는 과정에는 밀접한 관계가 보인다. 그리고 의식하든 의식하지 않든 간에, 이것은 무엇보다도 집단 내에서의 자리를 확보했음을 주위에 알리는 기능을 하고 있는 것이다.

또한 평상시의 대화 속에서 이러한 용어를 사용하는 것은, 자기 자신이 서커스의 구성원임을 재인식하는 것 외에도, 상대방에게도 자기 자신이 같은 집단에 속해 있는 구성원임을 의식하게 한다. 따라서 처음 만난 D서커스단 이외의 서커스의 구성원과 관계를 만들 때에도, 대화 속에 이러한 용어를 섞음으로써, 서로 서커스 세계의 사람임을 확인하게 된다. 다른 것도 아닌 바로 '일본어'를 사용하여 서로 말을 주고받는 것이, 한층 더 서로에 대한 친밀감을 깊어지게 하고, 구성원 간의 통합을 만들어 내는 작용을 하고 있었던 것이다.

5.1.3. 구성원의 유동과 집단 통합

한국의 서커스단에서 '식구'라고 하면, 서커스단의 하나의 그룹을 가리키고 있다. 이와 동시에, 이 '식구'는 마치 서커스단이 '대가족'인 것 같은 공상을 만들어 내며, 의식 안에 인공적으로 창조된 '집'이며, 상상된 공동체 조직으로서의 '집'이다. 그리고 이 상상된 '집'의 멤버인 상상 속의 '가족'

으로서의 구성원이 바로 서커스단에서 불리는 '식구'라는 것이 된다. 즉, 이러한 말을 적극적으로 사용함으로써, 각각 타인으로 존재하는 구성원이 마치 하나의 '가족' 같은 통합을 가진 듯한 착각, 혹은 환상을 만들어 내는 데 성공했던 것이다.

또한 한국의 서커스단에 소속해 있는 것을 강하게 의식시키는 것으로 '일본어'의 존재가 있었다. 물론, 이러한 전문용어는 절대적인 것이 아니고, 이것을 대신할 속어가 생길 가능성도 충분히 생각할 수 있고, 실제로 새로운 속어가 생겨나고 있다. 그러나 이러한 전문용어는 한국에서의 서커스단의 형성과정과 밀접하게 관련되어 있으며, 서커스 내부 세계의 사람이 되기 위한 '시민권'을 획득하는데 있어서 결코 무시할 수 없는 중요한 역할을 감당하고 있었다. 이것은 주위에 있는 다른 집단의 구성원과 자타 自他를 구별하는 것이었으며, 어떤 의미에서는 지역어에 필적하는 자신의 정체성을 재확인하는 것이었다고 할 수 있다. 그런 의미에서 한국 서커스의 역사를 상징하는 이러한 용어가, 집단에 통합을 갖게 하는 집단 통합의 역할을 담당하고 있었다고 할 수 있다.

그리고 이와 같은 특징이 집단 통합의 역할을 감당함으로써, 때로는 구성원의 유동을 억제했던 것이다. 또한 동시에 외부에 대해서는 집단으로서의 통합을 만들어 내고, 구성원이 단결해서 세상사에 맞설 수 있는 '힘'을 창출해 내는 근원이 되고 있었던 것이다.

한국 서커스 내에서의 사회적 긴장의 완화가, 수렵채집민을 포함한 일반적인 이동집단에서 공통적으로 볼 수 있는 구성원의 유동이라는 형태로 행해지고 있었던 것에 반해, 집단 통합에 있어서는 그 이동집단이 처한 전체사회의 영향을 받아, 거기에 따른 수단이 취해지고 있었음을 알 수 있었다. 이러한 특징을, 수렵채집민처럼 실질적인 생활 수단의 선택이 하나로 한정되어 있는 집단과 그렇지 않은 집단의 차이라고 보거나, 혹은 이동하는 집단이 전체사회의 특수한 부분사회로 자리매김 되는 집단과 그렇지 않은 집단과의 차이라고 볼 수 있을지도 모른다. 이 점은 향후의 연구로 밝혀질 것이다.

　이동집단으로서의 한국 서커스는 구경거리라는 성격상, 사람들의 호기심을 자극하기 쉽고, 이것에 의해서 구성원을 모아 들인다. 또한 이동생활이라는 성격상, 관리가 두루 미치기 어렵고, 일반 사회로부터 비어져 나온 사람들을 받아들임으로써 구성원을 모아 들였다. 더구나 한 번 집단을 떠난 구성원도, 스스로가 만들어 낸 '사회'라는 테두리를 넘을 수 없었거나, 혹은 무대 위에서 사람들로부터 주목 받는 것을 잊을 수 없었거나, 이동생활로 돌아오고 싶어졌다는 이유로 다시 구성원으로서 서커스로 돌아왔다. 그리고 여기서 생기는 사회적인 긴장을 완화시키기 위해서, 구성원의 유동이 다시 반복되고, 유동에 의한 집단의 붕괴를 막기 위해서, '집'이나 '식구'라는 한국 사회에서 일반적으로 강하게 영향을 미치고 있는 가족 구조를 모방한 가공 가족과, 서커스의 역사에서 유래하는 공유어로서의 '일본어'에 의해서 집단 통합을 도모하고 있었던 것이다. 이러한 점에서 구성원은 항상 '가족'을 의식하며, '가족'의 공유어를 습득해 가는 과정에서 집단의 통합을 일시적으로나마 보여주고 있었던 것이다.

　이상과 같이, 여기에서 언급한 이동집단에서, 집단의 긴장 완화를 도모하는 수단으로서의 구성원의 유동은, 집단을 통합시키는 기능과 한 쌍이 되어 집단 내에 특성으로서 존재하고 있었다. 그리고 구성원의 유동을 전제로 만들어진 집단도, 통합시키는 기능을 동시에 보유함으로써 집단의 붕괴를 막고 있었다고 할 수 있다. 구성원의 유동이 현저하게 나타나는 이동집단은 이 두 기능의 균형에 의해 집단으로서 존속하고 있었던 것이다.

5.2. 이동과 소유의 관계

이상과 같이, 한국 서커스, 그것도 D서커스단이라는 구체적인 사례를 통해서, 이동집단의 구성원의 유동과 그 조직 본연의 모습이나 구성원의 의식과 행동을 살펴보았다. 그러나 이동집단에서는 왜 그렇게까지 구성원이 유동 하는가라는 물음에 대해서는 충분한 답을 얻지 못한 것 같다.

따라서 여기에서는 이동과 소유의 관계에 대해서 고찰하고, 거기에서 하나의 시점을 이끌어내고 싶다. 이 이동과 소유의 관계에 대해서는 이미 많은 시사를 주고 있는 보고가 몇 가지 있는데, 그 중에서 우선 유목민의 사례를 보기로 하겠다.

5.2.1. 이동집단과 소유물

몽골에서 유목민에 대하여 조사한 마쓰카와 다카시松川節[1998:199]는 그들의 주거인 게르Ger의 구조에 대해서 "우선 이동을 위해서는 가벼워야 하며, 설치와 해체 및 운반이 간단할 필요가 있다."라고 기술하고 있다. 또한 "운반을 간편하게 하기 위해서 뼈대가 되는 천막, 서까래, 벽면은 모두 분해식으로 되어"있을 뿐만 아니라, "제일 부피가 큰 벽면은 목재를 격자모양으로 짜 신축하는 구조로 되어 있어, 접으면 휴대에 편리한 구조"를 갖고 있다고 한다[松川 1999:199]. 이러한 언급을 통해 주거 자체가 이동을 전제로 한 구조로 되어 있고, 운반을 염두에 두고 있음을 알 수 있다.

북미인디언의 연구를 한 하라 히로코原ひろ子[1989:40-41]도, 새로운 텐트가 양철 혹은 스토브의 중량을 더해도 종래의 모피 텐트보다 가볍다는 점이 캠프 이동에 큰 이점이며, 기동성의 요구가 높아지면 높아질수록, 짐이 가벼워야 되는 필요성이 강해짐을 기술하고 있다. 우선, 이들 이동집단에 대해서는 짐과 이동 시의 운반을 생각할 수 있다. 그리고 그들은 가능한 한 "홀가분하게 이동하기 위해서 물건을 소유하지 않는 생활을 철저히 지키고 있는"[原 1989:34] 것이다.

또한 술루제도에서[11] 가선家船을 조사한 도코로 이쿠야床呂郁哉[1998:185]는 가선 안의 상황을 다음과 같이 소개하고 있다. "가선 내부의 소지품을 보면, 한정된 거주 공간을 이용하기 위해서 그다지 필요하지 않는 것은 없고, 그들의 물질문화는 일반적으로 검소"하며, "식기나 냄비 등도 최소한 필요한 것밖에 없다." 또한 프랑스에서 마누슈Manoush의 집마차를 수행하면서 조사를 한 오모리 야스히로大森康宏[1998:222]도, "도보, 그리고 짐수레와 천막의 시대를 오랫동안 계속해 온 옛 마누슈는 소지품을 최소한으로 해 왔다."라고 기술하고 있다. 그리고 그것은 오늘날 루로트Roulotte라고 하는 집 형태로 이동 수단이 바뀌어도 생각은 변하지 않아, 가구나 일상생활 용품은 거의 휴대하지 않는다고 한다.

이처럼 이동생활을 하는 사람들은 그들의 생활 속에서 이동하는 것이 큰 자리를 차지하고 있어, 소유물을 최소한으로 억제하는 경향이 강하다. 즉, 이동을 생활에 도입한 사람일수록, 소유물이 적다고 하는 관계가 성립함을 알 수 있다.

한국 서커스의 경우, 1994년 조사 당시 D서커스단은 다른 서커스단과 달리 짐이 많아 이동의 규모가 커서 힘들다고 했다. 예를 들면, 조사 중에

---

11) 역주: 술루제도(Sulu Archipelago)란, 필리핀의 남서부 민다나오섬과 북(北)보르네오 (사바주) 사이의 약 270km의 해상에 산재해 있는 400여 개의 섬들을 말한다.

겨울철을 맞이해 취사 담당자가 한국의 일반 사회에서도 행해지는 김장을 담갔던 적이 있었다. 김장을 담그기 위해, 직경이 1m 정도 되는 대형 양동이를 6개 정도 준비하고, 여성 구성원들에게 돕게 하여, 그것들 전부에 김치를 담갔던 적이 있었다. 그런데 문제가 된 것이 바코시 때였다. 물기를 대량으로 머금은 김치까지 들어간 양동이를 트럭에 싣는 것은, 다른 작업을 멈추고 5~6명이 함께 도와야 될 정도이었기 때문에, 구성원들 사이에서 취사 담당자에 대한 불만이 높아졌던 것이다. 취사 담당자도 입단하고 나서 처음으로 겨울철을 맞이하였고, 경험이 없어서 일어난 일이었지만, 이동을 전제로 한 생활을 계속하는데 있어서 소유물은 최대한 줄일 필요가 있음을 느끼게 하는 사례이다.

또한 이동과 소유의 관계를 보다 확실하게 이해시켜 주는 변화는 1999년경부터 고야스미 텐트 대신에 컨테이너를 사용하게 된 일일 것이다. 판매소나 식당을 비롯해 각 구성원의 방이 컨테이너로 바뀜에 따라 서커스의 이동 자체도 대규모로 되었다. 그전까지는 11t트럭 4대로 해결되었는데, 18대 정도가 필요하게 되었다. 컨테이너는 트럭에 실을 수 있는 수가 한정되어 있기 때문이다. 예를 들면, 1990년대 중반까지 활동하고 있던 일본의 국제서커스 단장인 가와사키 쇼이치川崎昭一에 의하면, 1995년에는 트럭 하나에 컨테이너는 2개밖에 싣지 못해서, 총 36대의 트럭 중에 18대를 컨테이너가 차지해 이동하는 것이 대단히 힘들었고, 공연지도 어느 정도의 공간을 확보할 수 있는 장소를 고를 수밖에 없었다고 한다.

이 컨테이너의 도입은 구성원의 소유물도 증가시켰다. 그전까지는 '궤짝'이라 불리는 열쇠가 달린 약 1m 사방의 나무상자가 장롱이나 귀중품을 보관하는 수납고가 되어, 이동 때마다 그것을 옮겼다. 텔레비전을 구입한 사람도 똑같이 나무상자를 새로 마련하여 운반하였기 때문에, 아무래도 텔레비전의 크기에도 한계가 있었다. 그런데 컨테이너로 바뀌고 나서는, 방안에는 대형 텔레비전이 설치되고 대형 장롱이 갖춰졌다. 또한 구성원에 따라서는 일반적인 가정에서 볼 수 있는 정수기 등을 사들이는 사람도 나타났다. 소유물의 크기와 분량이 확대됐던 것이다. 그리고 난방기구 등도 예전에는 소형이고, 냉방기구로서는 선풍기가 주류이었지만, 이제는 에어컨이 설치되었다.

이 때문에 지금까지 고야가케 작업을 한창 진행할 때 중간에 고야스미 텐트를 설치해야 하는 수고도 없어져서, 한국 서커스의 경우도 구성원은 편리함을 느끼게 된 반면, 이러한 소유물의 증가가 이동을 대규모로 만들고, 공연지의 부지에 관해서도 지금까지보다 약간 넓은 장소를 확보할 필요가 생겼다. 또한 운반비는 물론, 공연지에서의 전기세나 유지비가 더 들게 되었다. 바로 소유가 이동을 제한하고 있는 것이다.

반면, 이동을 자주 반복하던 예전의 서커스 구성원은, 조금이라도 짐을 줄이기 위해서 크든 작든 간에 물질에 집착하지 않았다. 바코시가 시작되면, 만화나 잡지는 물론, 그때까지 사용하던 트럼프나 화투를 버리는 일이 많았다. 이런 것들은 이동한 장소에서 필요할 때 다시 구입하게 된다. 이뿐만 아니라, 여름철이 끝나면 선풍기, 겨울철이 끝나면 난방기구가 버려진다. 이것들은 꼭 고장 난 것만이 아니라, 충분히 사용할 수 있는 것이라도 이동 시에 방해가 된다고 폐기하는 것이다.

이와 비슷한 일은 다른 이동 집단에서도 볼 수 있다. 예를 들면, 전술한 오모리大森[1998:223]는 프랑스인들이 식료품을 모아두려고 하는데 반해, 이동생활자인 마누슈들은 이동할 때에 남은 식료품은 길가에 버린다고 기술하고 있다. 반대로, 아프가니스탄의 파슈툰Pashtun 유목민의 연구를 실시한 마쓰이 다케시松井健[2001:177]는, 수렵채집 집단이 정주할 것을 강요당한 계기로서, 겨울철에 식료품이 전혀 없어 위도지방으로 분포를 넓혀 갔을 때, 어쩔 수 없이 식료품을 저장하게 된 것을 들고 있다. 식료품이라 할지라도 소유물이 증가하여 그것을 보존할 필요가 생겼을 때, 즉 소유의 증가가 사람의 이동을 제한하고, 되도록이면 한 곳에 머무르게 하고 있었음을 알 수 있다.

5.2.2. '몸 둘 곳'을 둘러싼 구성원의 유동

앞 절에서 이동집단과 소유물 사이에는 흥미로운 관계가 있음을 기술했다. 그러나 과연 소유한다고 하면, 눈에 보이는 물질만을 가리키는 것일까? 여기에서는 D서커스단의 사례로 다시 돌아가서, 그들에게 있어서의 '몸 둘 곳'에 대해서 생각해 보기로 한다.

이 장소는 구현화된 실재実在의 토지가 아니다. '몸 둘 곳'의 검토로부터 이동과 소유의 관계가 구체적인 물질적인 대상에 대한 소유만으로 한정되는가에 대해서 검토하기로 한다. 이때, 향수나 자기 정체성, 그리고 그들끼리의 연대감을 시야에 두고 이야기를 진행시켜 간다.

한편, 전술한 것처럼 유동을 반복하는 경향은 특히 20대 후반부터 D서커스단에 입단한 구성원들에게서 볼 수 있었다. 그들은 일에 걸맞은 수입이나 그 일에 대한 사회적 평가를 이유로, 갑작스럽게 서커스단을 떠나갔다. 그러나 실제로는 그렇게 서커스단을 떠나간 사람이 일자리를 얻지 못하거나 해서 다시 D서커스단으로 돌아오는 사례를 의외로 많이 볼 수 있었다. 그들이 이처럼 서커스단으로 다시 돌아오는 이유의 하나로서, 서커스단이라는 집단 자체가 다른 사람을 받아들이기 쉬운 체질을 갖고 있다는 점을 들 수 있다. 그리고 실제로 새로운 직장에 적응하지 못하고 그곳을 그만두거나 하지만, 갈 곳이 없기 때문에 '단기적'으로 다시 돌아오는 경우도 많았다. "난 갈 곳이 없어져서 할 수 없이 여기D서커스로 돌아왔다." 는 식의 이야기이다.

물론 이것은 어떤 의미에서 한국의 서커스가 처한 현 상황을 나타내고 있다. 직업으로서의 서커스는 한국 사회에서 경시되고 있기 때문에, 'D서커스단'이 '몸 둘 곳'이라고 긍정적으로는 생각할 수 없고, 'D서커스단'이라는 '몸 둘 곳'에 있었던 일을 숨기려고 한다.

이러한 상황을 보는 한, 그들에게 D서커스단을 향한 애착심은 느껴지지 않는다. 20대의 어느 곡예사는 방송국의 인터뷰에서 "사람들이 직업을 물어보면 '막노동자'라고 해. 그러니까, 서커스보다 '막노동자' 쪽이 더 낫다는 거지."라고 대답했다. 물론 여기에서 서커스 단원과 토목 작업원이 한국 사회에 있어서 어떻게 자리매김 되어 있는지를 논의할 생각은 없다. 여기에서 문제가 되는 것은, 그들 안에서의 자리매김으로서 토목 작업원은 사회적으로 낮은 평가밖에 받지 않지만, 서커스단원은 더 낮다는 의식을 갖고 있었다고 하는 것이다. 그들은 이러한 사회적인 풍조가 있어서인지, 일단은 서커스라는 직업에 대해서 높게 평가하지 않는다. 이렇게 이야기하면, 일반적으로 화려한 이미지가 항상 따라다니는 서커스라고 하는 '몸 둘 곳'이, 매우 지내기 불편하고, 마이너스의 이미지가 따라다니는, 매력이 없는 '몸 둘 곳'인 것처럼 느껴진다.

그러나 그들은 기회 있을 때마다 "여기서의 생활이 그리웠다."라고 한다. 또 다른 곡예사는 인터뷰에 대답하면서 "여기D서커스단로 돌아온 것은, 무대에서 곡예를 한 후, 관객으로부터 받는 박수를 잊을 수 없었기 때문에" 라고 했다. 어떤 잡무 담당의 구성원은 "서커스에 있는 누구누구가 불러서 여기가 그리워져서 돌아왔다."라고 한다.

일반적으로 서커스단은 '가족'으로 비유되는 일이 있다[林 1997]. 전술한 것처럼, 한국의 서커스단도 예외가 아니어서, 그들은 서커스단을 구성하는 사람들을 식구라고 부르고 있었다. 그리고 "우리들은 가족이니까 사이좋게 지내자."라고도 했다.

이처럼, 서커스에서의 생활이나 서커스에서 생긴 '동료', 그들의 용어로 말하면 '가족'이 그리워져서 서커스로 돌아오는 경우를 비교적 많이 볼 수 있었다. 그들에게 있어서 'D서커스단'은 일종의 향수를 느끼는 '몸 둘 곳'이라고 할 수 있을지도 모른다. 그리고 일이나 수입, 사회적인 인지도의 낮음을 이유로 탈퇴한 경험이 있는 구성원들도, 일을 떠나 식사나 술집에 나가 즐길 때는 D서커스단의 일원이라는 자부심을 갖고, 각자가 나름대로 서커스에 대해 이야기하기 시작했던 것이다.

여기서 그들이 '그립다'고 느끼는, 혹은 자부심을 느끼는 서커스라는 '장소', 혹은 D서커스단이라는 '사람들의 모임'은 고정된 것이 아니다. 전술한 것처럼, D서커스단에서는 구성원의 유동이 자주 반복되기 때문에, 구성원이 반드시 특정한 사람으로 정해지지는 않기 때문이다. 더구나 서커스단은 공연 장소를 찾아서 항상 이동을 계속하기 때문에, 정해진 장소에서 장기간 체재하는 일도 없다. 따라서 그들이 기억하는 'D서커스단'은 우리가 경험하는 것 이상으로, 현실에서는 항상 일정한 상태로 머무르는 일이 없다. 즉, 'D서커스단'이란 일종의 간판에 불과할 뿐, 그것을 규정하는 것은 없다고 볼 수도 있다.

단, 이러한 구성원 중에서도 비교적 오랫동안 특정 서커스단에 소속하고 있는 구성원들이 존재한다. 물론 그들도 '비교적' 장기간에 걸쳐 소속하고 있다는 것뿐으로, 결코 다른 서커스단이나 다른 직종으로 옮겨 가지 않는 것은 아니다.

그런데도 D서커스단이 'D서커스단'다운 것은 D서커스단이라고 하는 간판이며, 단장을 비롯해서 어느 정도 정착하고 있는 구성원들의 존재이다. 그리고 어느 개인에게 있어서의 'D서커스단'이란, 바로 D서커스단의 간판과 그 당시에 있던 단장, 그 개인이 소속해 있었을 때의 정착적인 구성원들이라고 할 수 있다.

따라서 위의 요소 중 하나라도 사라지면, 그 개인에게 있어서의 'D서커스단'은 사라지는 것이다. 또한 그 정도가 진행됨에 따라, 그 개인의 기억 속에서만의 D서커스단, 그만의 'D서커스단'이 존재하는 상황으로 변화해 간다. 그리고 기억 속에 존재하는 'D서커스단' 중에서, 그 개인에게 있어서의 'D서커스단'다운 요소가 없어졌을 때, 비로소 그에게 있어서의 'D서커스단'이 사라져 버리는 것이며, 현재도 D서커스단이 계속되고 있다는 사슬로부터 그 개인이 자유로워지는 것이다.

다음은 서커스단을 탈퇴한 어느 개인이 반복하는 유동에 대해서 살펴보도록 하겠다. 한국에서 서커스를 구성하는 사람들을 '가족'에 비유하는 것에 대해서는 이미 언급한 바가 있는데, 서커스의 구성원들이 출입을 반복하고 있는 이면에는 이 '가족' 간의 네트워크가 숨겨져 있다.

즉, 그들은 거기서 생긴 '가족' 간의 네트워크에 의지해 정보를 얻고, 입단과 탈퇴를 반복해 간다. 여기서 볼 수 있는 것은, 유동을 반복하는 구성원이 그들보다는 정착적인 구성원에 대해서 정보를 입수한다는 움직임이다. 그러나 이 네트워크는 그들에게 있어서 단지 자신들의 일자리를 찾아내기 위해서만 '이용'하는 것은 아니다. 왜냐하면, 네트워크를 보는데 있어서 주목하는 것은 네트워크를 구성하는 인간이며, 네트워크를 구성하는 상대가 그 서커스단에 '지금도 있다'는 관념에 의거하고 있기 때문이다. 그리고 바로 그 상대야말로 D서커스단의 간판이나 단장과 함께, 그에게 있어서 그 집단에게 향수를 느끼게 하는 'D서커스단'다운 요소의 하나였다고 할 수 있다. 그 네트워크를 구성하는 상대가 '지금도 그 서커스단에 있기' 때문에 그는 그곳으로 되돌아오는 것이며, 그 서커스단에 향수를 느끼고 있는 것이다. 어느 단원에게 D서커스단에 왜 되돌아왔는지를 물었을 때, 전술한 것처럼 "서커스에서의 생활이 그리워서 돌아왔다."라는 대답과 함께, "누구누구가 나를 불렀기 때문이다.", "누구누구를 만나고 싶어서 돌아왔다."라는 대답이 돌아온다. 그들은 네트워크를 구성하고 있는 '가족식구'을 목적으로 하고 있는 것이다.

이 '가족' 간의 네트워크에는 연대감이 밀접하게 관련되어 있다. 서커스단에서는 일부를 제외하고 하루 종일 함께 생활한다. 또한 극장을 세우는 일은 매우 힘든 중노동이지만, 이것도 공동으로 행해진다. 극장이 완성된 후에도 태풍이 불면 한밤중이라도 전원 기상해서 거기에 대처하고, 큰 비가 내리면 전원이 함께 배수도랑을 파는 작업에 쫓긴다. 침상도 서로 붙어 있고, 식사도 서커스단의 취사장에서 함께 한다. 이른바 '한솥밥을 먹는' 관계인 것이다. 이때, 함께 힘들었다는 것이 한층 더 그들이 갖는 연대감을 강하게 하고, '가족' 간의 네트워크를 형성시키고 있다. 이러한 같은 동료 혹은 '가족'이라는 연대감이야말로, 이 네트워크를 유지하고 그들의 유동을 가능하게 하고 있었던 것이다.

물론, 한국의 서커스에 오랫동안 소속한 단원들의 경우는 사정이 약간 다르다. 그들로부터 'D서커스단이니까 향수를 느낀다'는 대답은 일단 들리지 않는다. 그들은 '한국에 존재하는 서커스단'이라는 더 넓은 경계선을 갖고 있기 때문이다[林 1997:54]. '혼부새끼'라고[12] 불리며 어릴 적부터 비교적 오랫동안 하나의 서커스단에서 자란 구성원인 경우, 그 서커스단,

---

12) 역주: 전술한 2.1.2.의 (1)을 참조하기 바란다.

예를 들어 'D서커스단'에 향수를 갖는 일은 있다. 그러나 그들에게 있어서 도 '그 서커스단'이 유일한 서커스단은 아니다. 서커스의 세계에 오래 있으면 있을수록, 몇 군데의 서커스단을 경험하기 때문이다. 그래서 서커스에 장기간에 걸쳐 종사하고 있는 사람들은 '한국에 존재하는존재한 서커스단' 이라고 하는 덩어리로 하나의 경계를 만들어 가는 것이다.

다만, 그들의 경우도 사정은 크게 다르지 않다. 어느 개인이 'D서커스단' 에 느끼고 있던 향수나 자부심, 연대감을 더 넓은 테두리에서 갖고 있음에 지나지 않기 때문이다. 그들의 네트워크는 각 서커스단에 분산되어 있고, 그 네트워크를 더듬어 가면, 어느 서커스단이 대우가 좋고, 어느 서커스단 이 일손부족이며, 어느 서커스단이 자신의 기술을 높게 평가해 줄 것인가 라는 정보를 항상 얻을 수 있다. 물론 이것은 어느 개인이 서커스와 동떨 어진 직업에 종사하고 있는 경우에서도 동일하다. 서커스에 단기간 종사 한 사람이 특정 서커스단에 향수를 느끼는데 반해, 서커스에 장기간 종사 한 사람이 서커스의 생활에 향수를 느낄 때, 특정 서커스단으로 돌아오려 고 하는 것이 아니라, 어딘가의 서커스단, 즉 '한국에 존재하는 서커스단' 으로 돌아오려고 하는 것에 지나지 않다. 그리고 그때에는 앞서 언급한 정보를 음미하면서 보다 조건이 좋은 곳으로 돌아가는 것이다. 이때, 보다 친한 정보원인 '가족'이 있는 서커스단으로 돌아가는 것이 일반적이다. 그 들에게 있어서 그것이 일자리를 얻는데 유리하게 작용하기 때문이다. 그 리고 바로 그와 함께 일함으로써 향수가 되살아나고 연대감에 따르는 그 의 '몸 둘 곳'을 확보할 수 있는 것이다.

D서커스단에 있던 개인이 서커스단을 떠난 때부터, 그 개인의 체험을 기초로 한 기억 속에는 'D서커스단'이 승화된 이미지로서 만들어진다. 즉, 개인의 기억 속에 점차적으로 D서커스단이 기분 좋은 '몸 둘 곳'으로 변화

하는 것이다. 그리고 현실 생활에 만족할 수 없는 사태가 생겼을 때, 그는 기억 속에서 승화된 서커스단에서 '몸 둘 곳'을 찾는다. 그에게 있어서 기억 속의 'D서커스단'은 연대감을 느끼게 하는 '가족'이 있는 장소이며, 향수나 자부심을 느낄 수 있는 장소이기 때문이다.

그러나 현실의 D서커스단과 기억 속에서 승화된 'D서커스단'과는 분명한 차이가 있다. 특히 구성원들이 유동을 반복하고, 장소를 전전하는 서커스단에서는 그 차이는 크다고 할 수 있다. 현실의 D서커스단과 기억 속의 'D서커스단'과의 사이에 자기로서는 납득할 수 없는 어긋남이 생겼을 때, 그들은 '여기는 내가 있을 곳이 아니다'고 느끼는 것이다. 또 다시 '몸 둘 곳'을 잃은 그들은 기억 속에서 승화된 '몸 둘 곳'을 찾아 다시 유동을 반복해 간다. 그리고 때때로 그들은 현재의 D서커스단과 기억 속에서 구축된 'D서커스단'의 틈새를 방황하기 시작하는 것이다.

5.2.3. 이동과 소유를 둘러싼 가설

그렇다면, 왜 이동집단에서 구성원의 유동을 활발하게 볼 수 있었는지에 대해서 다시 생각해보도록 하겠다. 이동집단에서는 전술한 것처럼 소유물이 제한되는 경향이 있었다. 단체생활을 어릴 적부터 오랫동안 계속해 온 사람은 물론, 도중부터 입단한 사람도 단체생활을 계속하면서 거기에 길들여지는 듯하다. 물론, 입단하는 사람은 처음부터 소유물을 버리고 온 사람이 많았다. 외부 사회에서 범죄에 말려 들어가거나 해서 소지품도 없이 도망친 사람은 물론이고, 서커스에 매력을 느껴 입단한 사람은 가족과 다투고 오는 등, 구체적인 물질이 아닌 가족이나 인간관계라고 하는 눈에 보이지 않는 소유물과의 관계가 끊어진 것이다. 또한 부도를 내고 도망친 사람은 빚이라고 하는 서면상의 마이너스 재산이나, 사업에서의 성공이라는 꿈의 소유를 놓아 버린 것이다.

이와 같은 점에서, 이동집단의 구성원에게서 유동을 활발하게 볼 수 있었던 요인으로 크게 2가지의 가설을 세울 수 있다.

① 유형무형의 소유물과 단절된 사람들은 일시적인 체재 장소로서 이동집단으로 모여 들었다. 즉, 이동집단을 구성하고 있는 사람들은 소유와의 관계가 끊어져 있기 때문에, 더욱 더 그 집단으로부터도 유동적으로 이동해 간 것이라고 생각할 수 있다.

② 이동집단은 이동을 자주 반복하기 때문에, 집단 자체 내에서도 물질로서의 소유물을 최대한 줄이려고 하였다. 그 결과, 이동집단을 구성하는 사람들은 소유물이 적고, 또 그 상태에 익숙해져 있다고 할 수 있다. 이동집단은 그것을 구성하는 사람들에게 있어서도, 그들이 유동하는데 적합한 환경을 만들어 내고 있었다고 생각할 수 있다.

단신인가 가족이 있는가에 따라 서커스에의 소속 기간에 차이가 보였던 것도, 바로 가족이라는 '소유물'을 소유하고 있는지 아닌지에 따라서 이동하기 쉬운지 어떤지가 정해졌기 때문이다. 이와 같이 생각하면, 전술한 '몸 둘 곳'과의 관계를 봐도 알 수 있듯이, 서커스 내에 동료라고 하는 '소유물'이 적은 단체생활이 짧은 잡무 담당자는 금방이라도 이동하여 서커스를 떠났다고 할 수 있다. 동료라고 하는 소유물, 혹은 거기에 투영되는 가족이라고 하는 이미지를 소유하고 있었지만, 이미지의 소유를 놓아 버리고, 동료가 '자신의 것'이 아니라고 느꼈을 때, 그들은 서커스단을 뒤로 했던 것이다.

'몸 둘 곳'에 대해서도 마찬가지였다. 자신이 소속해 있는 장소가 지내기 편할 때, 그 장소에 머무름과 동시에 '몸 둘 곳'이라는 개념을 계속 갖는 것이다. 그런데 거기에서 지내기가 불편해졌을 때, '몸 둘 곳'이라는 개념을 포기한다. '몸 둘 곳'이라는 눈에 보이지 않는 소유물을 놓아 버림과 동시에, 새로운 '몸 둘 곳'을 소유하려고 이동을 계속하고 있었던 것이다.

이렇게 하여 이동집단에서는 필연적으로 구성원의 유동성이 발생하였다고 생각할 수 있다.

이동의 향후

마지막으로 지금까지의 논의를 전개하여, 한국 사회 연구와 이동 연구에 대하여 향후의 연구 가능성을 이야기하고자 한다.

6.1. 이동으로부터 보는 한국 사회

사람의 이동이라는 측면에서 한국 사회에 대해 무엇을 말할 수 있을까? 문화인류학자인 이토 아비토伊藤亜人는 이동과 상대적인 관계인 소유물에 대해 흥미로운 점을 언급하고 있다. 예를 들면, 한국에서는 일본과 비교해서 물건에 대한 관심이 일반적으로 낮으며, 이러한 점이 물건에 대한 애착심의 결여나 근래의 '과소비'와의 관계를 시사하고 있다伊藤 2003:12]. 이것을 조선 사회의 특징과 관련시킨 설명으로는 유학과의 관계성도 지적할 수 있을 것 같다. 예를 들면, 1392년부터 계속된 조선시대의 국교가 된 것은 유학이며, 유학성리학은 인간을 중심으로 생각하고, 물건과의 관계로부터 자유로운 인간성을 논하려고 하였다[伊藤 2003:15]. 이러한 사상이 오늘날에도 물건에 대한 애착심의 결여를 만들어 내고 있다고 한다. 이토가 생각하는 한국에서의 물건에 대한 가치관에 대해서는 통일일보의 기사에 보다 명확하게 나와 있으므로 이하 소개해 둔다.

한국인은 정신적인 내면을 중요시하기 때문에 물건을 만들거나 기술을 연마하거나 하는 이른바 기술직이나 상인을 멸시하는 경향이 있다. 물건에 마음을 담아 물건과 사람이 연속성을 가지는 일본인과는 달리, 물건에 대한 무관심이 두드러진다. 이러한 일이 도구를 다루는 태도, 수리, 소비자의 물건에 대한 사용 태도 등 경제에 그대로 나타난다. 한국의 과소비 배경에도 이러한 한국적인, 물건과 사람의 관계가 있다.
[통일일보 2004년 3월 10일자 6면기사]

한국은 '사람은 정신적 내면이 중요하다'고 생각하여 물건을 만들거나 거래하거나 하는 것을 멸시하는 사회. 물건에 대한 관심이나 애착이 희박하다. 물건을 자신의 분신처럼 생각하여 물건과 사람에게 연속성을 갖게 하려는 일본과는 다르다. [통일일보 2004년 3월 24일자 6면기사]

예를 들면, 일본에서는 상호를 지킨다고 하는 관념이 남아 있기도 하지만, 한국朝鮮에서는 일반적으로 그것이 남아 있지 않다. 또한 '전통의 맛'을 지키는 일에도 가치를 두지 않는다. 능력이 있으면, 요식업이나 소매상을 그만두고 교육계나 정계로 진출하거나, 혹은 기업 등에 취직하거나 사업을 일으켜 장사를 보다 확대해야 한다고 생각한다. 즉, 전통의 점포를 고집하는 것은 능력이 없다고 판단되는 것이다.

이와 동일하게 제조업에 대해서도 관심을 두지 않는 것도, 전술한 이토의 주장에서 볼 수 있듯이, 한국 사회에서는 물건 만들기에 중점을 두지 않았기 때문이라고 할 수 있다. 그래서 한국에 있어서의 연구 경향도 "'물건을 통해서 보는' 시점이란, 예전의 유학자는 물론, 오늘날의 한국 문인들의 접근 방법과도 대조적인 촌부야인의 시점"[伊藤 2003:24]이기도 하다. 물건의 소유 자체에도 그다지 관심이 없는 것이다.

이상과 같은 물건의 소유에 대한 무관심은 이동하는데 유리하게 작용한다. 이동과 소유의 관계에서 분명한 것은 소유하는 것이 적으면 적을수록 이동은 활발하게 이루어진다는 것이다. 즉, 물건을 소유하는 것에 대한 무관심이야말로, 한국조선에 사는 사람들의 이동을 보다 자유롭게 하였다고 할 수 있다.

현대의 한국 사회에 있어서도 사람들의 이동이 눈에 띈다. 직장 간의 이동이 활발할 뿐만 아니라, 거기에 따른 이사도 반복한다. 일반적인 이야기로는 장소에 대한 애착도 별로 강하지 않다고 한다. 장소에 대해서 불필요한 생각을 소유하지 않는다. 거기에서의 추억을 이사와 함께, 별 부담 없이 놔두고 갈 수 있을지도 모른다.

직업의 이동에서도 동일할 것이다. 한국에 있어서 상인들의 '상호'가 지켜지지 않았던 것도, 그 '상호'에 부여된 조상의 생각까지 짊어지는 일이 없었기 때문이다. 여분의 '짐'을 가지지 않았던 것이다. 이 때문에 부담 없이 그 장소, 즉 '상호'의 장소로부터 이동할 수 있었다고 하는 설명이 가능하다.

다만, 이것에 대해서는 세대 간별로 흥미로운 점을 볼 수 있다. 한국에서도 일제강점기를 경험한 현재 70대의 남성이, 40대의 딸이 '추억'이 깃든 낡은 장롱을 아무렇지도 않게 버려 버리고, 새것을 구입한 것에 대해 불만을 토로한 적이 있었다. 이상하게도 이처럼 물건에 애착을 느끼는 사람은 의외로 '일본'이나 '일본인'에게 호감을 갖고 있다. '일본인'은 물건을 소중히 한다든가, 검약 정신을 본받아야 한다고 이야기하는 것이다. 일부라고 할 수 있는 이러한 사람들의 가치관에 관해서는, 일제강점기의 산물로 치부될 가능성도 남아 있을 것이다. 이러한 가치관을 가진 사람들의 동향을 조사하면 또 새로운 이동과 소유의 관계가 보일 가능성이 있다.

또한 일본 사회에서도 그렇지만, 그 이전은 제쳐두고라도 1920~30년대에 태어난 세대와 1960~70년대 이후에 태어난 세대를 비교하면, 물건에 대한 생각에 현격한 차이가 있다. 젊은 그들은 물건을 처분하는 것도 빠른 경향이 있다고 할 수 있지 않을까? 이것이 또한 이동을 하는데 적합한 환경을 만들어 내고 있는 것이다. 적어도, 현대에 들어 이동이 활발해졌다고 적극적으로 주장되고 있음은 말할 필요도 없다.

이 논의를 한층 더 발전시켜 가면, 최근 글로벌화와 함께 활발히 행해지고 있는 이민연구에 대해서도 응용할 수가 있다. 이민은 주거를 끊임없이 이동하는 경향이 있음을 이동연구에서 검토할 필요가 있다는 것은 이미 언급했지만[林 2004:198], 그들이 이동을 반복하기 쉬운 일도 유형무형을 불문하고 소유가 적다는 것이 영향을 주고 있다고 할 수 있다. 이동을 반복하기 때문에 소유물은 적어지고, 소유물이 적기 때문에 더더욱 또 새로운 이동을 일으키기 쉬운 것이다. 소유와 사람의 이동과의 관계는 한층 더 새롭게 전개되어 가는 것이다.

지금까지 정주하고 있다고 간주되기 쉬운 사회나 집단에게만 많은 관심을 쏟아 온 한국 사회의 연구동향에 대해서, 이것이 이동하는 사람들에게 주목한 하나의 대답이다. 여러 조건이 있겠지만, 적어도 이 이동과 소유를 둘러싼 고찰은 한국 사회에서 활발하게 볼 수 있는 이동에까지 확대시켜 생각해 보는 것이 가능하다.

6.2. 전망 – 이동에서 보이는 변화와 지속

　이동을 변화와 지속의 관점에서 바라본다. 정주한 생활은 변화가 없는 생활이라고 간주되기 쉽고 이 때문에 스트레스가 쌓인다. 그래서 그 상태에 변화를 주기 위해서 사람들은 다양한 축제를 생활에 도입하거나, 혹은 여행이나 관광에 의한 이동을 생활 속에 도입해 왔다고 설명되었다.

　그렇다면, 이동하는 생활에 대해서는 어떻게 파악할 수 있을까? 본서에서 본 것처럼, 이동하는 생활이라고 해서 항상 변화가 있는 것은 아니다. 물론 개개인이 변화로 파악할 수 있는 요소가 많은 것은 분명하지만, 일정한 규칙에 따라서 움직이고 있었다. 그것은 예전에 조사한 약초상인의 생활에서도 동일하였다[林 2000]. 생활 사이클은 물론, 이동하는 루트까지 일정한 패턴에 따랐던 것이다.

　서커스에 있어서도 동일하다. 대략의 패턴이 정해져 있어 거기서 일탈하고 있는 것처럼 보이는 일도, 지금까지의 경험에서 옵션의 하나로 처리되어 간다. '정주한 생활'이라고 여겨지는 생활 패턴과 아무런 차이가 없었던 것이다.

　그래서 이러한 이동생활의 '지속'으로부터 사람들은 벗어나려고 했던 것이다. 때로는 토목 작업원과 같은 '정주생활'이라고 여겨지는 생활로, 때로는 또 다른 서커스단이나 약장사와 같은 '이동생활'이라고 여겨지는 생활로, '변화'를 추구하며 옮겨갔던 것이다. 아니, '옮겼다'는 것 자체가 '변화'라고 할 수 있다. 옮기는 것으로써 '변화'를 도모했던 것이다.

　예를 들면, 약초상인이 정기적인 시장을 돌면서 생계를 유지해 나갈 때, 그들은 정해진 루트로 이동한다[林 2004:208]. 그러나 가끔 그들은 그 시장과 거래처를 효율적으로 돌며 생계를 유지해 가는 루트 안에 완전히 비효율적인 루트를 잡는 일이 있다[林 2004:212]. 이러한 일도 그들은 매일 다른 장소로 이동하고 있지만 그 루트는 '대체적으로' 정해져 있어, 그들에게 있어서 점점 그것이 변화로 파악할 수 없게 됨을 의미한다. 처음에는 변화를 가져오는 이동이라 할지라도, 그 이동이 생활화 되어 일정한 규칙성을 가지는 순간에 지속되며, 그 지속이 계속됨에 따라 그 안에서 변화를 추구하기 시작하는 것이다. 그 변화는 언뜻 보기에 비효율적으로 보이는 루트였다고 할 수 있다.

그래서 예전에 쓴 저서에서 이러한 루트를 이용한 이동의 설명으로서 제시한 것이, 이동생활자에게서 쉽게 볼 수 있는 '생활 수단으로서의 이동' = '규칙적인 이동'과, 여행이나 관광으로 대표되는 '단발적인 이동' = '규칙성을 깨는 이동'이라고 하는 생각이었다[林 2004]. 그리고 이 분류야말로, '변화'와 '지속'의 관계를 바꿀 수 있게 한다.

마지막으로 '지속'을 '소유'라고 읽어본다. '규칙적인 이동'도 정주도 지속함으로써 소유를 늘리는 것이다. 이 소유물이 자신을 구속하기 시작했을 때 사람들은 '변화'=이동 혹은 단발적인 이동를 추구했다고 할 수는 없을까? 어찌 되었건 이러한 '변화'와 '지속'의 관점에서 사람의 이동을 보면, 지금까지의 이동자를 파악할 때의 틀이었던 이동생활이나 정주생활이라는 식의 구별로는 설명할 수 없다는 것이 명백하다.

그렇다면 사람은 무엇을 가지고 변화라고 파악하는 것일까? 물론 이동은 변화를 가져오기 쉽다. 그런 까닭에 자유라고 간주되거나 동경의 대상으로 이동생활이 파악되는 일이 있었다. 그러나 사실은 그것은 상대적인 것뿐이었음을 알 수 있었다. 이동을 하고 있어도 변화를 느끼지 않는 일이 있는 것이다. 그렇다면 '정주'를 하고 있으면서도 변화를 느끼는 일이 있는 것일까? 답은 '마음의 여행'에 있다고 할 수 있을 것이다. 사람은 사고의 전환을 통해서 변화를 느낄 수 있다. 즉, 그것은 지금까지의 소유물_{사고를} _{포함해}을 처분하는 행위이기도 하다. 계기는 다양할지라도 소유하는 것을 버렸기에 가능해진 '여행'이다. 단, 이 점에 대해서는 앞으로 다시 검토할 필요가 있다. 마지막으로 '마음의 여행'이라는 키워드를 가지고 지속과 변화라는 시점에서 '이동'을 생각하는 새로운 여행을 떠나고 싶다.

　사람들은 말한다. "서커스는 무서운 곳이야, 아이들에게 식초를 먹여서 몸을 부드럽게 한대. 그리고 곡예를 실패하면 채찍으로 맞고, 저녁밥은 안 준대." 이러한 '소문'이 항상 따라다니는 서커스, 그리고 '이야기'로서 서커스는 전해져 왔다.

　서커스에 상징적인 해석을 추구하는 사람들이 있다. 거기에서는 화려한 이미지로 그려지는 서커스와 캄캄한 어둠을 내포한 이미지로 그려지는 서커스로 나누어진다. 그러나 이윽고 사람들은 그것을 추구하는데 끝이 없음을 깨닫는다. '나도 서커스를 해 보고 싶다'고 찾아온 소년에게는 '화려함'과도, '어두움'과도 아무런 관련이 없다. 우리의 눈앞에서 줄타기를 하고 있는 곡예사들에게도 동일하다. 그들에게는 '화려함'도 '어두움'도 없다. 그들에게 있는 것은 단지 이동을 반복하는 생활뿐이다.

　근래에 이민연구를 비롯하여 '이동'에 대한 연구가 활발해졌다. 그러나 이러한 '에스노스케프Ethnoscape'의 시점에서의 연구가 주장되는 상황에서도, 특히 한국을 필드로 해서 이동을 반복하는 집단에 관한 인류학적 연구는 별로 찾아볼 수 없다. 이것은 서커스 연구를 실시한 10년 전의 상황과 비교해도 눈에 띈 변화는 없다.

본서에서는 서커스라는 항상 이동을 계속하는 집단을 다루어서 이동하는 것, 이동생활이 사람들에게 주는 영향에 대하여 고찰하였다. 특히, 예전에 필자가 이동에 초점을 두고 조사를 계속해서 얻은 식견을 바탕으로 이동과 소유의 관계를 시야에 두고 논의를 펼쳐봤다. 이것을 일반화시키기에는 아직도 많이 부족하지만, 이동연구를 생각할 때 결코 피해서 갈 수 없는 테마라고 생각한다.

이와 같은 목적으로 고찰한 연구이었지만, 이동연구의 사명은 이것만으로 끝나지 않는다. 이동을 계속하는 집단이 지금까지 별로 연구의 대상이 되지 않았던 것인 만큼, 조사기록을 생활 기록으로서 남기는 작업 자체가 매우 중요한 작업이었다고 할 수 있을 것이다.

물론 본 연구는 이른바 특정 '민족 범주'라고 일컬어지는 집단 전체를 대상으로 한 것이 아니며, 민족 범주를 '대표하고 있다'고 말할 수는 없는 특수한 집단에 대해서 살펴본 것이다. 그 때문에 특히 연구 당시에는 연구대상 자체가 지금까지의 인류학자가 별로 다루지 않았던 분야연구대상으로서는 어울리지 않는다고 여겨졌던 분야였다고 생각된다.

그러나 우치보리[内堀]가 이미 20여 년 전에 지적한 '지역이 아닌 살아 있는 사람의 연구, 고유명사로 표현되는 한 사람의 연구'[内堀 1982:201]가 병존해서 이루어진 것에 대해서, 지금은 반드시 '잘못 짚은' 연구는 아니었으며, 반대로 인류학자가 피해온 것이라면 더욱 더 '희소성'을 가진 연구였다고 할 수 있을지도 모른다. 오히려 이 '희소성'에 본 연구의 가치를 두고 싶다.

단, 희소성 있는 필드인 만큼, 다루는 방법에 있어 극히 신중해야 한다는 점은 말할 필요도 없다. 더구나 보기 드문 필드에서의 견문은 참조할 만한 것이 한정되어 있어, 허구성을 장식해 놓은 '문학작품'으로 이야기되는 부분이 필연적으로 많아지기 쉽다. 그러나 이것들을 '생활 기록'으로 남겨 놓는 이상, 이러한 위기적 상황은 피해야 하는 것은 말할 필요도 없고, 이것을 어떻게 '생활 기록'으로 기록해 갈지가 중요시 된다.

천막 밑에서 조사를 끝낸 후, '숨겨진, 신비로움에 둘러싸인 부분이 많은 필드 노트'[Robert 1995:Ⅸ]를 가지고 필자 나름대로 어떻게 기술할까에 대해서 고심하였다. 물론, 그래서 '정답'을 얻은 것은 아니다. 10년이라는 세월이 흐른 지금도 그 '필드 노트'와 마주보고 시행착오를 거듭하고 있다.

서커스에 입단하여 늘 느끼고 있었던 것은 다음과 같은 것들이다. 그들의 있는 그대로의 생활을 마주한다면 도대체 무엇이 보일까? 그들과 '나'는 같은 시대 같은 공간에서 살고 있다. 그러나 '나'와 그들의 사이에는 차이가 있다. 그것은 생활 형태이다. 이 생활 형태의 차이가 '나'와 그들에게 무엇인가의 차이를 만들어 온 것일까?

이동하는 것, 이동생활을 하는 것은 사람들에게 어떠한 영향을 주고 있는 것일까? 본서에서는 한국에서 지금도 이동생활을 계속하고 있는 한 서커스단을 살펴봤다. 그리고 거기에서 볼 수 있었던 여러 현상을 통하여, 이동하는 사회나 집단이 갖는 조직 구조나 전체적인 특질에 대하여 고찰을 거듭해 왔다. 이러한 과정에서 그 특질을 일반화시키기 위한 노력도 시도했지만, 남아 있는 거리는 멀기만 하다. 그러나 이동하는 사람들이 만들어 내는 사회에서도 일반화할 수 있는 조직 구조가 있다고 생각한다. 본서가 앞으로 이동집단이나 이동생활자를 대상으로 하는 연구의 포석이 되었으면 한다.

동시에 본서를 통해, 이동생활을 끊임없이 계속하고 있는 그들의 지혜와 경험을 공유할 수 있다면 더 이상 바랄 것이 없다. 특히 이동생활을 하는 사람들에게 관심을 갖게 된 분들은 근처에 서커스단이 왔을 때 꼭 한번 천막 밑을 들여다 봐 주셨으면 한다. 그들의 육체가 펼치는 곡예는 물론, 그 기회에 그들의 생활을 느낄 수 있다면, 그때야말로 본서에서 얻은 이동생활자의 지혜가 여러분의 것이 된다고 믿는다.

　필자가 아는 한국 서커스에 대한 대략적인 것은 본서에서 언급했다고 생각한다. 그러나 1년도 채 안 되는 기간을 따라다녔다고 해서 한국 서커스의 무엇을 볼 수 있었단 말인가? 여기에 쓴 것은 분명히 '내'가 견문한 것이며, 특별히 거짓을 쓰지는 않았다. 단지 그것을 이야기해 준 그들도 또 다른 의도가 있어서 그것들을 이야기하거나 그러한 행동을 보였을지도 모른다. 이렇게 생각하면, 한국 서커스에 대한 어떤 고정 관념을 독자에게 심어준 건 아닐까 하는 자문자답을 반복하게 된다. 여기에 기술한 일정한 관점에서 본 '생생한 서커스' 이외에, 더욱 '즐거운 서커스', 때로는 더욱 '비참한 서커스'가 있어도 좋다. 서커스를 파악하는 시각은 각각의 구성원에 따라서 다를 것이기 때문이다. 공연 중에 부주의로 목숨을 잃은 곡예사 원표는 '서커스보다 막노동자가 낫다'고 텔레비전 방송에서 이야기하여, 다른 구성원들의 반감을 샀다. 그러나 그에게는 서커스가 그렇게 비쳐졌던 것이며, 다른 구성원에게는 또 다르게 비쳐졌을 뿐이다. 그리고 반드시 그가 쭉 '서커스보다 막노동자가 낫다'고 생각했을지 어떨지도 확실하지 않다. 그 후 그는 서커스에 머물러 있었기 때문에 멋진 여성과 결혼을 했다. 적어도 필자에게는 그것을 솔직하고 자랑스럽게 이야기해 주었다. 그가 서커스에 몸담고 있음으로써 잡은 행복이 오히려 많지 않았을까 생각한다.

본서에서 이야기할 수 있었던 것과 이야기할 수 없었던 것을 생각하면, 나도 모르게 멈춰서 버릴 때가 있다. 그래도 독자들의 오독을 두려워하지 않고 다시 앞으로 나아가고 싶다. 그렇다, 본서는 '이동'의 생활 기록이니까.

♠   ♠

이번 출판에 있어서 후쿄샤風響社의 이시이 다다시石井雅 씨로부터 많은 도움을 받았다. 보통 신출내기 연구자는 출판보조를 받아서 출판하는 것이 시대의 흐름이지만, 좀처럼 출판에 다다를 수 없었던 필자의 부탁을 흔쾌히 들어 주시고, 또한 간행에 즈음하여 많은 조언을 해 주셨다. 무엇보다 먼저 감사의 뜻을 전하고 싶다.

본서는 석사 논문인 「한국 D서커스단에 있어서의 구성원의 유동과 통합 ― 이동집단이 집단으로서 이동을 계속하기 위해서―」동경외국어대학東京

外國語大學 대학원, 1997가 토대가 되었다. 여기에 그동안 집필 혹은 발표한 것을 추가해서, 큰 폭으로 가필·수정한 것이다.

본서가 형태를 이루기까지 많은 분들의 도움을 받은 것에 감사하고 싶다. 당시의 지도교수님이셨던 나카야마 가즈요시中山和芳 교수님현재, 동경외국어대학의 명예교수, 또한 동경외국어대학의 구리타 히로유키栗田博之 교수님, 아시아·아프리카 언어문화연구소의 가와다 준조川田順造 교수님현재, 동경외국어대학 명예교수으로부터 많은 도움을 받았다. 여기에 언급한 여러 교수님들을 만나지 못했더라면, 석사 논문이 완성되지도 못했을 것이고, 따라서 본서도 탄생하지 못했을 것이다. 또한 그 후 박사과정에서 지도해 주신 국립민족학박물관의 아사쿠라 도시오朝倉敏夫 교수님께서도 유익한 조언을 해 주셨다. 이처럼 여러 교수님들께서 많은 지도를 해 주셨음에도 불구하고, 그것을 활용시키지 못한 점은 본인의 게으름이라고밖에 할 수 없다. 앞으로도 계속될 연구 활동의 과제로 삼고 싶다.

또한 조사를 위해서 한국에 유학했을 때에는 중앙대학교의 박전열朴銓烈 교수님께는 각별한 도움을 받았을 뿐만 아니라, 조사하는 필자에게 여러 방면으로 배려해 주었다. 그 후에도 조사 때마다 박 교수님께서 도움을 주셨는데, 그것이 큰 격려가 되었다.

이 밖에 동경외국어대학에서 첫 지도교수님이셨던 요시다 미쓰오吉田光男 교수님현재, 방송대학 부학장, 또 히데무라 겐지秀村研二 교수님현재, 메이세이대학明星大學 교수과 혼다 히로시本田洋 교수님현재, 동경대학 준교수을 비롯한 '나그네의 모임현재는 한국·조선 문화연구회'의 교수님들과 선배님들, 그리고 동경외국어대학과 중앙대학교의 학우들에게도 고마움을 전하고 싶다.

조사를 실현시키는데 있어서 '대한민국정부장학금'의 편의를 도모해 준 한국국제교육진흥원의 국제교육교류부의 사람들과 일본 문부성현재, 문부과학성의 학술국제국유학생과 분들의 도움을 받았다. 또한 각 방면에서 조사를 지지해 준 '형님'들을 잊을 수는 없다. 특히, 언제나 사무실에 필자를 맞아들여 항상 배려와 이해를 보여 준 조경진趙慶震 형님, 조사나 단기도항 때마다 숙소를 제공해 준 학부 선배인 이채식李採植 형님, 지금도 한국의 서커스에 대하여 이야기를 주고 받는 사진가인 전부순全富淳 형님에게 감사하고 싶다.

그리고 무엇보다도, 갑작스런 '이방인의 출현'에도 기분 좋게 응대해 준 여러 형님들과 누님들, 친구인 한국의 D서커스단의 멤버들에게 진심으로 감사하고 싶다. 만날 때마다 붙임성 있게 '하야시 형, 하야시 형' 하면서 다가왔던 원표가 아직 살아 있는 것 같은 기분이 드는 것은, 보통은 좀처럼 접할 수 없는 타국의 이동생활에서 만났기 때문인지도 모른다.

　마지막으로 개인적인 일이지만, 지금은 돌아가신 조부모님에 대해서 말하는 것을 허락해 주셨으면 한다. 메이지시대에[13] 태어난 조부모님 세대 사람들이라고 하면, 한반도의 사람들에게 큰 편견을 갖고 있던 세대라고 이야기된다. 그러한 조부모님에게는 손자가 한반도한국에 다니기 시작한 것은 이해할 수 없었을 것이다. 그런데도, 1992년에 언어 습득을 위해서 한국으로 건너왔을 때, '고생은 젊을 때밖에 할 수 없다. 노인이 할 수 있는 것은 자금을 마련하는 것 정도이니 필요하면 언제든지 보내주겠다'고 한 통의 편지를 보내주셨다. 바로 그 한국에 체재하고 있던 1992년 5월에 조모님은 타계하셨다. 또한 늘 따뜻한 성원을 해 주셨던 조부님도 이 서커스 조사를 앞둔 1994년 7월에 타계하셨다. 궁핍한 유년기를 보내고, 어렵게 공부해서 가족을 부양하며 전기기술자로서 일생을 마감한 조부님은, 직장도 정해지지 않은 채 한국과 일본을 왕래하는 손자가 틀림없이 걱정스러웠을 것이다. 결국 조부님에게는, 우여곡절 끝에 일자리를 얻은 손자의 모습을 보여 줄 수가 없었다. 매우 짧은 기간이었지만, 홋카이도제국대학

---

13) 역주: 메이지(明治)시대는 1868년~1912년을 말한다.

北海道帝国大学에 전기기술계통의 조수로서 부임한 적이 있다는 조부님은, 똑같이 대학이라고 하는 조직에 적을 두고 있는 손자를 보고 웃어 주실까?

아사키치朝吉 조부님께서는 아침에 태어났으니까 아사키치朝吉, 낮에 태어났으면 히루키치昼吉가 되었을 것이라면서 자주 웃으셨다. 이시하라石原에서 하야시林로 성이 바뀌어서14) 획수가 좋아졌다고 자랑하시던 나오에直枝 조모님께서는 어릴 때 타계한 형제자매 중에서 유일하게 천수를 누리셨다. 이 책 맨 마지막에 지금까지의 추억과 함께 지금은 돌아가신 조부님과 조모님에게 감사의 마음을 전하고 싶다.

---

14) 역주: 일본에서는 결혼하면 부부가 같은 성씨로 혼인신고를 하게 되는데, 일반적으로 아내가 남편의 성씨를 따른다.

한국어판 간행에 즈음하여

한국 사회에서는 지금까지 서커스는 특별히 서술할 가치도 없는 유랑 집단, 혹은 바람직하지 않은 일본의 잔재라고 간주하는 것이 지배적이었던 것 같다. 이러한 인식은 주위 사람들의 편견에 그치지 않고, 젊은 서커스 곡예사나 교체가 심한 잡무 담당의 단원들에게도 어두운 그림자를 떨어뜨려 왔다. 이와 동시에, 서커스의 전성기를 알고 있는 고참 단원들은 한국 서커스의 현 상황에 대해 안타까워하거나, 혹은 안타까움도 이미 초월하여 서커스의 모든 것에 대해서 체념해 버렸을지도 모른다.

어찌 되었건 한국의 서커스는 1960년대에 전성기를 맞이해 공연하는 곳곳에서 단원들은 스타가 되었다. 오토바이 묘기를 동경해서 입단한 사람, 가두퍼레이드에서 말을 탄 여성 곡예사에게 매료되어 따라다니는 사람, 한때 서커스는 동경의 대상이었다. 또한, 서커스와 일본은 다방면으로 깊은 관련성을 갖고 있지만, 그것은 꼭 부정적인 관련만 있었던 것은 아닌 것 같다. 거기에는 중국인만주사람들도 포함하여 많은 부분에서 공동 작업이 있었고, 한국인에 의한 서커스단을 창단할 때도 일부에서 일본인 여성 곡예사의 헌신이 있었던 점을 알게 되었다. 시대에 농락당하는 일은 있어도, 거기에는 현대를 살아가는 우리들이 간과해 온, 생사를 함께 했던 한·일 간의 교류가 있었던 것이다.

일본어판에서는 이동생활의 모습에 대하여 관심을 유도하고 싶었던 측면이 강했지만, 한국어판에서는 사회의 편견을 없애는데 도움이 되었으면 하는 기대가 크다. 물론 본서에서는 이동집단이 가지는 부정적인 면이나 임시방편적인 비즈니스도 서술하고 있다. 그렇다 하더라도 그것은 시대가 낳은 기록으로서, 미화하거나 비하함이 없이 그 모습 그대로 받아들여지길 바란다. 이 기록이 그들의 무대 예술이나 생활 기술技術의 가치를 떨어뜨리지는 않는다고 생각한다. 그들의 곡예가 충분히 칭찬받을 만하다는 점은 말할 필요도 없거니와, 기계를 사용하지 않고 통나무와 끈만으로 높이 수십 미터의 거대한 극장을 만들어 내는 그들의 기술력은 대단한 것이다.

오늘날 서커스는 세계적으로 살아 있는 인간이 보이는 예술로서 인식된다. 한국 서커스의 곡예사들도 마찬가지다. 그들은 예술가로서 보다 더 능력에 걸맞은 대우를 받아야 한다. 그것을 위해서, 보다 더 고도의 기예를 손님들에게 보이려고 그들 스스로가 자신의 기예를 연마하는 것이다. 한국인 곡예사가 사라지려고 하는 오늘날, 그 맥이 끊겨 버린다는 것은 매우 유감스러운 일이다. 오늘날 일본의 서커스가 같은 상황이라는 점도 이러한 생각을 한층 더 절실하게 한다.

한편 애석하게도 조사를 끝내고 12년이나 지난 2007년에 본서가 출판되었고, 거기에다 한국어판이 나오기까지는 5년이라는 세월이 더 걸렸다. 그동안 서커스가 처한 상황은 크게 변화했다. 작업 공정이 기계화됨에 따라 극장의 설치나 해체가 편해졌고, 거주 공간도 좋아졌다. 단원들에게는 좋은 일이지만, 그 한편으로는 중국인 잡기단이 한국인 곡예사를 대신하게 되었고, 유지 운영비가 늘어나 많은 서커스가 문을 닫게 되었다. 이것도 시대의 흐름이라고 하면 그 뿐이겠지만, 한국 사회로부터 더 많은 관심이 있었다면, 곡예사가 그들 자신의 기예에 걸맞은 대우를 받을 수 있었고, 한국의 서커스가 오늘날과 같은 상황에 처하는 일도 없었을 것이다.

　필자는 한국 사회가 서커스에 별로 관심을 두지 않았을 때에 '입단'하여 가능한 한 현장의 목소리를 들었다고 생각했다. 그러나 그것은 당시의 그들의 입장에서는 '폐'가 되었을지도 모른다. 특히 사회로부터 편견을 받아온 단원들 입장에서는 이번 한국어판 출판은 반길 일이 아니고, '성가신 관심'일지도 모른다. 어떤 의미에서 그들이 이렇게 생각하는 데에는 한국 사회로부터의 편견이 있었던 점을 생각하면, 우리가 그들에게 '스스로를 부정적으로 생각하지 말라'고 말하는 것도 주제 넘는 일이다. 오늘날도 그다지 바뀌지 않았지만, 그들은 서커스에 있었던 과거를 적극적으로 밝히려고 하지 않는다. 자랑스러운 예술가인데도 말이다. 매우 유감스러운 일이다.

이 17년간의 변화에 대해서는, 부디 독자 여러분들이 직접 서커스단에 발길을 옮겨 확인해 주셨으면 한다. 또한 향후의 변화에 대해서는, 여러분들이 직접 확인한 상황을 잘 이해하며 앞으로 한국의 서커스가 어떤 방향으로 나아가야 할지에 대해서 생각해 주셨으면 한다. 한때 한국의 서커스에 몸을 둔 필자가 할 수 있는 일이 있다면, 적극적으로 돕고 싶다.

마지막으로, 본서가 단국대학교 일본연구소 학술번역총서로서 한국어판으로 번역되어, 다양한 한국 분들이 접하게 된다니 대단히 영광스럽게 생각한다. 본서를 번역하는데 수고하신 장미선張美仙 씨와 출판하기까지 여러모로 애쓰신 단국대학교 일본연구소 소장의 정형鄭灐 교수님께 진심으로 감사의 말씀을 전하고 싶다.

문장을 쓰는 사람으로서 정말로 부끄러운 이야기이지만, 한국어판의 번역이 진행되는 과정에서 장미선 씨의 지적으로 많은 오자를 발견했다. 또한 오랫동안 서커스의 사진을 찍어 온 전부순全富淳 씨에게 귀중한 사진을 빌릴 수 있었다. 이런 의미에서 뜻밖에도 한국어판이 출판되고 나서야 비로소 졸저가 완성된 것 같은 생각이 든다.

다만, 필자가 테마를 바꾸지 않고 계속해서 한국의 서커스를 쫓았다면, 당시는 아직 생존해 계셨던 어르신들로부터 더 많은 이야기를 들을 수 있었을 텐데, 그것을 생각하면 후회스럽기 그지없다. 또한, 한국어판으로 졸저가 간행됨으로써 서커스 관계자에게 불이익을 주는 서술은 없었는지, 부적절한 표현은 없었는지도 걱정이다.

그럼에도 불구하고 한국어판을 계기로 서커스를 찾는 사람들이 늘어나고, 그 내력이나 생활 기술技術에 관심을 갖는 사람들이 늘어남으로써, 앞으로 본서의 내용이 보완·수정되어 가기를 원한다.

한국과 일본의 역사뿐만 아니라, 세계의 역사는 예외 없이 국가에 의해서 쉽게 왜곡되고, 사람들은 쉽게 선전에 농락당하지만, 본서에 등장하는 것 같은 소박한 사람들의 삶에 관심을 두는 것에서부터, 지역 간이나 국가 간에 놓여 있는 다양한 과거를 올곧게 보려고 하는 사람들이 조금이라도 늘어난다면 더 이상 바랄 것이 없겠다.

2012년 6월 29일 지바에서
하야시 후미키

참고문헌 (한국어문헌은 출판사명을 한글로 표기)

相沢久(好則)(1989)『ジプシー』新地書房

阿久根巌(1977)『サーカスの歴史』西田書店

_____(1981)『曲乗り渡世始末帖：明治・大正・昭和を生きて』創樹社

_____(1988)『サーカス誕生：曲馬團物語』ありな書房

_____(1994)『元祖・玉乗曲芸大一座浅草の見世物』ありな書房

阿奈井文彦(1990)「韓国サーカス紀行」『西日本新聞』西日本新聞社

_____(1994)「韓国サーカス紀行」朝倉喬司외 편『マージナル』10, 現代書
館, pp.83-109

Anderson.B(白石隆・白石さや 役)(1987)『想像の共同体』リブロポート

蘆原英了(1984)『サーカス研究』新宿書房

鮎貝房之進(1973)『花郎攷・白丁攷・奴婢攷』国書刊行会

Bouissac.P(今井成美 役)(1976)「軽業師と奇術師たち」『現代思想』4-3, 青土社,
pp.174-189

_____(中沢新一 役)(1977)『サーカス―アクロバットと動物芸の記号論』せ
りか書房

Block.M(相沢久 役)(1978)『ジプシー』第三文明社

趙相元 편(2003)『法典』현암사

崔在錫(伊藤亜人・嶋陸奥彦 役)(1977)『韓国人の社会的性格』学生社

鄭勝謨(1992)『시장의 사회사』웅진출판

Durova.N(佐藤靖彦、浪江啓子 役)(1989)『サーカス・動物・人生』新読書社

Edward.F(川島めぐみ 역)(1998)『山谷ブルース〈寄せ場〉の文化人類学』洋泉社

Emerson, Roberts M., Fretz, Rachel I. & Shaw, Linda L.(1995) *Writing Ethnographic Fieldnotes*, The University of Chicago Press : Chicago & London

傅起鳳・傅騰龍(岡田陽一 역)(1993)『中国芸能史』三一書房

Gmelch.G(亀井好恵・高木晴美 역)(1993)『アイルランドの漂白民』現代書館

Goldschmidt, Walter(1980) "Career Reorientation and Institutional Adaptation in the Process of Natural Sedentarization" in Salzman, Philip Carl (eds.) *When Nomads Settle*, Praeger Publishers : NewYork

Günther.E(尾崎宏次 역)(1997)『女曲馬師の死 : 西洋サーカス史33話』草風館

韓水山(1986)『부초』민음사

原ひろ子(1986)「ヘヤー社会における"テント仲間"と"身うち"」原ひろ子 편『家族の文化誌』弘文堂, pp.7-28

_____(1989a)『ヘヤー・インディアンとその世界』平凡社

_____(1989b)『極北のインディアン』中央公論社

橋爪紳也(1991)「見ながしの劇場」平凡社 편『大道芸と見世物』平凡社, pp.98-125

_____(1994)『化物屋敷』中央公論社

林 史樹(1997)「韓国サーカスにおける「家族」: 移動集団の構造と戦略」『同志社社会学研究』1, pp.51-65

_____(1998)「韓国サーカスの生い立ち」『季刊民族学』83, 千里文化財団, pp.104-109

_____(2000)「"旅"と"旅をする生活"」『まほら』24, 旅の文化研究所, pp.40-41

_____(2004a)「路上のネットワーク—韓国の"ヤクチャンサ"をめぐって」『月刊みんぱく』8, p.10

_____(2004b)『韓国のある薬草商人のライフヒストリー :「移動」に生きる人々からみた社会変化』御茶の水書房

市川光雄(1982)『森の狩猟民』人文書院

_____(1986)「アフリカ狩猟採集社会の可塑性」伊谷純一郎외 편『自然社会の人類学』アカデミア出版会, pp.279-311

今福竜太(1988)「バリオの詩学」『現代思想』16-14, 青土社, pp.173-189

石井達朗(1994)『サーカスのフィルモロジー』新宿書房

_____(1996)『サーカスを一本指で支えた男』文遊社

石川栄吉외 편(1994)『文化人類学事典〈縮刷版〉』弘文堂

伊藤亜人(1977)「契システムに見られるch'inhan-saiの分析」『民族学研究』41-4, pp.281-299

_____(2003)「韓国で"物を通してみる"こと」朝倉敏夫 편『「もの」から見た朝

鮮民俗文化』新幹社, pp.11-24

伊藤熹朔(1942)『移動演劇十講』健文社

_____(1943)『移動演劇の研究』日本電報通信社出版部

Jennings, John J.(1882) *Theatrical and Circus Life*, Historical Publishing Company
　　　： St.Louis

Khazanov, A.M.(1983) *Nomads and the Outside World*, Cambridge University
　　　Press ： Cambridge

姜昌民(安宇植　역)(1982)「放浪する芸能集団」『アリラン峠の旅人たち』平凡社,
　　　pp.83-108

可児弘明(1970)『香港の水上居民』岩波書店

掛谷　誠(1985)「生活様式の進化と妬みの制御機構」河合雅雄 편『アフリカから
　　　の発想』小学館, pp.165-176

川島昭夫(1995)「路上の生活誌」川田順造 편『ヨーロッパの基層文化』岩波書店,
　　　pp.261-278

金柄徹(2003)『家船の民族誌』東京大学出版会

桐山　襲(1985)「旅芸人」『文藝』24-5, 河出書房新社, pp.26-51

久保　覚(1985)「朝鮮賤民芸能とエートス」『部落解放』225, pp.48-55

倉田喜弘(1994)『海外公演事始』東京書籍

_____(1999)『芸能の文明開化』平凡社

近藤仁之(1995)『スペインのジプシー』人文書院

河野　彰(1995)「言語」山口修・齋藤和枝 편『比較文化論』世界思想社, pp.62-88

小山修三(1992)『狩人の大地』雄山閣出版

李光奎(1973)「韓国家族の構造」中根千枝 편『韓国の農村の家族と祭儀』東京大
　　　学出版会, pp.13-40

_____(1975)『韓国家族의 構造分析』일지사

李光奎・李杜鉉・張籌根(1983)『韓国民俗学概説』학연사

李杜鉉(1990)『朝鮮芸能史』東京大学出版会

李勲燮・黃善民(1990)『負褓商研究』보경문화사

李善愛(2001)『海を越える済州島の海女』明石書店

李庸惠(1994)「巨文島に残った日本語外来語」崔吉城 편『日本植民地と文化変容』
　　　御茶の水書房, pp.257-303

松川　節(1998)「移動と定住のはざまで」佐藤浩司 편『住まいをつむぐ』学芸出
　　　版社, pp.195-214

松井　健(2001)『遊牧という文化：移動の生活戦略』吉川弘文館

三原弟平(1991)『カフカとサーカス』白水社

南博외 편(1981)『さすらう：サーカスの世界』白水社

見田宗介외 편(1994)『社会学事典〈縮刷版〉』弘文堂

宮城音弥(1981)『ストレス』講談社

宮永 孝(1999)『海を渡った幕末の曲芸団』中央公論新社

三好 一(1993)『ニッポン・サーカス物語：海を越えた軽業・曲芸師たち』白水社

本橋成一(1989)『サーカスが来る日』リブロポート

守屋 毅(1988)『村芝居』平凡社

丸山奈巳(1981a)「サーカス小屋の歴史」『別冊新評サーカスの世界』新評社, pp.220-229

＿＿＿＿＿(1981b)「掛け小屋から丸テントへ」南博외 편『さすらう：サーカスの世界』白水社, pp.79-308

中村智志(1998)『段ボールハウスで見る夢—新宿ホームレス物語』草思社

中谷ひろし(1977)「サーカスの歴史」小沢昭一 편『芸能東西』8, 新しい芸能研究室, pp.39-80

＿＿＿＿＿(1981)「サーカスの歴史」南博외 편『さすらう：サーカスの世界』白水社, pp.33-108

中山和芳(1977)「ニューギニア高地における一時的狂気の構造」国立民族学博物館 감수『国立民族学博物館研究報告』2-1, p.123-140

西田正規(1986)『定住革命』新曜社

오진령(2004)『곡마단 사람들』호미

오윤현(1994)「샘터의 눈：부평초 꽃은 언제 다시 피나」『샘터』291, 샘터, pp.56-61

Okely.J(木内信敬 역)(1986)『旅するジプシーの人類学』晶文社

大森康宏(1995)「ヨーロッパの移動民族・マヌーシュの生活空間とフランス」川田順造 편『ヨーロッパの基層文化』岩波書店, pp.247-260

＿＿＿＿＿(1998)「大地をかける家馬車」佐藤浩司 편『住まいをつむぐ』学芸出版社, pp.215-232

大島幹雄(1990)『サーカスと革命：道化師ラザレンコの生涯』平凡社

＿＿＿＿＿(1993)『海を渡ったサーカス芸人』平凡社

尾崎宏次(1958)『日本のサーカス』三芽書房

朴銓烈(1979)「風角장이의 起源과 性格」『韓国民俗学』11, 민속학회, pp.29-45

＿＿＿＿(1985)「韓国社会と放浪芸」『部落解放』225, pp.56-64

＿＿＿＿(1989)「『門付け』の構造」弘文堂

Pratt, Mary Louise(1986) "Fieldwork in Common Places", in Clifford, James &

Marcus, George E.(eds.) *Writing Culture*, University of California Press : Berkeley and Los Angeles, California(足羽与志子 역(1996)「共有された場をめぐるフィールドワーク」春日直樹외 편 역『文化を書く』紀伊国屋書店, pp.51-92)

뿌리깊은나무사 편(1977a)『숨어사는 외톨박이Ⅰ』뿌리깊은나무사

_____(1977b)『숨어사는 외톨박이Ⅱ』뿌리깊은나무사

Raz.J(渡辺ちあき 역)(1992)「擬制血縁制度としてのヤクザ」鶴見俊輔 편『メタファーとしての家族』岩波書店, pp.178-209

Raz.J(高井宏子 역)(1996)『ヤクザの文化人類学』岩波書店

Roberts.S(千葉正士 감수, 역)(1982)『秩序と紛争』西田書店

Spradley.J.(1970) *You Owe Yourself a Drunk : An Ethnography of Urban Nomads*, Waveland Press : Illinois

嶋陸奥彦(1998)「変貌する韓国社会と人類学調査」嶋陸奥彦・朝倉敏夫 편『変貌する韓国社会』第一書房, pp.3-16

志村哲男(1990)「背徳の男寺党牌」藤井知昭외 편『職能としての音楽』東京書籍, pp.235-259

沈雨晟(1989)『남사당패 연구』동문선

申讃均(安宇植 역)(1982)「最後の芸人『アリラン峠の旅人たち』平凡社, pp.109-126

菅原和孝(1986)「ブッシュマンの日常行動と集団構造」伊谷純一郎외 편『自然社会の人類学』アカデミア出版会, pp.111-145

瀬川昌久(1991)「畬族の漢化とアイデンティティー」『東北大学教養部紀要』56, pp.151-170

宋錫夏(1960)『韓国民俗考』일신사

田中克彦(1978)『言語からみた民族と国家』岩波書店

田中二郎(1971)『ブッシュマン』思索社

_____(1978)『砂漠の狩人』中央公論社

_____(1986)「集住化・定住化にともなう変化の過程」伊谷純一郎외 편『自然社会の人類学』アカデミア出版会, pp.313-348

Turner.V(富倉光雄 역)(1976)『儀礼の過程』思索社

床呂郁哉(1998)「住まうことと漂うこと」佐藤浩司 편『住まいをつむぐ』学芸出版社, pp.177-194

_____(1999)『越境』岩波書店

鵜飼正樹(1994)『大衆演劇への旅』未来社

内堀基光(1982)「討議：人類学的理解とは何か」『現代思想』10-8, 青土社, pp.196-219

山下晉司(1996)「南へ！北へ！」山下晉司 편 『移動の民族誌』岩波書店
全国経済人連合会 편(1995)『韓国経済年鑑 '95』30, 전국경제인연합회

[신문기사
경향신문 1992년 12월 26일자
중앙신문 1993년 4월 26일자
경주신문 1994년 8월 22일자
목포신문 1995년 1월 7일자
내일신문 1995년 2월 1일자
무등신문 1995년 2월 10일자
統一日報 2004년 3월 10일자 (발행: 일본)
統一日報 2004년 3월 24일자

자료 및 사진 일람

찾아보기

▌하야시 후미키林史樹▌

1968년 大阪(오사카)에서 태어나, 한국을 오가며 한국과 친해지고, 일본의 総合研究大学院대학에서 문학박사 학위를 받았다. 현재는 神田外語(간다가이고)대학의 한국어학과에서 문화 강의를 담당하면서 양국이해에 노력하고 있다. 저서로 『韓国のある薬草商人のライフヒストリー』, 『韓国がわかる60の風景』 등이 있다.

▌장미선▌

일본의 東京学芸(도쿄가쿠게이)대학에서 교육학(언어·문화)박사 학위를 받고, 한국과 일본의 교류에 힘쓰고 있다.

韓國サーカスの生活誌 移動の人類學への招待

서 커 스 가 왔 다 !
한국 서커스의 삶과 이동 이야기

초판인쇄 2013년 02월 28일
초판발행 2013년 03월 15일

지 은 이 하야시 후미키(林史樹)
옮 긴 이 장미선
발 행 처 제이앤씨
발 행 인 윤석현
등   록 제7-220호
주   소 서울시 도봉구 창동 624-1 북한산현대홈시티 102-1106
전   화 (02) 992-3253(대)
팩   스 (02) 991-1285
전자우편 jncbook@hanmail.net
홈페이지 http://www.jncbms.co.kr
책임편집 이신

ISBN 978-89-5668-939-5 03910   정가 18,000원